エステラ・フィンチ評伝

日本陸海軍人伝道に捧げた生涯

海野涼子 著
マザーオブヨコスカ顕彰会代表

芙蓉書房出版

エステラと両親（ジョンとアンヌ）

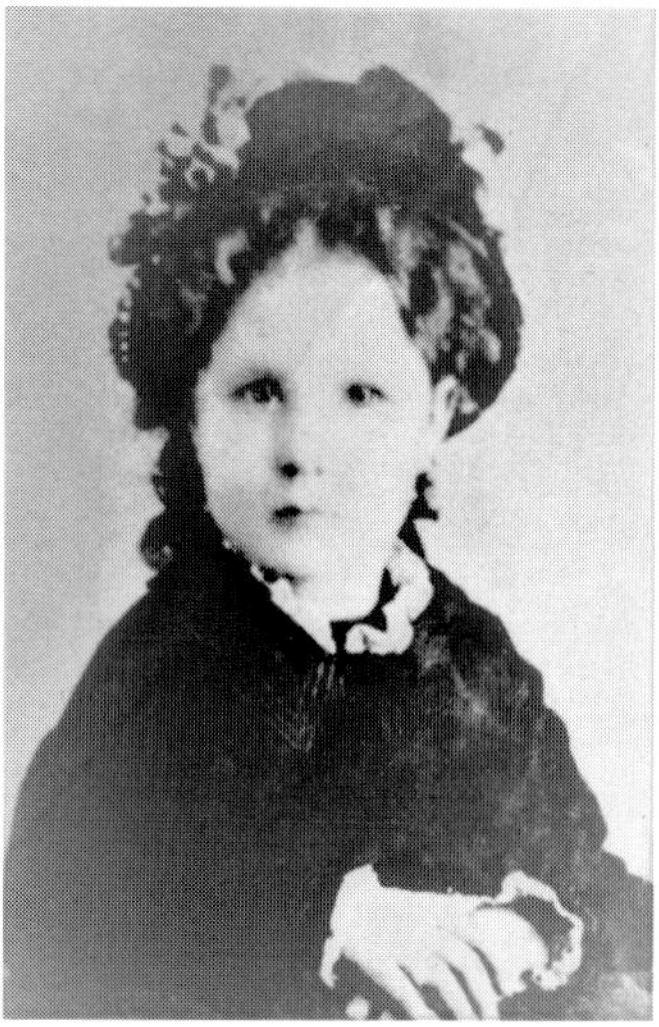

8歳頃のエステラ・フィンチ

母校ミッショナリー・トレーニングスクールの同窓生たち（後列右から2人目がエステラ）

エステラ・フィンチと黒田惟信両師と海軍機関学校のボーイズ達（明治33）

ラウダー夫人邸におけるボーイズ
（左より生田、太田、林）

ボーイズ（前列左より田中、藤田、小野、後列左より鹿子木、太田）

星田・黒田両師とボーイズたち（前列左より内田、洪、太田、新田、阿部、後列左より佐々木、大野、星田師、黒田師、山中）

フィンチの米国の後援者、ハワード・ケリー博士と娘のマーガレット

星田光代・黒田惟信両師の墓所（横須賀市・曹源寺）

大正12年震災前頃の軍人伝道義会全景（下段1～4）
1フィンチ居宅（右端） 2義会本館（中央） 3柔剣道場（本館左隣） 4黒田居宅（左端）

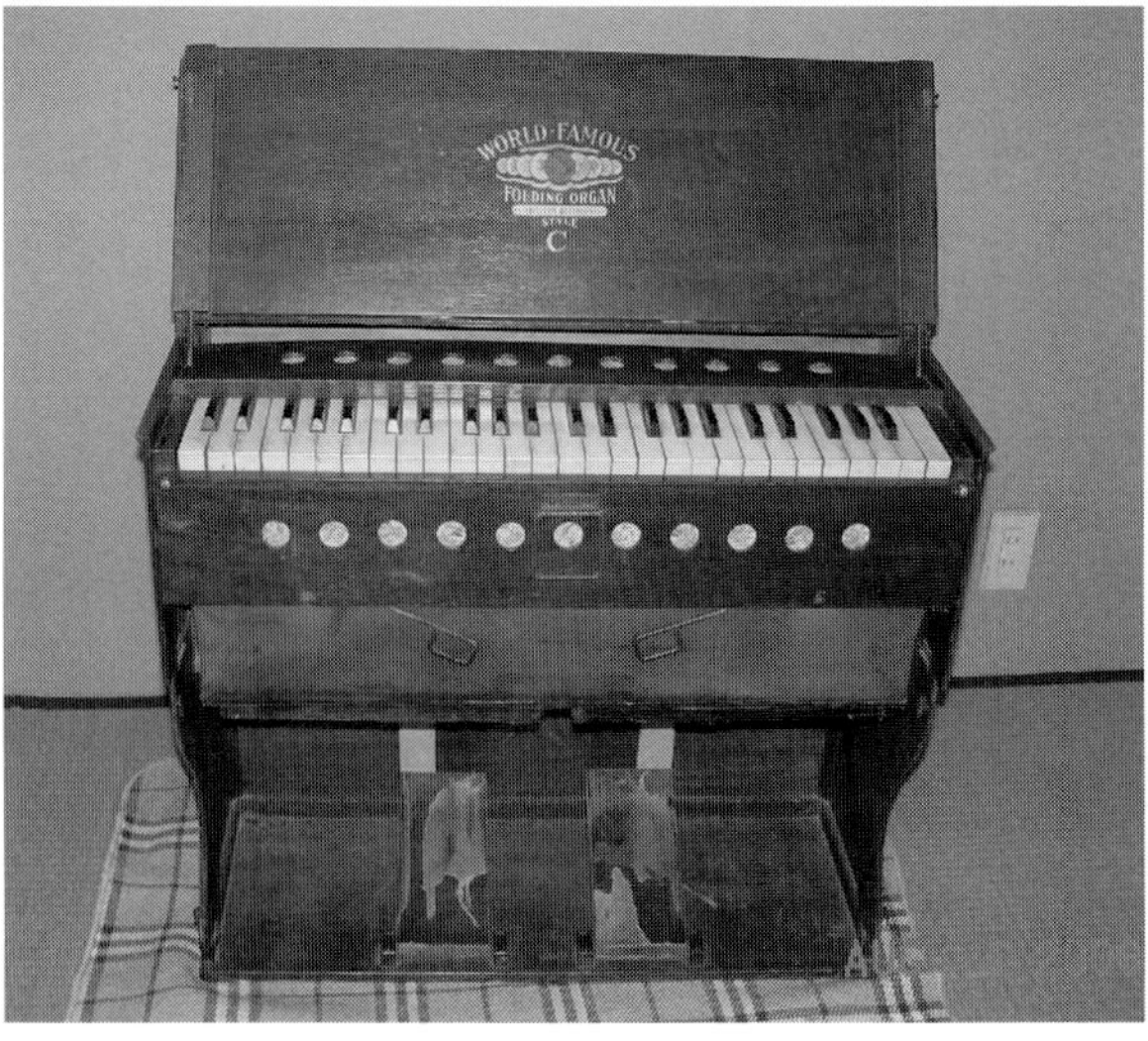

ラウダーが寄贈した米国製折りたたみ式オルガン

はじめに

神奈川県横須賀市公郷町三丁目二三番地の曹源寺の丘の一隅に「星田光代先生之墓」と深く刻まれた墓碑が建てられている。この墓碑が明治二六年に来日、独立自給伝道を行い、日本を愛し、帰化して日本人となり、特に日本陸海軍人伝道へのキリスト教伝道のために専心生涯を捧げたアメリカ婦人、アイダ・エステラ・フィンチのものであることはあまり知られていない。そのフィンチを陰で支え、最後まで信頼すべきよきパートナーとして最も協力した牧師、そして筆者の祖父である黒田惟信《くろだこれのぶ》もまたフィンチの傍らに安らかに眠っている。

一八五三年、ペリーが四隻の艦隊と共に浦賀沖に来航、その後明治時代になって、日本が開国、それと共に多くの宣教師達が次々に来日、日本の各地で目覚ましい働きがなされ、画期的な宣教時代が到来した。それが現代の日本におけるキリスト教教会の歴史を築き、同時にミッション・スクール等の礎を築く原動力ともなったことは周知の事実である。横浜では一八五九年の開港に伴い、J・C・ヘボンやS・R・ブラウン、J・H・バラなど、多くの宣教師が来日した。またM・E・キダーを始めとする多くの女性宣教師達はミッション・スクールを創設して女子教育の先駆けとして大きく貢献した。

二〇〇九年という年は、日本に初めてキリスト教の宣教がもたらされて一五〇周年目を迎えた記念すべき年である。現在の日本のクリスチャン人口は日本人口の約一％にも満たないと言われている。その日本のプロテスタント、キリスト教史の中で、軍隊には宗教、特にキリスト教は育たない―、と定説のように言われていた。それにもかかわらず、戦時下の神奈川県横須賀に於いて、明確に軍人伝道を唯一の目的とし、これこそ最も有望なりとして、この比類なき使命に終始した軍人伝道が、三十六年間にわたりなされていた。その場所こそ、当時「日本陸海軍人伝道義会（略して伝道義会）」と称され多くの軍人が出入りしていたプロテスタントの教会である。

教文館元社長の中村義治氏は、氏自身も昭和の横須賀海軍機関学校（五十五期）時代に、当時この伝道義会に通っていた教官からキリスト教の道に導かれた時のことを『機關學校と私』（エステラ・フィンチ先生、黒田惟信先生伝道義会設立・宣教百周年記念誌、二〇〇〇年）の中で次のように回想している。「私の教官は、キリスト者として神を愛し、国を愛し、隣人を愛する精神をマザー（＝エステラ・フィンチ）と黒田両師から叩き込まれ、誠実に生徒の訓育に当たったボーイズ（＝フィンチの教え子たち）出身教官でした」と。そしてまた「伝道義会が横須賀海軍機関学校にもたらしたクリスチャンの数は、一八九九年の開設から一九三六年まで一八四九名で、その間のクリスチャン生徒はなんと一〇一名で卒業者数の五・四六％（出典：堤健男著『クリスチャン海軍生徒』）に当る。まさに驚くべき数字です」とも語っている。それは機関学校が伝道義会に近い場所に所在していたことにも起因しているであろうが、当時横須賀という軍港の町が、現代では想像もできない程、何万という軍人で溢れかえっていたということも無視できないであろう。

　黒田惟信が発表した伝道義会第三一周年（満三〇年）記念日の報告によれば、一般市民及び軍人、家族合わせて三〇年間に約一、〇〇〇人もが救われたであろうという。何故これほどまでに多くの軍人が来会し、数多くの軍人信徒が生み出されたのであろうか。この背景にこそ、軍人伝道という困難な命題に力を注ぎこんだエステラ・フィンチという一人の米国人女性宣教師の滅私奉公の働きと、それを傍らで支えた黒田惟信という一人の牧師の協力があったのである。

　伝道義会の中でフィンチを語ろうとする時、黒田の存在を抜きにしては語れないであろうし、また黒田を語る時にもフィンチなしには語れない。両者はいわば車の両輪ともいうべき存在であったのだ。フィンチがどのように来日し、どうやって黒田に出会い、二人が「伝道義会」という車の両輪となり、これを走らせていったのか……。これから日本軍人への伝道という、曾てない命題に取り組むこととなった二人の献身的な生涯を紐解いていく。

　前述の中村社長は言う。「両先生の肉親にも勝る愛情、温かく優しい思いやりは、ボーイズたちの心を捉え、やがて生涯かけての信仰の交わりに発展していったのです。これらは当然のこと、義会とボーイズＯＢとの関係に引き継がれ、後のちの機関学校魂の形成に大いなる影響を与えたと今になって思えるのです」と。氏のこの言葉からも分かるように、軍人伝道義会は、当時の軍人たちにとって、単なるキリスト教精神を学ぶ集会所としてあったのではなく、家庭的な憩いや魂の交わりを体験し、そこに集うことによって、一人一人が心にキリスト教的精神を育んでいった場所となっていたのである。

筆者がまだ子供の頃、祖母や母がよく「マザーがね」とか「マザーだったら」と口に出して言うのを聞いていた。マザーという言葉は耳馴れていた言葉ではあったが、それが誰のことを指すのか当時の私には全く分かっていなかった。このマザーこそ私の生家神奈川県横須賀市若松町四三番地にて今から一二二年遡った明治三二年、軍人のために創設された教会、「日本陸海軍人伝道義会」(以後伝道義会と略す)」を設立し、後に帰化して日本人となった星田光代ことエステラ・フィンチであった。

このマザーと呼ばれた無名の女性宣教師が、キリスト教伝道のために単身日本にやって来て、最後には帰化までして日本と日本の人々を愛し、己のすべてを捧げたことはこれまでほとんど知られてこなかった。私にとってもこれまでフィンチのイメージは漠然としたものだった。我家にずっと大切に保存されてきた「義会アルバム」なるものも時折見せて貰った記憶はあったが、当時それがどんな意味をもっていたのかということを理解する由もなかった。理解できたのは後年六〇代を過ぎた時である。

亡き父、故千葉愛爾(牧師)の十周年記念(一九九六年)をきっかけとして、次々に伝道義会の子孫と名乗る人々からの電話連絡を受け、また思いがけない訪問を受けたりしたことから、私の中で、伝道義会、ひいてはマザーと呼ばれていた人物の存在に対する関心が生まれた。

私は父が残した書籍の中から峯崎康忠著『軍人伝道に関する研究』という本を探り出し、遅まきながらこの書物を夢中で読み、その真実と概要をつかみ始めた。その後これまで古い書庫に大切に保存されてきた伝道義会の資料（日誌、名簿など）も探り当てることができ、これらに目を通していくうちに、私の心に伝道義会の姿が徐々に鮮やかな輪郭をなしてくるようになった。そしてその過程で祖母や母が話していた「マザー」こそが日本名星田光代＝エステラ・フィンチであり、フィンチと黒田惟信両師の献身によって伝道義会が作られていったその過程が、私の前に像を結んでいったのである。さらに横須賀海軍機関学校卒業の元海軍機関中佐（海機四十期）堤健男著『クリスチャン海軍生徒』も、堤氏の視点で多くのクリスチャンを生み出した機関学校生徒達と軍人伝道義会との関係を取り上げてあり、私が軍人伝道を理解するのに貴重な資料となった。

日本における軍人伝道に関する研究の始まりは、西南学院短期大学の峯崎康忠教授によってなされてきたと聞き及んだ。氏はその生涯をかけて軍人伝道の研究に心血を注ぐ中で、十回に亘る研究会の発表を行い、その結果として『軍人伝道に関する研究―日本ＯＣＵの源流』（ヨルダン社、一九八〇年）を出版した。氏の研究の始まりはもともと「佐世保軍人ホームと松村里子女史」であった。が、研究を進める過程で横須賀の軍人伝道義会のことに行き着き、やがて日本ＯＣＵの源流とその展開（戦前編）、とコルネリオ（戦後編）に至った経緯、その後のＯＣＵの働きが研究テーマとなったのだという。そして一九九八年五月、遂にその集大成としての著書『軍人伝道に関する研究（決定版）日本ＯＣＵの源流とその展開』（東京タイプ出版印刷、一九九九年）が刊行された。

翌年九月には伝道義会設立・宣教百周年記念会が筆者の所属する神奈川県横須賀市の久里浜教会で行われた。峯崎教授も大いに喜ばれたが、自身の体調が理由で残念ながら記念会への出席は叶わず、自身の臨席に代えて氏は百周年記念会に向けてこの著書を恵贈されたのだった。

この後まもなく教授は八九歳の生涯を閉じられたが、その遺作ともなった本書中表紙に書き残された「埋没しかけたものに再び光を与え、世に生きかえらせることが出来ればわが命に悔いなし」という添え書きが、終生忘れられない言葉となって、私の胸の奥深くに刻まれた。

その後私のフィンチに対する関心はますます深まり、何としてもこの偉大な女性の生涯について書き残さねばならぬという思いに至る。峯崎教授の言葉がわが心のトーチとなり、ついに本書を形にすることができたのである。

エステラ・フィンチ評伝
日本陸海軍人伝道に捧げた生涯

目次

第2章　手探りで始めた日本伝道　47

第1章

来日前のエステラ・フィンチ

エステラ・フィンチ

一、貧しさの中で

一八八九年一月二十四日、二十歳になったアイダ・エステラ・フィンチは、一人の独立した女性として生活すべく、ニューヨークに移り住んでいた。住所は西二五〇番、そこはニューヨーク三三番通りにある小さな住居だった。彼女の面長な上品な顔立ちに、女らしく結い上げた髪型がよく似合っていた。エステラは二三番通りに面したある教会で、牧師の助手として暫く働くことになった。それはベタニヤ学院*1の仕事の一つとして、バプティスト教会の牧師の助手をする仕事であり、また同時にエステラにとっての研修（訪問、信者さんへの質疑応答など）でもあった。何とか自分が役に立ちたいという思いから、エステラはこの仕事によって収入をほとんど得ることはせず、自ずと暮らしは貧しかった。それにも関わらず彼女は、そこで一生懸命に働いていたのである。

若き日の
エステラ・フィンチ

エステラが綴った日記ノート*2の冒頭は、次のような身のまわりで起こった二つのエピソードで始まっている。

エピソード①　穴のあいたシューズ

ニューヨークの冬は寒く、ハドソン川も氷が張ることがあるほどだが、それもまた寒い冬の雪降る日のことであった。私は気が滅入りそうになりながらも思い切って外に出た。そして一軒ごとに家々の扉を叩き、中から出てきた人々に向かって「今日は、あなたのお子さんは日曜学校に来られませんか？」と誘いの言葉をかけてゆくのであった。一軒、また一軒家の扉を叩いて歩いて行く。私の履いている靴底には小さな穴が空いて、足は凍るように冷たくなっていた。けれど誰も私が新しい靴を買う余裕もなく、ただ冷たい思いをしていたことを知るよしもない。その夜私は自分の部屋で静かに祈った。

「主よ、どうかこの寒さからしのげる靴をみ心ならば一足私にお与えください。」

そう祈ると私は、主が主ご自身のやり方でそれを送ってくださると信じた。翌朝一通の郵便が届いた。それはある婦人からの手紙であった。（エステラはその婦人の娘のことを、あることで少しは知っていた。）手紙にはこう書かれていた。

「失礼ですが、お訊ねします。あなたが何か必要としているもの――、例えば一足の靴などといったものがありますか？　私は、その必要を満たすための助けを行う神様の道具になりたいのです」

エステラには勿論その手紙が、本当は誰から送られてきたものか分かっていた。そして心から神に感謝したのだった。

エステラの日記
「祈りの記録」表紙

エピソード②　導き

仕事を始めた最初の数日間は特別な任務は与えられていなかった。そんなある日どこへ出掛けようかと考えていたが、やはり出掛けるのは止めようとしていた。しかし夕食後、無意識のうちに外出着に着かえていた自分に気づいた。外出しないことに決めていたのに……と思いながら、ふと、跪《ひざまず》いて心の中で「主よ、導いて下さい」と祈ってから、出掛けたのだった。

東二三番通りを下りながら、家々を訪ね、礼拝に来るように誘い、また子どもたちには日曜学校に参加するよう呼びかけた。けれども、その地区の住民はカトリック信者が多く、思うような成果をあげることができなかった。学校の近くを通りかかった時、ちょうど下校中の女子生徒たちに出会った。その中の数名に話しかけ、「どこの日曜学校に通っているの?」と訊ねてみた。すると一人の少女が「三三番通りの教会に行っているわ」と答えた。「あなたのお母さんもそこに通っているの?」「ええ、そうです」。

すると我々の会話に一人の若い女性が加わり、イエス様について話し出した。するとその少女が「私は母と折り合いが悪くて、家を飛び出し、母を憎んでいます」と言った。私が「もしあなたがお母さんと上手くいくように願うのであれば、神にはそれがお出来になります」と言うと、彼女はとても信じられないというように「そんなことはあり得ないことです」と言った。

そこで私は二時間近くに亘って彼女に語り、聖書を読み、祈った。別れ際「今度の日曜日に私と一緒に教会へ行きましょう。」と言うと、少女は頷いた。私はその日曜日が来るまでの間、彼女のために祈り続けた。そして日曜日、彼女は私のもとに現れた。私と少女は礼拝に行く前に共に祈りを捧げた。礼拝の中で、牧師が「ここを読むように」と促した聖書の句を、私は彼女に教えてあげた。それは使徒行伝の一節で「イエス・キリストを信じなさい。そうすれば救われる」というものであった。彼女はその聖句を読んだが何も言わなかった。が、礼拝後に持たれた求道者の会に彼女も加わり、言葉を交わした。

そうするうちに少女は様々な言い訳や恐れを口にしながらも、最終的には主を受け入れた。その後この少女の身に起こったこと、それはある意味、とても濃縮された形で、私の祈りが聞き入れられたともいえる事柄であった。何と彼女はその後ミッショナリー・トレーニング・スクール（筆者注／エステラが後に入学した宣教師養成学校）に入学し、そこで人々から愛される献身的な伝道師として、活躍することになったのだ。その時彼女は「お母さんに手紙を書きたい」と言って、折り合いの悪かった母親に手紙を書いた。そしてその後母親の元に戻り、そのまま女親と一緒に暮すようになったのである。

二、神学校への夢（A・B・シンプソンのこと）

その頃エステラには抱いていた一つの夢があった。それはこのニューヨークで神学校に入学して聖書の勉強をし、そこを卒業したら宣教師になることであった。こうした願いはその時代の多くの若い女性達なら誰もが抱く希望だった。エステラが目指そうとしたその神学校は「ミッショナリー・トレーニング・スクール（Missionary Training School）*3と呼ばれていた。その名の通り、宣教師を養成する学校として一八八二年、アルバート・ベンジャミン・シンプソン博士（Dr. Albert Benjamin Simpson）によって、当時北米初の神学校として創設された。一九世紀のアメリカ社会においてアメリカ大陸への入植の一つがキリスト教の福音を世界に広めるという意図が明記されていたからである*4。

シンプソン博士は若くして牧師を志した。彼には聖書で示された「全世界に行って、すべての造られた者に福音を宣べ伝えなさい（マルコによる福音書一六：一五）」という確固たるビジョンがあり、創立当初から、聖書講義に重きを置いて学校をスタートさせていた。

そこに集まる学生達は、シンプソン博士の創立理念通り、聖書の勉強をするために各地から集まってきていた。……そして卒業と同時に宣教師となり、インド、アフリカ、中国など世界各地の様々な場所に、異教徒・異民族への宣教のためにと派遣されていったのである。

ここで、エステラが生まれて育った一八〇〇年代のアメリカは、女性が生きていく上でどのような価値観を持った社会だったのか、小檜山ルイ著『アメリカ婦人宣教師―来日の背景とその影響』（東京大学出版会、一九九二年）に拠りながら見ていきたい。

それはアメリカが国を挙げて海外伝道を推進した時代であり、歴史上一九世紀から第一次大戦までが最盛期とされている。その中で「日本において一八七〇年代、八〇年代に婦人宣教師

エステラの母校ミッショナリー・トレーニング・スクール（1882年創立）
（現在のナイアック・カレッジ）

創立者
A.B.シンプソン博士

草創期の神学生たち

が最も華々しく活躍した」（同書五頁）とある。

婦人宣教師の多くは、宣教師である夫と共に子育てや夫の世話をしながら任地に赴いていった。「その仕事はまさに海外の異教徒の国においてクリスチャン・ホームを維持するところにあった。クリスチャン・ホームの何たるかを異教徒に手本として示し、家事の余力を以て教会の周辺の奉仕活動を進める」（同書五六頁）のであった。何故ならアメリカの多くの中流の白人女性が目指した理想の家庭像がクリスチャン・ホームと呼ばれるものであったからだ。

小檜山氏は「クリスチャン・ホーム」をこう説明する。それは「単なるクリスチャンの家族を指すのではない。一クリスチャン・ホームの始まりはまず一組の男女の愛によって結ばれることである」（同書二八頁）と。このクリスチャン・ホームにおける母親像に求められたのは、外で働く夫に替わって教会に深く関わり、常に「思いやり深く、温和で、道徳的に優れ、自己を犠牲にして他人のために尽すことが出来る」（同書二九頁）姿であり、女性は「『家の光』、社会の良心」（同書二九頁）であった。

こうした敬虔なクリスチャンが生まれる背景には「一九世紀、二〇世紀を通じアメリカでは全国的なリヴァイヴァルが画期的に起こった」（同書一五頁）。それが「回心」と呼ばれるもの、すなわち回心とは神と個人が直接対峙することにより、神への服従を誓うものであった。「回心の経験は重要視され、この時代の「ほとんどの婦人宣教師は思春期に回心を経験している」（同書一五二頁）という。この「回心した自覚したクリスチャンは『神の栄光』『キリストの愛』とその『大命』、『私心なき博愛』といったメッセージを自分に向けられたものとして受取るのである。ここに実践への力が生まれる」（同書一五、一六頁）。この実践力こそが人々をして、独立後のアメリカ合衆国に情熱の波となって伝播していったのだ。

一方、それまで中流白人女性が受けていた教育といえば、小学校で読み書きを習う程度のことであった。女子の教育は主に母親がしたが、女子教育は俄かに脚光を浴びた。「女子中等教育機関として『アカデミー』又は『セミナリー』と呼ばれる私立学校がアメリカで全盛を極めたのはおよそ一八三〇年代から一八六〇年代までであった」（同書三〇頁）。中流階級の女性の多くが、初等教育にとどまらず、アカデミーやセミナリーで学ぶようになった。たいていの女子はその際家を出て、セミナリーの近くに下宿して勉強するようになった。「ちょうど同時期に公立小学校運動が展開され、全国津々浦々に無料の小学校が設立された結果、小学校教員が不足し、これを補ったのが男性教員より安い給料で教えるセミナリー出身の若い女性たちであった」（同書三〇頁）。

さらに「セミナリーでの教育理念はあくまでも結婚を前提としており、従順で家庭的な女性をつくることを目指していた。そこでとりわけ宗教・道徳教育が重視された」（同書三〇頁）という。

こうして敬虔なクリスチャンとして育った女性が教職という社会的地位を得たことで、数多くの女性宣教師が生み出されていく土壌が整っていったのだった。「婦人宣教師は、当時のアメリカで望ましいとされたウーマンフッドを体現する存在として期待されており、実際に志願した女性たちは比較的教育程度の高い中流の白人女性であった」（同書四頁）のである*5。

こうした状況につれて、海外伝道というプロジェクトにおいて女性労働力の占める割合も一層増え、この時期男性よりも女性の方が遙かに多く宣教師を志願したという。一九世紀、それはアメリカの大多数の女性が、働くことに目覚めた時代であり、職業を持つこと、が当時のアメリカ社会で育った女性ならば持つ目標となったのである。

ニューヨークでエステラもまた、そうした女性宣教師になるという夢を抱き、当時ミッショナリー・トレーニング・スクールと呼ばれていた宣教師を養成する神学校に入学したいと切望していた。

「だが神学校に入るにはそれ相当のお金も要ることだし、学費や衣服代も馬鹿にはならない。その分働いて貯金もしなければならない。そのために教会と契約を結び、そこで働いて得たお金を少しでも貯金して、それをコツコツ貯めていくしかない」

エステラは自分自身にそう言いきかせていた。だが実際は教会からたびたび引き留められ「この分では進学を更に一年延ばさなくてはならないかもしれない」と思うようになっていた。エステラはそのことがとても残念に思われたが、良い方に考えることにして、教会のために尽くそうと思い直したのである。

そんな折、学長のシンプソンは、エステラが働いていたバプティスト教会の牧師から彼女が神学校への入学を強く希望していることを聞いて、エステラの気持について、もっと詳しく知りたいと思ったのだった。

シンプソンはエステラを学校に呼んで彼女の思いを問いただした。エステラは今の自分の気持と決意を正直に話した。シンプソンは「それが主の御心であり、教会でまだあなたの仕事があると、主がお考えなのかもしれません」と言った。

数日が経った。シンプソンはエステラに「もしも方法が見つかれば本年度に入学を希望しますか？」と訊ねた。「はい、それができれば嬉しいです」とエステラは答えた。

「その方法は見えてきているのです。いまはそれを信じなさい」

それを聞いたエステラは心からシンプソンの言葉を信じ、祈った。それからしばらくはシンプソンからの連絡はなかった。ただシンプソンの告げた言葉だけがエステラの心深くに残っていた。「私は最大限の援助をするので信じなさい」

一方その頃、エステラは教会から「年間六〇〇ドル（現在価格約一二〇〇万円）で期限なしで来てほしい」というオファーを受けていた。それは確かに彼女にとって衣服だけでも多少なりとも賄うための援助になるはずの賃金で、すぐにでも飛びつきたいぐらいのものだった。しかしその時エステラは自分が大学講座を申し込んでいたことを思い出した。

「そうだ、今の私にとって、もし進学することが主の御心であるならば、それ以外のことは誘惑としか思えない。とにかく神の御心を信じるしかない」

それから四週間が過ぎていった。だがシンプソンからは何の連絡もないままだった。エステラはシンプソンに手紙を出して自分の気持を伝えてみた。それでもシンプソンからは何の音沙汰もなかった。「自分は何か間違ったことでもしたのかしら？」エステラの心は落ち着かなかった。しかしそれから間もなく、エステラが予想もしなかったタイミングで「そのこと」は突然やってきた。

三、大富豪の養女に迎えられて

ある朝一人の紳士がエステラを訪ねて来た。その人はエステラにとっては全くの赤の他人であった。身なりは立派できちんとしていて、山高帽子を被り、ステッキを持ち、いかにも裕福な様相で、どこから見てもジェントルマンの出立ちである。この人が後にエステラを養女にすることを決め、大学への費用を一切出費してくれる人になるとは、その時のエステラには知る由もなかった。

後で分かるのだが、この大富豪の紳士とその奥方の意向によって、エステラが彼らの正式な養女となる準備が進められていたのだった。しかしながらエステラにとってこのことは、突然降って湧いた出来事以外の何ものでもなかったのである。

紳士はその後も何度か教会に足を運び、エステラの教師にあたるミセス・ヴィクターに何かを訊ねているらしかった。やがて彼の来訪目的はエステラ本人にも向けられた。紳士はエステラに言った。

「実は神から私にあなたについての語りかけがあったのです。それで私はあなたの先生、ミセス・ヴィクターにあなたのことについてお聞きしたのですよ。それで今はあなたのことがだいぶ分かってきました」

エステラは紳士が何を言っているのかさっぱり分からなかった。なぜならその紳士はいつも自分が友人のために祈りの時間を持っていた間にミセス・ヴィクターを往訪していたからだった。

その後まもなくして、とある月曜日の朝、ミセス・ヴィクターの手元に（この紳士から）お金が届けられてきた。彼女にはその理由がよく分からなかった。が、まもなく、それがエステラが神学校に入学し学ぶために必要な学費であることが判明した。

こうしてエステラの大学生活への門戸は突然開かれた。最初彼女には、今自分に起きていることがとても信じられなかった。それでもエステラは、自身に起ったこの事実をもはや疑う余地はないということを悟った。彼女はこの瞬間、シンプソンが言った「主を信じて待ちなさい」という言葉と共に「主がこのことを行ってくださった」とはっきり確信することが出来たのだ。

エステラは天にも上る思いで自分に与えられたこの幸運を素直に受けとめた。神学校への入学の夢がこのように思いがけない形で訪れてくれたことなど、誰が予想し得たであろうか。彼女の心は、ただひたすら入学出来ることへの喜びで一杯だった。

エステラは今更の如く自分に起った数々の出来事を通して、神が学問への門戸を開いてくださったことに、只々心からの感謝を捧げずにはいられなかった。自分がまさかこの紳士の養女に迎えられることになるなど夢にも考えていなかったし、現実にはまだ何も信じられないこととしか思えなかった。「どうして私のような貧しい身分の者が、あの大富豪の養女に？」それには理由があったのだが、その理由をエステラ自身が気づく術はなかった。

実は彼女はその大富豪の邸宅で開かれた晩餐会に招かれて行ったことがあったのだ。その折エステラは台所の様子をみて、自ら皿洗いの手伝いを申し出たのであった。この時の様子がこの家の女主人の目に止まった。

それからしばらくして一人の紳士が牧師を訪問して来た。紳士は牧師から、彼女が孤児であること、今は神学校に行くために教会で働いていることを聞き出したのだった。人間何が幸いするか分からない。紳士はそれから何度か足を運び、エステラの前にも姿を現わした。大富豪の夫人の目に止まり、彼女が自分たち夫婦の養女に相応しい者としてエステラを見初めたのだ。夫妻はかねてから養女を求めていた。この二人の白羽の矢がエステラに立ったのだった。当時このような社会的な孤児などを養子にする風習は、そう珍しいことではなかったようだ。

もちろん紳士夫妻は、エステラの身許についてシンプソン博士やミセス・ヴィクターを通じて仔細に聞いていたのであろうと考えられる。そして、エステラを自分たちの養女に迎えたあかつきに、彼女の望みである神学校への入学を実現させるべく、ミセス・ヴィクターの手元にお金を届けたのだった。

養女時代のエステラ

大きな人生の転機によってエステラの生活は一変した。神学校への入学が許されたことはもちろんのこと、彼女を養女として迎えた富豪夫妻の家に住むことを許され、学費や全ての経費を賄われ、神学校生活を送ることとなったのだ。彼女の喜びはいかばかりであったろうか。

一八九一年、エステラは二二歳になった。彼女の大学生活を経済的に支えてくれることになった養父母は、その後もエステラと共に住み、彼女を娘と呼び、実の娘のように接し、慈しんだ。エステラもまた二人をお父さん、お母さんと呼んだ。

エステラの生活は、これまでとは打って変わって何一つ不自由ない暮しとなった。好きなものや必要なものは、望むままに、全て与えられた。二人はエステラに「我々が生きている限り、ずっと娘として面倒を見る」と言い、住んでいる家も「自分の家と思っていい」と言うのだった。しかも彼等は何と自分達の遺産をエステラのために残すとまで約束してくれたのである。もしかするとそれは、裕福であった彼等からすれば、当然のことだったのかもしれない。

エステラにとっては、この夫妻の養女になれたことは、あれほど夢に見た神学校への入学が叶ったことと重なり、無類の悦びであり、その瞬間、彼女は幸せの絶頂にいたであろう。養父の惜しみない愛情と経済的援助は、エステラに豊かで幸せなカレッジ・ライフを実現させてくれたのだった。

エステラは今や前にもまして美しい女性に成長しつつあった。どこの令嬢かと思わせ、ハッとさせるような気品、きりっとした口元、そしてどこか強さを秘めた眼差しは、人びとを惹きつけずにはいなかった。文字通り才色兼備の女性だったのである。真っ白なロングドレスに身を包んだエステラは、誰が見ても優雅で美しく目を見張るような教養婦人として映っていたであろう。富豪夫妻の家に来てからは、時折催される晩餐パーティにも、出席していたし、もうどこに出ていっても恥かしくない上流社会の身のこなしと優雅さを備え持っていた。

養父はそんなエステラがいとおしく、誇らしく思われ、目を細めて一六八センチのすらりとした美しい我が娘を見つめるのだった。

「もう彼女も年頃だ。そろそろ結婚を考えておかなくては」

そう心の中で思っていた養父は、一人の若い青年を婚約者にどうかと考えた。「あと一年で神学校を卒業する。そうしたら晴れて彼と結婚させよう。華やかな社交界デビューができる日もそう遠くないだろう」

養父はエステラの実未来にそのような夢を描いていたのだった。事実エステラには婚約者がいたとも言われていたから、養父がこうしたことを考えていたというのも本当にあった話なのかもしれない。

四、神学校での生活―日記を中心に

晴れて入学を許されたエステラの神学校での勉強ぶりには目覚しいものがあった。シンプソン博士のかかげた「世界にゴスペルを広める」という目標は「聖書講義」に重きを置くという方法により確実に学生達の間に浸透していった。何よりも「聖書講義」は豊富な聖書知識と神のメッセージをほとばしる泉のように学生達に吸収させ、エステラもその飽くなき勉強意欲を以て、期待に応え、そそられ、聖書についての知識をどんどん身につけていった。エステラにとっても聖書についてこれほどまでに深く学んだことはかつてない体験だった。彼女は学んだことを、教師用に用いる大型の聖書の広いスペースに書き連ねていった。

それは忘れもしない一八九一年一〇月一七日のこと。エステラは念願の教師用の広いマージン（余白）のついた皮表紙の大型聖書を手にして嬉しそうに微笑んだ。この特別な聖書は、ある友人から送られてきたものだった。彼女は嬉しさを隠しきれない様子で、早速扉のページを開け、その見開き頁の上の方に日付と自分の名前（Miss Finch）を書き記した。入学して二年の月日が経っていた。

彼女の心は常に神への感謝で溢れていた。それは念願叶って神学校に籍をおき、心ゆくまで聖書の勉強に没頭し、神と向き合うことができることに対する深い感謝の念であった。この思いはいつも彼女の心を捉えて離さなかった。そうした中で、常にエステラの心のどこかに常にあったのは、宣教師になるという夢であった。大学ではゴスペル・タバナクル（Gospel Tabernacle）（礼拝堂）でいつも礼拝が行われていたし、何よりも彼女は信仰篤《あつ》きシンプソン学長を最も尊敬し、信頼していた。シンプソンは彼女にとっての良き相談相手であり、トゥーター＊6でもあったのである。

このように恵まれ過ぎるほど恵まれた環境の中で、エステラは学業に勤《いそし》しんでいた。日課としての聖書の講義はもちろんのこと、ギリシャ語の勉強もなかなか面白いものだった。あの広いマージンのついた聖書が手元にきてからというもの、それは彼女の神学ノートとしての役目だけでなく恰《あたか》も大切な日記としての役目も果たしてくれた。この重さにして二キログラムもある分厚いどっしりとした聖書を、彼女が後に将来どれほど重宝して使うことになろうとは、その時はまだ想像すらしていなかった。知らずしてエステラは大学で学んだ講義を、この宝物の聖書の余白に細かく書き込んでいたのだった。彼女にとって聖書とは、学問としての対象だけではなく、日々の生活の中の疑問に応えてくれる道しるべでもあり、また心の支えともなっていたのである。

(1) 心に響く声

ある日のこと、それはエステラがいつものように聖書を開いて読んでいた時のことであった。その時彼女がふと目にした個所(ローマ人への手紙一二章二節)の言葉に「……何が神の御心《みこころ》であるか、何が善いことで神に喜ばれ、また完全なことであるかをわきまえるようになりなさい」とあった。エステラは目を上げて空間を見つめ、しばらくこの聖句の意味することに思いを巡らせていた。そこには御心は三通りあり、「善いこと」「喜ばれること」と「完全なること」と書かれている。エステラは「何が神の御心であるか、完全なこととは一体どういうこと?」と自問した。

するとエステラの心にふとある疑問が浮かんだ。エステラの養父となり、彼女が「父」と呼ぶその人は、時折エステラを訪ねて来た。その都度父親らしく、果物を買ってきてくれたり、お小遣いを与えてくれたりした。そして「何か欲しいものはないのか？」と訊ねるのだった。エステラはそんな父に対して決まって「欲しいものはありません」と答えた。けれどもエステラは本心では神様にある物をお願いしていたのだった。が、そのことを養父に言えないでいた。「お父さんとお母さんは心から私を愛してくれている。恐らく私の心は将来ミッションの仕事に従事することを望んでいる。きっと私がそう言ったら二人は私を支援してくれるだろう」

エステラには、養父母が彼女がミッションの仕事をする道を選択するのなら、それにも経済的援助をしてくれるであろうことも容易に察しがついていたのだった。しかしこの時のエステラの心にはためらいがあった。「私はお父さんに対してどこまで我が親として、自分の要求を知らせてよいのだろう…」と。

それまでエステラの要求は養父にすぐにでも受け入れられてきたし、エステラもまた養父母の希望するように、二人を自分の両親として受け入れてもきた。さらに彼等の所有する財産を自分のものとして受け取ることが出来るほど、恵まれた身分にあることも分かっていた。

神学生エステラ

しかし、おそらくはそれだからこそ、そんなエステラの心にある疑問が起っていたのだった。それは自分の今のこの生活が、本当に神様の御心であるのかどうか、という疑問であった。今のエステラにとって、必要と思われるものは全て望み通り叶えられ、与えられていた。だがそれは、以前彼女が天の神に祈り求めて、叶えられていた願いとは違っていた。

彼女は再び思いを巡らせていた。

「私が今こうしていられるのは、確かに神が大学への門戸を開いてくださったからである。それらを神からの『善き』そして『喜ばれる』御心と思って感謝して受け入れてきた。でも私はこの与えられた環境を安易に受止めているだけでよいのだろうか。そのうちに神様が私に特別な贈り物をしてくださることが無くなってしまうのではないだろうか。これまであまりにも寛容に贈られてきたものを、これからも受け続けるべきか。それが一見神の御心なのだと感じられても、ひょっとして完全なる御心を見失ってしまいやしないだろうか」

エステラが愛用した大型の聖書

学校での授業を終えた後も、エステラの頭の中はこの自問でいっぱいになっていた。そして自分の部屋に戻ると、そこにひざまずいて祈るのだった。

「主よ、どうぞ教えてください。あなたの完全なる御心を受け取ることができますように」

エステラは涙ぐみ更に続けてこう祈った。

「どうぞ聖書の中にあなたの真の御心を見出せるよう、その箇所をお示しください」

祈り終わった彼女は何度も聖書の頁を繰ってみたが、何も見つけることが出来なかった。エステラはこれまでにも困った時や、何か問題にぶつかった時には、聖書を開いてみるのが慣わしになっていた。いつもは、そこに書かれている聖書の言葉に勇気づけられ、力づけられた。

彼女は涙ながらになおも祈った。

「主よ、どうぞ聖書のみことばをお与えください」

しかし、あせればあせるほど何も見出せないまま時間が過ぎていった。エステラは半ば絶望的な気持になりながらも、「もしこれ以上何もみことばを得られないとしても、必ずそれが与えられることを信じ続けよう」と思った。

その日エステラがふと気がつくと、外は薄暗くなり静寂が部屋を包んでいた。その時、エステラは彼女を覆っていた黒い霧が突然晴れたように感じ、平和な気持に包まれた。彼女の心はそれまでの自問の日々と打って変って穏やかさを取り戻していた。そして彼女は、静かに開いた聖書のサムエル記下七章のみことばを見た。「あなたの王座はとこしえに堅く据えられる」。エステラは思った。「私が悲しみと苦境にあっても、最も高い御心を望むのであれば、主はそれを示してくださるに違いない」。

(2)「シンデレラ」生活とおさらば

一八九二年、エステラはシンプソン博士の神学校、ミッショナリー・トレーニング・スクールでの三年間の勉強を終え、まもなく卒業しようとしていた。約三年間の在学期間は、深く聖書の勉強をすることばかりでなく、宣教師になるための様々な素養を身につける学びの時間でもあった。卒業後インディアナ州・グリーンウッドでの研修を済ませたら、一人前の宣教師となって、伝道という使命を果たすべく羽ばたいていくのだ。エステラにはその準備が出来ていた。宣教師の道を歩むことは自分の意志で決めたことではあったけれども、それは同時に神から与えられた使命なのだと感じていた。エステラにとって宣教の道を歩むことは、新約聖書のローマ人への手紙（一二：一）*7の御言葉にあるように、自分の体を神に喜ばれる生けるいけにえとして捧げ、主に対して完全な服従を表わす術でもあった。

間もなく卒業を控えていたある日、祈りの時間の中で、エステラの心に天の声が響いた。

「東洋へ行って伝道しなさい」

それは不思議な感覚であった。まるで神さまからのメッセージを聞いたように、この言葉は彼女の心に強いインパクトを与えた。

これまでにもカレッジを卒業した学生は、少数ではあったが、海外に宣教に旅立っていた。その中でもインドやアフリカ、中国に向かう人々がいてそのこと自体は特別に珍しいことではなかった。日本は米国にとって遠い未知の国ではあったが、一八五三年、ペリーが日本を訪れて以来鎖国が解かれ、さらに一八七〇年にはキリスト教も解禁となり、米国の数多くの宣教師が訪れている国となっていた。エステラも潜在意識の中では、話に聞く未だ見ぬ「日本」に関心を寄せていたし、日本のために祈ることも彼女の日課の中に入っていた*8。

「私が日本に行くようなことがあるとは今は誰も考えていないであろう。しかし今、私は主の〝東洋に行って伝道しなさい〟という召命を受けた気がする。もしも、海外に行くことになれば、当然この住み慣れた家からも離れなければならない。これまで物質的にも精神的にも自分を豊かにし、自分を娘として愛してくれたお父さん、お母さんにも別れを告げなければならない。今の豊かな生活に身を置き何不自由なく暮らせるのも、本当に二人のお蔭。それなのにこれほどまで援助を受けておきながら、裏切るようなことをすれば、二人はどんなに悲しむだろう……」

養父母の気持を考えただけでも、エステラの胸は大いに痛んだ。しかし同時にエステラの心は「わたしは主に従いたい」という強い思いにも捉われてもいた。

エステラは再び聖書を開いた。

「主よ、どうぞ私にお示しください」

エステラが声に出して読んだのはイザヤ書四五章であった。

…わたしは暗闇に置かれた宝、隠された富をあなたに与える。

…わたしはあなたに力を与えたが、あなたは知らなかった…。

そしてまた他の箇所を開く。今度は創世記九：九と出エジプト記三四：一〇を読む。

…わたしは、あなたたちと、そして後に続く子孫と契約を立てる。

…わたしはあなたの民すべての前で驚くべき業を行う。…わたしがあなたと共にあって行うことは恐るべきものである…

そこに見出した御言葉を見てエステラは少し勇気づけられた。「わたしがあなたと共にあって…」エステラはもう一度そこの箇所を読んだ。そして言った。

「主はいまはっきりと私に教えてくださった。私が何をなすべきかを」

その夜、エステラは深夜過ぎて、静まり返った部屋に一人座っていた。心は感謝でいっぱいになっていた。このわたしに与えられた大いなる恵み、目の前に突然開かれた門戸、大学への道、そして思いがけない恵まれた家庭生活、愛、……。こうした恵みをごく自然に受けることが出来る身分となったこと。しかもエステラはこれら全ての恩恵をこのまま享受し続けようとさえすれば、その道も当然のように用意されているのだ。養父母にはいくら感謝しても尽きないほどの思いがある。

それでもエステラは、二人へ感謝のおもいに重ねて心の声に傾聴するのだった。

「二人が私に与えてくれる恵みをこのまま受け入れ続けることができることも、私にとって、神の御心だと感じることだと思う。けれどもそうすることは、神の『完全なる御心』からどんどん遠のいてしまうことになるような気もする」

その思いは彼女を一瞬ハッとさせた。

「わたしのこの恵みは主によって与えられたものには違いない。しかし、今ここにいる自分は、本当に神の御心に従って生きてきた私ではなく、実は裕福な養父母を頼って生きてきただけの自分なのではないか。それで本当によいのか。いやそんなはずはない」

彼女はこの時、長いこと胸にわだかまっていた「完全なる御心とは？」という疑問に、はっきりと正面から向き合ったのだ。

「主が真に望んでおられることは……この私が私自身に決断を下すこと、他の誰でもない、私が自分の手で縁を断ち切ること、そして自分に対して自分の手でナイフを振り下ろすこと、呑みかけたコーヒーカップを引き離すことなのではないのか」

それはエステラに一つの決断をさせた瞬間であった。

「そうだ、わたしはこれから神のみを頼って生きる者になろう。主ははっきりと私に、この絶対的で妥協のない主との契りを交わしなさい、という真理を見せてくださった。全てのこと、愛、家庭生活、一時的な恵み、開かれた門戸などを諦め、主との親密な契りへ歩み寄りなさいと。そのことを主が望んでおられるのだ」

エステラはこう自分の心の中に、自らの未来を決定づけるように言い聞かせるのだった。この時エステラは「未だ見ぬ東洋への伝道」を神に対してはっきりと誓い、日本での宣教を決断したのだった。

しかし同時に、この決断を養父母に告げた時に、彼等がどれほど失望し、悲しむであろうかと思うと気持が沈み、彼等がどんなに自分を愛してくれているかを思うと心が痛んだ。だがその心の痛みは、エステラがそれまで心の奥底で抱き続けていた海外伝道への夢を実現させるために、彼女自身が神に従う道を、選び取った証しに他ならなかった。その思いが揺るぎない決心に変ったとき、それは同時に彼女が養女としての身分を棄てて、元の身分、即ち無一文になることをも意味した。それを解ってなお、今のエステラにとって自分の決心は、決して後悔しない信念となったのだった。それがたとえ折角得た養女の身分をかなぐり捨てることになろうとも、さらに養父母の大反対に合うことになろうとも。

それからしばらく経って、エステラはまた一人住まいとなった。エステラが養女の身分を棄て、自らの行くべき道に向かって進む決心をしたことを伝えたときの、養父母の驚きと狼狽は、想像以上のものだった。恐らく夫妻にしてみればこれまでの彼等の努力が水泡に帰したことがわかり、いくら悔やんでも悔やみきれない心情だったに違いない。彼等はその信じ難く、しかも受け容れ難い現実を、しかし受け止めざるを得なかったのだ。

養父は実の娘同様にして過ごしてきたエステラから、まさかこのような決心を聞かされるとは思ってもみなかった。当然娘の出した結論に一旦は猛反対をした。そうすれば娘が翻意することもあると思ったのかもしれない。しかし、エステラの決意は固いものだった。一方でエステラは、これまでの二人への恩を決して忘れた訳ではなかった。むしろどれだけ感謝しても感謝し足りないほどの幸せな人生を叶えてくれた二人に対して謝意を形にして表わさなければならない。エステラは夫妻に自ら決意を伝えるのだった。

「これまでお父さん、お母さんが私にしてきてくださった全てのことに報いるためにも、いえ、報いるためにこそ、今後は一切誰にも頼らないで、自分の決めた新しい人生を歩みたいのです」

こうしてエステラは養父母と決別したのだった。

それからしばらくの時が経った。エステラはまた元の質素な生活に戻っていた。これまでの華やかな生活がまるで嘘のようだった。しかしエステラはこの道を選んだときから、自分の生活が再びもとの質素な生活に戻ったことに、何故か安堵を覚えていた。一人暮らし用の賃貸部屋での生活で、物質的には豊かではなかった。エステラはこれからが本当の意味で独り立ちをするのだと思い、何もかも切り詰めていかなくてはならないとあらためて意識した。けれど彼女の心はひたすら主に支えられており、主が何もかも与えてくださることを信じ続けた。

むろんそうした生活はそう生やさしいものではなかったし、実際それからまもなくのこと、彼女は生活に困窮する日々と直面した。その日は一日分の食料を買うためのお金もなくなり、その中にあって彼女は、ひもじさに耐えながら祈った。やがて第三者を通して彼女にお金が贈られてきたとき、彼女は主を信じた自分に、主が応えて下さったことを思った。その日（一八九二年六月一七日）の日記に彼女はこう書いた。

「部屋を借り、一人暮らしを始めたあと、私は試みに会い、その日一日食料を買うお金もなかった。私は主を信じ、そのひもじさに耐えた。その結果、イエス様から第三者を通してお金が贈られ、私の祈りは聞き届けられた。主の御名をほめ讃えよ」

五、まだ見ぬ憧れの国への旅立ち

（１）ニューヨークでのお別れ会

一八九二年、エステラはミッショナリー・トレーニング・スクールを無事卒業した。そして念願が叶って、日本に伝道のためシンプソンの立ち上げた「クリスチャン・ミッショナリー・アライアンス（Christian Missionary Alliance）（キリスト者伝道同盟）」*9から正式に日本に派遣されることが決まったのだ。その年の十一月二九日、日本に旅立つ伝道師達の送別会が、彼女の母校のゴスペル・タバナクルで行われようとしていた。エステラは、まだ見ぬ日本での伝道がどのようなものになるのか、予想さえできないながらも、これまでに抱いてきた海外伝道の夢がいよいよこれから実現するのだと思って、一抹の不安の中にも希望をふくらませていた。出発の予定が一月下旬に迫っている彼女は今ここに一人の若い宣教師として世界に羽ばたいていこうとしていた。このお別れ会は、次週に出港する予定の団体に先駆けて、それ以降に出発する、少数の伝道師達のために学校が主催したものだった。

まず司会のステファン・メリット牧師が心のこもった言葉でこの会を開会した。

「今日送り出す伝道師のみなさんがこのような形でクリスチャン・ミッショナリー・アライアンスに導かれたことを感謝します。みなさんは各々の学校で学び、キリスト教精神を養った方達であり、この国において素晴らしい伝道の仕事をしてきました。その中でも特に紹介すべき伝道師は、ニューヨーク・ミッショナリー・トレーニング・スクール卒業のミス・エステラ・フィンチです。彼女は近々日本へ向けて出発することになっています。最初の話し手としてミス・フィンチを紹介します」

大きな拍手が起った。すると伝道師達の中から一人の婦人が前に進み出た。いかにもまだうら若き女性で、神学校の卒業式に出席した時に着用した黒の式服を着ていた。長い髪をきちん

ゴスペル・タバナクル（礼拝室）

と束ね後ろに結い上げ、首元までボタンのかかる、長袖のロングドレスを美しくまとったエステラの姿がそこにあった。

エステラは壇上に上ると静かに、だが力強く語り出した。

「私は間もなく日本に向けて出発します。私にとっては初めての海外伝道です。日本は私にとっては未知の国です。しかも一人で行くのですから、告白しますが、わたくしはとても不安でした。それで主に祈り続けていました。〝どうぞ誰か私と共に日本へ赴いてくれる人物をお与えください〟と。そして今日、その答えが与えられました。それは神ご自身です。神は私にこのように告げられました。〝わたしこそがあなたと日本へ共に行く者である〟と。そうです、神が私に同行してくださるのです」

会場にいた人々は皆聴き入っていた。エステラは更に続けた。

「そして神は私にその身支度として幾つもの約束をしてくださいました。まず、その一つは聖書の雅歌の一節です。〝愛するものよ、一緒に来なさい仕事の場へ〟というあの御言葉《みことば》です。私は既に二年前にラウンド・レイクで伝道師として神に呼ばれていました。私はその時からずっと、神の明確な指示を待ち続けておりました。そしてそれが与えられた今、私の心に微塵の疑いも、迷いもないことがはっきりしました」

「実際、私はまだ見ぬ日本に対して不安でいっぱいになり、悪魔《サタン》が日本で待っているのではないかとさえ思いましたが、そんな私に、神は聖霊と聖火で洗礼を授けてくださいました。そして〝信じる者には常にサイン（合図）があるであろう。そして主がいつも共にいてくださることを、御言葉によって示すであろう〃と言われたのです。主は私に〃恐れることはない。日常生活には見返りがあるであろう。また蛇やさそりをやり込める力、全ての敵と対峙する力を与えよう〃とも言われました。また、何よりもこの私が勇気づけられたのは、主が私に〃あなたにどんな敵であろうとも、否定したり、抵抗したり出来ないほどの言葉と知恵を授けよう〃と語りかけてくださったことです」

「そして神は私に詩篇91を示され、主がこの私より先に行って、曲がったものを真直ぐに直しておくだろう。また秘密の隠された宝を上げよう。この約束が満たされるように祈りなさい。自分が全ての神の御心を受け取ることが出来るよう、全てのことを行えますよう、それが神を喜ばせるものになるよう祈りなさい。と言われました。私はこれらの主の約束のことばを携えて日本に行こうと思います」＊10

（2）渡航パスポート

エステラには再び元の無一文になる覚悟が出来ていた。だから養父母ともきっぱり縁を切って二人の養女であった自分と決別した。今の彼女にとって、それは問題ではなかった。彼女の心は自分の目指す新天地に向かって意気揚々としていた。エステラは最小限必要な荷物をまとめると、母校の友人達や先

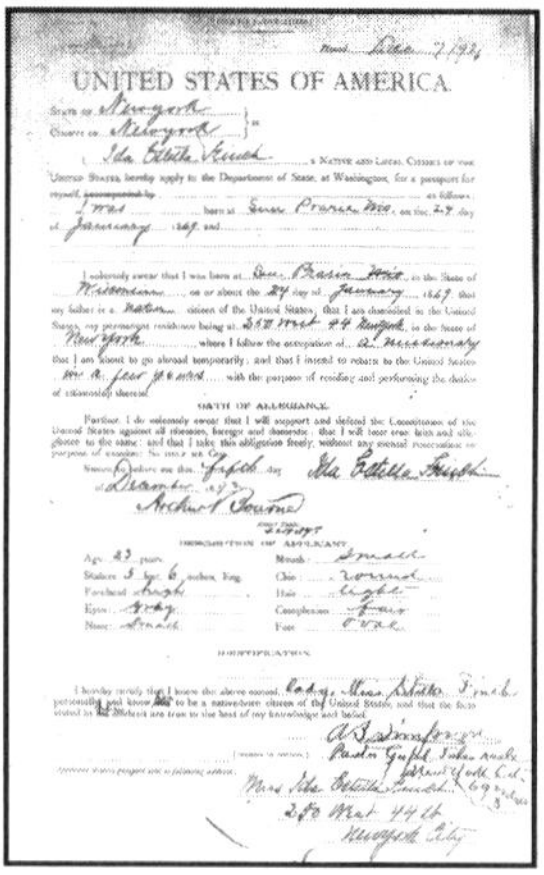

エステラのパスポート

生方に別れを告げた。シンプソン博士が彼女の日本渡航パスポート申請のための身元保証人となってくれた。ここにはエステラ自身の誓約も書くことになっていた。エステラは改めてその渡航パスポートを読み返してみた*11。

○渡航パスポート

私の父は米国籍の市民であり、私はニューヨーク市二五〇W．四四STに住居を定めています。一八九二年十二月七日　米国生まれの忠実なる市民である私、アイダ・エステラ・フィンチ（Ida Estella Finch）はワシントン国務省にパスポートを申請します。

私はウィスコンシン、サン・プレイリーで一八六九年一月二四日に生まれたことを誓います。伝道のために数年を海外で過ごしますが、また帰国して宣教師の仕事につこうと思います。市民としての義務を果たすために必ず帰ってくることを誓います。

忠誠の誓いのことば

更に外国にあっても、国内にあっても、全ての外敵に対して米国の憲法を守り、支持することを誓います。そしてまた同様に信念とその誓いに忠実であることを誓います。いま一つはそれを自分の意志で守ります。

一八九二年十二月五日

申請者氏名　　Ida Estella Finch

申請者の特徴

年齢：23　身長：五フィート六インチ　額：広い　眼：グレー　鼻：小さい
口：小さい　顎：丸い　髪：栗毛色　肌の色：色白　顔輪郭：面長

私は右記の婦人ミス・エステラ・フィンチを個人的によく知り、彼女は米国生まれの市民であり、ここに書いてある事実は私のよく知る限り正しいことを証明します。

身元保証人　A・B・シンプソン牧師
ゴスペル・タバナクル
ニューヨーク市

(3) いざ日本へ

日本までのルートは一八六九年の大陸横断鉄道完成以降、サン・フランシスコから太平洋ルートを使うのが一般となっており、サン・フランシスコまでの旅程は各個人で決めることが出来た。因みに当時日本までの旅費は約四〇〇～五〇〇ドル（現在価格八〇〇～一〇〇〇万円）であった。恐らくこの時の旅費や日本での年間給与、支度金などは、海外に派遣される独身の女性宣教師への労働対価として支払われたはずである。

当時の長老派の海外伝道局本部が宣教師のための「マニュアル」として用意したものがあった。そこには宣教師の任務、それに関する義務、権限、給料、住居、支度金、旅費、休暇などの規定が記されていたようだ。海外派遣宣教師たちは、それらを熟読した上で各条項に同意し誓約書に署名をしたと思われる*12。

ニューヨークからサン・フランシスコまでの横断は列車であった。数人の友人達がエステラを見送った。しばらくは会えなくなる友人達に見送られて、エステラはさすがに寂しさを隠しきれない思いに包まれたが、その心には並々ならぬ覚悟も秘めていた。

友人達は気を利かせて、みんなで彼女のためにと持ち合わせのお金を集め彼女に手渡した。エステラが列車のボーイに渡すチップがなくては困るだろうという配慮からだった。エステラは友達の温情に感謝した。エステラの日本伝道に寄せるそのゆるぎない決心に、友人達も応援を惜しまなかったのだった。

こうして、クリスチャン・ミッショナリー・アライアンス（基督者伝道同盟）は日本への派遣代表として、期待を込めてエステラを送り出した。今は僅かばかりの身の回り品と、大切な愛用の大型聖書と日記、友人達から贈り物として貰い受けた洋服類、時計、万年筆、小型のノートブック等が入った手荷物を携えたエステラがそこにいた。

一八九三年一月二四日のある寒い朝のこと、この日は奇しくもエステラ二四歳の誕生日であった。エステラはサン・フランシスコの港を出港する英国の蒸気船「ゲーリック号」の三等乗船客となった。いよいよ船は日本に向けて出航した。一体これからどんな人生が彼女を待ち受けているのだろうか。エステラの胸には喜びと期待、そして不安が入り混じっていた。

注

＊１　ベタニヤ学院。一九世紀後半になり、伝統的なキリスト教に基づく社会福祉の手法の実行能力を高

めるために、女性の福祉員を養成する機関が作られた。例えば一八七〇年にニューヨークに設立された「キリスト教福祉員訓練所」—後のベサニー・インスティテュート（Bethany Institute）、ベタニヤ学院である。ここでは聖書と福祉タイプの伝道手法を教え、実際に都市ミッション（教会を核として資金を集め、労力を提供して慈善タイプの日曜学校を開いたり、施設を建てるなど、今日でいう社会福祉）に、全国の全ての教派から学生を参加させて実施訓練、研修（訪問、信者への質疑応答など）を行った。一八九二年までに約四〇〇人の女性を卒業させたという（小檜山ルイ著『アメリカ婦人宣教師—来日の背景とその影響』東京大学出版会、一九九二年、五四〜五五頁）。

＊2 エステラ・フィンチ直筆の日記ノート。フィンチが一八八九年頃、ニューヨークの母校、ミッショナリー・トレーニング・スクール（現在のナイアック・カレッジ—北米初の神学校として一八八二年、アルバート・ベンジャミン・シンプソン博士（Dr. Albert Benjamin Simpson）により創設された）に在学中、二〇〜二三歳頃に書かれたもの。日記の表紙に「Records of Answered Prayer in my own life, to the Glory of God the Father in Jesus name, Estella Finch / 「私の生涯における聞き届けられた祈りの記録—イエスの名によって父なる栄光の神に—エステラ・フィンチ」と題した紙が貼られている。日本まで肌身離さず携えて持参した大切なものと思われる。

＊3 ミッショナリー・トレイニング・スクール（Missionary Training School）。一八八二年にアルバート・ベンジャミン・シンプソン博士（初代学長）は「聖書研究」として知られる教科と大学の必須科目を併せ持った神学大学を創立。後にChristian Missionary Allianceが現在のナイアック・カレッジ（Nyack College）とその大学院の前身である。

ナイアック・カレッジの名前の変遷は以下の通りである。

・Missionary Training School for Christian Evangelists

・Missionary Training College for Home and Foreign Missionaries
・The New York Missionary Training College
・The New York Missionary Training Institute（in 1894）
・The Missionary Institute of Nyack（in 1994）
・Nyack College（現在）

＊4 小檜山ルイ著『アメリカ婦人宣教師』一四頁。

＊5 小檜山ルイ著『アメリカ婦人宣教師』四頁。

＊6 トゥーター（tutor）―指導教官。

＊7 新約聖書ローマの信徒への手紙一二―一「…自分の体を神に喜ばれる聖なるいけにえとして献げなさい。これこそ、あなたがたのなすべき礼拝です」。

＊8 フィンチ愛用のバイブルの表紙裏に書かれた祈りの予定表に月曜日は「日本のために」とある。

＊9 The Christian and Missionary Alliance, which was founded by A. B. Simpsonn almost a hundred years ago, now emerges as Nyack College, Seminary, and Graduate School. (written by Bob Cipher, Staff Writer, Rockland County Times, dtd September 15, 2005). 一八八二年にA・B・シンプソン博士により設立。

＊10 Christian Alliance and Missionary Weekly, Friday, December 9, 1892, Vol. IX, No. 24, p.369, p.370. キリスト者伝道同盟週間レポート（一八八二年一二月九日付）。

＊11 Ida Estella Finch の渡航パスポート申請書のコピーは国の文書記録（マイクロフィルム）から見つかり、ウィスコンシン州、サン・プレイリー市の民族博物館勤務のジャック・デビソン（Jack

Davison）氏の調査協力から得たものである。
＊12　小檜山ルイ著『アメリカ婦人宣教師』一四二頁。

第2章

手探りで始めた日本伝道

黒田惟信牧師

一、姫路でいよいよ伝道開始

一八九三（明治二六）年二月一〇日サン・フランシスコを出発したゲーリック号は、目指す神戸に入港した。この日の乗船者名簿の中にエステラ・フィンチの名前が掲載されている*1。二月のこととて、暦の上では立春を迎えていたが、初めて踏んだ日本の土地はまだ寒かった。しかし、米国の北西部で生まれ育ち、ニューヨークの厳しい冬を過ごしたことのあるフィンチにとって、この位の寒さはさして気にならなかった。

フィンチの最初の仕事は、神戸を本拠地とした姫路での伝道であった。しばらくの間、先輩宣教師の勧めもあって、フィンチは姫路の日の本《ひもと》女学校（バプティスト派）で教鞭をとる傍ら伝道に従事した。こうすることで、日本語や日本の風習を修得し慣れていった。

日の本女学校はエラ・R・チャーチ女史が「米国婦人バプティスト外国伝道協会」の宣教師として一八九二（明治二五）年、単身来姫し、市内に開いた女子ばかりの小さな私塾から始め、下寺町に校舎兼宣教師館を建て、翌一八九三年二月、日の本女学校として開校したばかりの学校で、エラ・チャーチが初代校長であった*2。かつてフィンチは洗礼を受けたとき、バプティスト派のしきたりに従って全身を水につかって受洗したという。こうした背景もあって、フィンチがこの学校を選んだのもごく自然のことであった。

バプティスト派は海外伝道に熱心な派である。米国南部のバプティスト派は、一八九〇年以降、主として西日本で伝道、西南学院を設立している。これに対し、北部のバプティスト派は一八七三年頃から、主として関東で伝道、関東学院を設立している。バプティスト派の特徴の一つとして、信仰と生活の規範は聖書のみとしていることが挙げられる*3。

フィンチの来日時、海外から派遣されてきた女性宣教師は他にも数人いて、彼女たちもそれぞれ与えられた地での伝道を開始した。しかしながら当時、手引きとなるようなマニュアルが存在したわけではなく、その伝道方法は大体が各々の宣教師の手に委ねられていた。

伝道がうまくゆくかどうか、確固たる保証は何もなかったのだ。ただあるのは伝道に対しての意欲と熱意と本国における伝道の経験のみだった。それゆえ、一人一人の宣教師にとって、日本での伝道は本国での訓練が如何に異国で活かされるかが、試されることでもあった。女性宣教師達は、ある一定の期間（約五年間）を過した後、その宣教の成果を本国に報告する義務があった。

フィンチにとっても手探りの自給伝道の日々が始まった。彼女は必死だった。まだ日本語がおぼつかない中で、日本人とも接触をしていかねばならないのだ。そんな彼女に自給伝道を助けようと申し出た一人の青年がいた。同じ日の本女学校の英語の教師をしていた品川悠三郎である。品川は神戸師範（後の御影師範）を卒業して、法律を学びながら、法学院（中央大学の前身）を目指していた。また組合派*4の熱心なクリスチャンであったから、フィンチにとっては申し分のない相手であった。

しかし、神戸の近くである姫路には大きな陸軍の部隊があったため、長期間の滞在ができる都市ではなかった。つまり外国人の在留が困難となり、フィンチはまもなく姫路を去らねばならなくなったのである。そんなフィンチに手を差し伸べたのが、彼女の先輩にあたるマリア・ツルー（Maria T. True 1840-1896）であった。ツルーはフィンチよりずっと早い時期に、来日していて、日本人のためのミッション・スクールで懸命に働くベテランの宣教師であり教師であった。後に東京の女子学院*5の校長となり、矢嶋楫子《やじまかじこ》を入信に導いた人である。ツルーは日本に来たフィンチと何かと連絡を取り合っていたので、フィンチが姫路を去ることになったことを知って、東京に来ることを勧めた。

二、東京で日曜学校を開く

いよいよ神戸から東京に移り住んだのは、フィンチが来日して間もなくの春のことであった。そこは東京角筈《つのはず》（現在の新宿のあたり）という所で、聖書講義を行うための講義所があった。フィンチはこの近くに家を借りて住むことに決め、講義所で取りあえず数名の女子学生に手芸などを教えながら伝道することになった。

フィンチはこの場所で意欲的にバイブル（聖書）についての講義を行った。一方向学心に燃えていた品川は、法律を学ぶ傍ら、結婚後間もない妻久を伴ってフィンチの自給伝道を助けるために上京した。品川三一歳、日清戦争開戦の折であった。品川は病弱の中にも信仰堅固、苦学力行の人物で、女子学院や新栄教会、新町講義所に奉仕し、矢嶋楫子女史や奥野昌綱牧師とも面識のある間柄となった。

フィンチは荻窪、上高井戸、松原に日曜学校を設け、専ら児童対象の自給伝道に励み、品川夫妻も熱心にこれを助けた。やがてフィンチは、本多熊太郎（当時二〇歳）という、後に（一九〇九年）清国の公使となる人物と知り合いになった。本多の妻リキがフィンチの教え子であったからである。

この年（明治二七）の終り頃本多は、それまでフィンチが詩編四五編に基づく解釈をベースとして書き進めていた『Court Etiquette for King's Daughters（王女のための宮廷作法）』という著書を日本語（古文）に翻訳し、それを世に出した。本多は後に外交官となり、ドイツ大使等を歴任している。フィンチ著、本多熊太郎訳の『王女』は現在も東京の国立国会図書館に所蔵されている*6。

東京でのフィンチの仕事ぶりは、目を見はるものがあった。神戸では思うように出来なかった子ども達相手の「日曜学校」の仕事に精力を注いだ。フィンチ自身がそうであったように、幼い頃に受ける教育の大切さを考えてのことであった。子ども達に聖書を学ばせることは、神様の存在を知る大切さを教えることでもあった。聖書を通して神様の話を子ども達にも分るようにすると、純真な彼らはごく自然に神さまを受け入れていく。フィンチは子どもたちの素直な心に神さまの御心を注ぎこむのだった。小さな時に受けた教育が、やがてその子が成長していく過程でどのような影響を及ぼすか、それは大きくなってみるまで分からないことかも知れない。けれどフィンチは、ニューヨークで、雪降る寒い中でも子ども達を教会に誘う仕事を手伝っていた経験から、ここ東京でも子ども達の伝道に注力しようとしたのだった。

東京の暮しにも馴れてきたフィンチは、女子学院と横浜フェリス女学校から教師にならないかとの誘いを受けたりした。だが、フィンチは「私は本来伝道するために日本に来たのですし、まだ満足するほどの伝道も出来ていません。今はまだ教育のお仕事は出来ないのです」と、はっきり断るのであった。

確かに教師としての素質も十分に備えていたフィンチにとって、学校側から申し出を受けたことは自然の成り行きだったかもしれない。当時海外、特に米国からやってくる女性宣教師たちは、ミッション・スクールの創設に貢献していたから、学校教育の進展に役立つと思われる良き教師を望むのは当時の学校としては当然のことであったろう。しかもフィンチとしてもこうしたチャンスが到来し、これを受け入れることで、また別の道が開かれる可能性があることを百も承知していたであろう。だが、フィンチの意志はどこまでも固かった。彼女はこう繰り返して言った。

「私が日本に来たのは、あくまでも伝道者として来たのであって、教育者としてではありません」

彼女にとって教職の道を選ぶことは、ともすると、この世との妥協を自らに許すことにもなることだったのだ。周囲から見れば、教師であっても、伝道者であってもフィンチの評価に大きな差異はなかったと思われる。教師も立派な職業であるのだから、もしフィンチが、学校側からのオファーを受け入れたとしても、誰も異論を唱えたりしなかったに相違ないのだ。しかしながら、フィンチ自身の宣教師としての使命感が、彼女に教職の道を選ぶことをさせなかったのである。フィンチは宣教師としての任務を負ってシンプソンの立ち上げたクリスチャン・ミッショナリー・アライアンス（Christian Missionary Alliance　キリスト者伝道同盟）から日本に派遣されたのだ。フィンチが彼女がどこまでも強い意志を持って求めたのは、何とかして伝道の拠点を持つということだった。フィンチはそれほどまでに揺るがぬ信念で、伝道者としての道を進もうとしていたのであった。

翌年の一八九五（明治二八）年一月、品川は独立女学校に行き新年の挨拶を述べた。独立女学校は学資難の女子学生に高等程度の教育を授け、女子に独立の精神を与えるため、淀橋角筈に設立された女学校であった。後年（明治三二年七月〜九月）内村鑑三が一時校長をしていたことでも有名な学校である。

ここに通う向井秀子という独立女学校の女生徒と、もう一名栗本すた子（後の山本秀煌夫人）という女子学院の生徒がいた。品川はフィンチの自給伝道を助けるために、同月、荻窪（青梅街道荻久保）、上高井戸、松原に日曜学校を開いた。校長は他でもない品川悠三郎であった。この日曜学校に栗本すた子と向井秀子もきていた。二人はフィンチの伝道を助けながら、彼女に日本語を教えていたのだ。松原も当時はまだ村であったから、二人は金曜の晩から土曜にかけて代わるがわる泊りがけで来ることもあった。フィンチは正月を利用して栗本すた子と八王子まで泊りがけの伝道にも行っている。こうした都心を離れた伝道は当時田舎伝道と言われていた。

相変わらずフィンチは貧しさの中にいた。

栗本と向井は、フィンチがミッショナリーでなく、単身自給伝道師として人知れず苦労していたことを目の当たりに見ていた彼女の最も身近な存在だった。だが二人の眼には、苦労をものともせず、日本人伝道のために喜び働くフィンチの精力的な姿が映っていたのだった。

フィンチは翌年一月には品川を横浜見物に誘ったり、また妻久に対しても親身の世話をした。四月の桜の満開の頃には品川夫妻を伴って隅田川に花見にも行った。久は身重であったが、熱心な信徒として、ほぼ毎日曜に、夫と共にフィンチの自給伝道を助けた。久は日曜の午後は、フィンチ又は夫とともに、田舎伝道に励んだ。人力車を使うのが普通だったこの時代、彼らは新宿から荻窪まで約二里（八キロ）の道のりを徒歩で往復したのだった。

品川悠三郎（右）と中山直行

フィンチが松原で日曜学校を始めてまもなくのこと、一人の少年が通ってくるようになった。その少年こそ後に、当時のフィンチの伝道について自分の体験を語る唯一の人物となる。
この少年は名を中山直行といい、年は九歳であった。とにかく熱心な子で、毎日曜日、日曜学校に欠かさずやって来るのだった。フィンチはこの中山少年に対して、彼が聖書の内容を少しでもよく理解できるよう工夫して話した。例えばイエスが奇跡を行うところの一つでは本物のパンと魚を用意して、生徒たちが実際奇跡の場面を思い描き易いようにして聞かせるのだった。中山少年は食い入るようにその話を聞いていたという。彼はその後もずっと休まずに日曜学校に通い続け、とうとう精勤で通したのだった。また中山少年は、旧約聖書に出てくるあの有名な「モーセの十戒」を正確に暗記したので、品川校長からご褒美を貰った。それは品川先生の達筆な筆字で書かれたモーセの十戒の巻物であった。中山少年は嬉しそうにその巻物を広げてみるのだった。

このできごとは九歳の少年にとって、終生忘れられない思い出となったのである。

中山少年には後日談がある。その後中山直行は板金業界で身を立て、その第一人者として成功を収め、ブリキ工業業界に貢献したことにより黄綬褒章、また勲五等の叙勲をも受章した。昭和三五年、七五歳となった中山老人は、日曜学校に通った日々から実に六十六年の歳月を経て、恩師亡きフィンチ師の墓参をようや

《モーセの十戒》

一　あなたにはわたしをおいてほかに神があってはならない
二　あなたはいかなる像も造ってはならない
三　あなたの神、主の名をみだりに唱えてはならない
四　安息日に心を留め、これを聖別せよ
五　あなたの父母を敬え
六　殺してはならない
七　姦淫してはならない
八　盗んではならない
九　隣人に関して偽証してはならない
十　隣人の家を欲してはならない

く果たす。墓前に立った彼は、懐から一巻の小さな掛軸を取り出し敬々しくフィンチ師の御前に掲げ頭を垂れた。この巻物こそ紛れもなくあの時中山少年がご褒美にもらった旧約聖書の十戒であった。

当時の自分の体験を語る唯一の証人として中山氏は言う。

「私は九歳の時松原にいた頃、フィンチ先生の日曜学校に通っていました。フィンチ先生は明治二六年に日本に来られました。私はその時七歳の尋常一年でありました。先生は先ず日ノ本女学校を教えつつ伝道せられました。その学校に品川悠三郎先生がおられましたが、後に星田先生（フィンチのこと）が東京にこられ、荻久保（青梅街道）、松原（明大前）及び上高井戸に日曜学校を開かれた時、品川先生が校長でありました。私は明治二八年九歳の時、その日曜学校に精勤で、そして聖書のモーセの十戒をよく暗記していたことに対し星田先生から品川先生の筆になる十戒の巻物を褒美として先生手ずから頂き、本日もここに持参しました。子どもの時にこの十戒の巻物を受けた時ほど大きな喜びは味わったことがありません。その時の先生は栗本すた姉、向井秀子姉がおられました。星田先生が明治三二年横須賀にて軍人伝道を始められた時は私は一三歳、北多摩郡府中でブリキ屋の小僧でありました。（中略）私は府中から札幌に至り谷口組の板金業に従事し、一時堕落しましたが、悔い改めノートン先生（アイヌ語聖書訳者バチラー博士と同労者）に謝りましたところ「私にすまないのではなくキリストに申し訳ない、神様にお詫びすべきである」と言われました。人間は独りでは孤立無力となる。直行一人のためにフィンチ先生、品川先生、向井先生、ノートン先生を神は具えて下さったことを心から感謝しております。自分が今日あるのは全く星田先生の教えを守ってきたお陰です。（中略）フィンチ先生が日曜学校で聖書（マタイ一五：三四—三八）の中で五千人を養われた話を実物のパンと魚を生徒に見せて教えられた実物教育のことは今も記憶にはっきりと残っています」

こう語る中山氏の眼には涙が溢れるのであった。

地下に眠るフィンチは、約七〇年前、自分の蒔いた種が自らが教えたこの九歳の少年の胸に根付き芽生え、信仰の木へ育っていたとはもちろん知る由もない。しかしその無心の伝道こそ、フィンチが追い求めた道ではなかったか？　そして無心であればこそ、蒔かれた種は少年たちの心にしっかり根付いていったのではないだろうか？　しかしまたそんなフィンチが一度は日本伝道を断念しようとしていたことがあったとは中山直行にとっては思いもよらないことだったに違いない。

三、品川悠三郎の憂い

一方、向学心に燃えていた品川悠三郎は、その後どのような生活をしていたのだろうか。この頃（一八九五年頃）の品川は、一週間の中、フィンチに日本語を教えながら、日曜日と水、木曜日を教会の伝道に捧げ、残る四日間を法律の勉学に充てていた。乏しい収入の中から法学院の講義録を購入し、僅か五ヶ月後の七月上旬に行われる法学院入学試験を目指し、独学で勉学を重ねていた。やがて五月となり、身重の妻久が出産のためにいよいよ神戸に帰る日がやってきた。フィンチはその日新橋駅まで品川夫妻に同乗して、久を見送った。

「久さん、これは私の気持です。どうぞこれを使ってくださいな」

そう言うとフィンチは久に神戸までの旅費を手渡すのであった。これはフィンチの久に対するせめてもの思いやりの気持だった。久はマリア・ツルーからも、これまでの日曜学校奉仕に対する感謝の気持として「天路歴程」を贈られた。

その年の七月上旬、品川は法学院入学試験を受け、同月一一日、見事合格を果たした。因みに合格者数は三〇〇名中、一五二名。しかも品川は試験期間中も、聖日礼拝はもとより、上、下高井戸、松原の田舎伝道をも欠かさなかったというから、その信仰心にただただ敬服させられる。

品川は無事試験に合格したので、直後、上州（群馬）「入りの湯」行きを計画した。それは避暑を兼ねた女子学院宣教師の夏季集会にフィンチが行ったからである。当時「入りの湯」には女子学院の別荘があり、学院の生徒たちは毎年夏、女性宣教師たちに連れられてこの地を訪れるのが慣わしとなっていた。この時の一行は女子学院の生徒、酒井ハル、茂木テル、津田ユキ、十時《ととき》キク、須藤トヨ等と宣教師リンストン夫妻、ミス・デビス、ミス・エグ、ミス・プラット他四名であった。フィンチもこの旅行計画を大変喜び、これら女子学院生徒四人、宣教師四人と共に「入りの湯」に行ったのだった。栗本すた子、向井秀子も一緒であった。

この旅行の間、新潟高田での伝道のことを思い巡らせていた。高田には、ツルー女史の計画による桜井女学校*7の分校（高田女学校）があった。フィンチの胸には、その分校を拠点とする高田伝道を行う、という大きな課題があったのだ。フィンチは今回の旅に品川を迎えて、大いに彼の尽力を期待していることを伝えるのだった。フィンチは高田伝道に対する自分の思いを率直に品川に語った。

「是非あなたに（高田に）一緒に行って欲しいのです」

これまでも伝道を助けてくれていた品川の援助があれば「鬼に金棒」である。しかしその時法学院に入学したばかりの悠三郎の返事は、フィンチの期待に反するものだった。

「フィンチ先生、もしも高田に行ったとしても、これまでのように勉強はできるかもしれません。でも講義を聴くことは出来ません。それでは法律の勉学にとって不十分なのです。妻久も九月には出産を控え私の高田行きには不賛成なのです」

この言葉を聞いたフィンチは、さすがに「これ以上自分の要望を押し通すことは出来ない」と思い、一旦は品川の説得を断念したようにみえた。しかし内心ではまだ諦めてはいなかった。品川は品川で、再三にわたるフィンチの勧めに感謝しながらも、どうしたものかと思案にくれるのだった。

八月になり、フィンチは「品川先生が、もし高田に行かないのなら、彼に他に職を探してください」とツルーに相談した。するとツルーは品川に夜間学校の教師としての仕事を見つけてくれた。ある夜遅く、品川が外出先より帰宅すると、眠らずに待ちかねていたフィンチが前の庭で声をかけた。

「品川先生、喜んでください。あなたの就職先についてツルー先生と相談し、これまでのように日曜学校を教えながら、夜間学校に勤務できることになりました」

品川は目を輝かせ「フィンチ先生、有難うございます。感謝します。明日にでもツルー先生のところに行って今後の相談をします」と答えたのだった。こうして、品川は、昼間は法学院での勉強に専心することが可能となり、卒業するまでこの生活をつづけた。

四、新潟・高田での出来ごと

フィンチにはもはや高田での伝道に全力を傾ける覚悟が出来ていた。品川の就職を見届けると、安堵して高田行きの荷造りも手伝った。いよいよ向井秀子と栗本すた子を伴って高田に出発する日が迫ってきた。実はフィンチは、この二人にも「入りの湯」の旅の際、彼女の高田伝道に対する思いを話していたのだった。

一八九五（明治二八）年九月十一日、フィンチはすた子、秀子両名と共に高田に向けて出発した。品川が駅まで見送りに来てくれた。フィンチにはこの別れは悲しく、辛いものだった。

「フィンチ先生、高田に行ってもきっと神様の祝福があります。どうぞくじけないでご自分の夢を果してください。祈っています」と品川が言った。フィンチは「あなたのような人が来てくださったら、私もどんなにか心強く、頑張れると思うのに……」そう言いたかったが胸に収めた。「品川先生もどうぞお元気で」と答え、そして二人は別れの握手をした。フィンチは思わず涙ぐんだ。折しも帰宅した悠三郎のもとに、妻から安産の知らせが届き、品川の胸には安堵とともに、高田に行かない道を選んだことへのほろ苦い思いが去来した。

　高田に移転して間もなく、品川はフィンチから手紙を受け取った。

「あなたを高田女学校の校長として、迎え入れる用意があります。すでにミッションの同意も得ています」

　なんとフィンチは品川が高田に来ることをまだ諦めてはいなかったのである。さらにツルーや矢嶋楫子もミッションの依頼を受けて品川に彼の意向を打診し、さらには勧告し、熱心に高田行きを勧めたのだった。しかし品川はこの申し出に心から感謝しながらも、法学院卒業までは断じて東京を離れずと、固く辞退するのであった。品川はその几帳面で真面目な性格を以て、昼間は法学院に通学し、夜は夜学校を教える傍ら、松原、荻窪、上、下高井戸の伝道を続け、決して教会生活を怠らなかった。フィンチもその伝道の働きに対して、応分の援助（聖書五〇部、家賃支払いなど）を送った。

　いい意味で二人の強い性格は時折ぶつかり合うこともあった。フィンチは、品川の固辞の後もまだ彼のことが諦めきれず、妻久にも高田来援を依頼するなど、熱心が高じた難題を投げかけたのだった。それはつまり、エステラが高田伝道に対してそれほどまでにひたむきな思いを抱いていたということに他ならない。

　一品川郎の気持はというと、半ば強引とも思えるフィンチの薦めに驚きつつも、それを有難く感謝をしながら、法学院卒業までは東京を離れないことを、あらためてフィンチにはっきりと告げたのであった。品川は品川で、自分の決心を決して変えることはなかった。品川悠三郎とエステラ・フィンチの交友関係は、だがそれで終わりになったわけではなかった。フィンチが高田に移って三ヶ月が経った十二月のある日のことである。品川の妻久は郷里の神戸で無事出産を済ませ、生後三ヶ月になった娘の曽野子を抱いて上京した。品川一家は久し振りに家族としての喜びに包まれる。そんな中、クリスマスにフィンチから贈物が届いた。フィンチと品川との間には信仰で結ばれた人間味ある美しい絆があったのである。贈り物を受け取って品川一家の喜びは一入《ひとしお》であったことは言うまでもない。フィンチにとってもまた彼等の喜びは彼女の喜びでもあったのだった。

年が明けて一八九六（明治二九）年、十時《ととき》キクは女子学院を卒業し、新潟の高田女学校の教員として働くことになった。フィンチは先に高田に向けて発った時、自分の協力者としてキクを伴ってくることが出来なかったことを残念に思っていた。それだけに、キクと高田でまたこうして巡り会えたことを喜ぶのであった。キクは女子学院在学中にフィンチと知り合い、導かれて、信仰の道を歩んでいた。フィンチもまた当時からキクには特別に目をかけていた。

ごく自然な流れでキクは午前中教師として授業を行い、それを終えると、午後はフィンチの伝道を助けるようになった。品川悠三郎をこの高田女学校に迎えられなかったフィンチにとって、キクの存在が大きな支えになったことは言うまでもない。この頃のフィンチは喜びに包まれていた。午前中の授業を終えたキクが、午後にはフィンチの伝道活動に加わる。二人はとにかく愉快に働いた。冬の高田の生活は厳しいものだったけれど、キクの助けを得てフィンチの伝道はこの地においてもたゆまなく続けられた。被差別部落の伝道もした。雪深い高田の冬の中、わらじをつっかけて寒さもいとわず信仰の道を説いて歩いたのだった。

五、十時キクの生い立ち

十時《とどき》キクは一八七四（明治七）年九月二八日、福岡県柳川で立花藩の十時惟恭《とどきこれやす》（兵馬）の次女として生まれた。フィンチより五歳年下である。キクの父兵馬は文武に長じ、進歩的な人物であった。明治維新の際には、横井小楠の弟子として、岩倉公及びその他の有志と往来を交わして、国政に参与した立花壱岐の藩政に参画して、その改革に大いに尽くすところがあった。小楠塾の同門には横井時雄、徳富猪一郎、徳富蘆花たちがいた。

兵馬は小楠の進歩的な思想の影響を受け、幕末、日本が新時代を迎えようとする気運の中で、藩内の指導的役割を果たしていた。藩内は攘夷派の勢力も大きく、キリスト教を排斥する意見も盛んであった。が、兵馬は攘夷派勢力を抑えた。自らはキリスト教を信じたわけではなかったが、政治的見識から、キリスト教を排斥することは、これからの日本が諸外国と関係していく上で、大きな障害となると考えてのことだった。このため彼は「ヤソかぶれ、西洋かぶれ」と誹謗され、「兵馬討つべし」という暗殺計画までなされるに至った。

キクは生来頭脳明晰であったから、父の意向もあって、柳川城内小学校を終えて後、明治一九年四月、私立柳川中学伝習館（現県立伝習館高校）に入学した。将来教育で身を立てるべく、男子と席を共にして勉学に励んだ。実は伝習館は男子のみの学校であったが、キクの入学は特に許されたのだった。当時、女子で中学に通った者は非常に稀なことだった。そんな中キクは男子相手に常に一・二番の成績を争うほど負けず嫌いで、その勝気な性格が、後に彼女の一心な伝道活動へと繋がったのだと考えられる。彼女が生涯男勝りの度胸を持ち続けたのは、父譲りの信念が、この伝習館時代により強固に培われたからなのかもしれない。

キクはこの後、明治二三年九月、一六歳で東京に出て、矢嶋楫子の経営する女子学院に学ぶことになった。今でこそ九州から東京の学校へ入学することは何でもないことであろうが、この時代、娘を一人で東京の学校に、しかもキリスト教主義の学校に送った父兵馬は、教育に関して非常に進歩的、積極的であったと言えよう。

明治二九（一八九六）年六月にフケベル幼稚園保母科を卒業するが、彼女はその在学中、キリスト教に帰依した。同年九月、新潟県高田市私立高田女学校（女子学院の前身、櫻井女学校の分校、明治三十年閉校）に奉職し、その傍らエステラ・フィンチ師の個人伝道を援けることとなったのである。女子学院時代、既にフィンチ女史とは信交の間柄にあったからである。

その後、郷里柳川の私立高等女学校、熊本女学校（矢嶋楫子の姉、竹崎順子女史の経営で、大江高等女学校の前身）の教師を歴任した。この間キクは、矢嶋女史の補佐として婦人矯風会の事業を助けたが、間もなく健康を害してしまった。保養後は、青森で伝道に従事し、傍ら貧民の教育事業や社会事業に献身した＊8。

六、マリア・ツルーの死

十時キクが赴任してきてまもなく、ちょうど一八九六（明治二九）年五月を迎えたばかりの時だった。フィンチは一通の封書を受取った。東京に住むフィンチの親しい友人で、同じく女子学院の教師をしていたエリザベス・ミリケンからの書簡であった。手紙には一片のパンジーの花が挟みこまれてあり、女子学院創始者の一人、マリア・ツルーの訃報が書かれていた。

手紙によると、ツルーは四月一八日未明に永眠、その葬儀が二〇日に営まれた。出席したミリケンが、ツルーの胸元に捧げられた花束より一本のパンジーの花をそっと抜いて、フィンチのために送ってくれたのだった。しばらくの間、フィンチはその花を見つめ、やがてそっとため息をついた。

「あ、私の尊敬する、親愛なる友の一人、マリア・ツルーが天国に旅立っていった！」

彼女は感慨深げに思いを馳せた。フィンチにとってツルーも宣教するという意味においては同志であった。ツルーの存在はこの日本にあっては心の支えであり、慰めでもあった。今、その尊敬する友人を失ったことをどんな思いで受止めればよいか！

フィンチは小さなパンジーの花を愛しむように眺めてから、愛用の聖書を開き最後の頁のところにそっと置いた。一輪の可憐なパンジーの花はまるでそこに横たわるかのようだった。フィンチは傍らにこう言葉を書き添えた。

〝このパンジーは愛するツルーが一八九六年四月一八日、天国に旅立った日の朝、彼女の手に

握られていた花束より、ミリケンが私に五月一日に送ってくれたもの〃

フィンチにとって、ツルーのこの突然の訃報は大きな悲しみであり、衝撃であった。彼女はその悲しみを吐露するようにこの日の日記に思いを綴った。

〃私の親愛なる友の一人、ツルーの悲報にあたり、私は今彼女の一生を思い、彼女が私に贈ってくれた短い詩を読み返しています〃

その詩は、ツルーに対する自分の心情と、今の自分の気持とが重ね合わされたようにフィンチの心に響くのだった。フィンチは、どうか私の高田での伝道を励まし続けてください、とツルーに語りかけるのだった。それはそのままフィンチの伝道の仕事に対する決意でもあった。

彼女は続けて書き記した。

〃私は今日私に与えられたこの試練により、サタンが戦いを挑み、この戦いに負けるかもしれません。けれどこのように弱っている時にこそ本当の強さが示され、その時に少しでもツルーの人生が私に引継がれていると感じられるように、私は感謝の気持を表わしていきたいのです〃

七、アメリカ婦人宣教師の奮闘

高田での一年半が過ぎようとしていた。一八九三年一月、フィンチが日本の土を踏んでから早や五年の歳月が流れようとしていた。海外に派遣された宣教師にとって、五年という期間は一つの節目であった。どれだけ宣教の成果があったかを見る一つの区切りの時期だったのである。彼女の日本語は東京で過している間にかなり上達していた。また伝道に際しては彼女の通訳者もいたから、順調とまではいかないまでも、ある程度満足のいく活動ができていた。米国本国のクリスチャン・ミッショナリー・アライアンス（基督者伝道同盟）も、フィンチの日本での活動に期待していた。同盟はフィンチの伝道活動が神に祝福され、彼女に与えられた場が彼女の主に対する働きの場であることが示されたとして、彼女を引き続き支援していくことを表明してくれてもいた。

ここに一つの報告書が見つかった。フィンチの来日後約半年経った頃の伝道の様子を、本国において"Christian Alliance and Missionary Weekly"（基督者伝道同盟週間報告）が掲載した記事の一つである。

「ミス・フィンチは東京で数ヶ月過ごす間、日本語をかなり習得し、通訳を通じてかなり満足のいく伝道活動をすることができた。私たちは彼女の東京、そして横浜での活動を見ることができた後、彼女と今後の活動について話し合うことができた。彼女がいくつかの厳しい試練にさらされたことも分かっているが、道は明らかにそしてはっきりと示された。そして彼女の日本での活動が神に祝福され、主の働きの場であることが彼女に示されるであろう。（注：これは四頁にわたる編集通信「日本を鉄道で縦断」という記事のほんの一段落である）」

同じコラムの中でもう一つの記事も掲載されている。

「親愛なるミス・エステラ・フィンチは我々の外地における伝道同盟（League on the

Foreign Field）の代表である。彼女の日本における活動を支援することを恵みだと考え、彼女が主の御心であるとして臨んでいるこの難しい仕事をすべて可能な手段を尽して支えようではないか」＊9。

実際、海外に派遣された婦人宣教師が着任後、どのように活動を開始したのか、どのように伝道を行っていったのか。小檜山ルイ氏によると「婦人宣教師の任務はかなり漠然としており、個人の裁量に任されるところが大きかった」（『アメリカ婦人宣教師—来日の背景とその影響』一四五頁）らしい。その理由の一つは彼女たちは按手礼＊10をもっていないことである。「本国では献金する一般の人々が、伝道の成果の報告を今や遅しと待っていた。婦人宣教師自身、期待に応えたいという熱意が当初はとりわけ強かったから、とにかく目に見える仕事に取りかかった」（同書一四五頁）と小檜山氏は述べている。

婦人宣教師の海外任務はまず五年間という有期限が設けられていた。その期間中彼女たちに認められていた活動は「教会をつくる、牧師の養成をする、聖書の解釈をするといった、宣教師としてだれもが重要と認める職務、男性宣教師の任務」（同書一四五頁）とは反対に、教育的なこと、例えば寄宿学校の経営や小学校・幼稚園の経営、バイブル・ウーマンを養成するための聖書学院をつくるなど、現地の女性相手の家庭訪問や日曜学校の経営・出版事業のような直接伝道、女医と看護婦の養成といった医療のような決定的な仕事の助けになると思われる活動などで、これらはみな現地の人々と直接的に関わる形での伝道であり、そうした形でのみ彼女たちの活動が認められていたのだ。

だが伝道という一つの大きな使命を果たすために、故国を遠く離れ、慣れない異国で己を無にし、覚えたばかりの限られた言葉で手探りの宣教をする彼女たちにとって、物質的にも精神的にも全てが試練の時であったであろう。彼女たちの奮闘はいかばかりであったろうか。小檜山氏は前掲書の第二章「初期のヒロインたち」の中で、初めて異国に赴く婦人宣教師たちの身に起こった想像に絶する過酷な状況を伝えている。時には病魔に襲われることもある。目的地に向かう船上で、思わぬ嵐や悪天候に見舞われ、命を落とした先達もいたなど。この当時は移動することだけでも危険と隣り合わせだったのだ。初期のヒロインたちが直面したこうした姿を思い浮かべつつ、彼女たちがどんな思いでこの試練に立ち向かったのか。筆者の胸に改めて長い間抱き続けていた疑問がこの時はっきりとした形となって心に沸き出たのであった。それは「一体彼女等は何故そこまでしてこのような厳しい境遇に会いながらも自らの身の危険も顧みずに、否、危険を冒してまでも、己のミッションを行おうとするのだろうか？」ということである。氏の著書は恰もその問いに応えてくれたのである。

小檜山氏は当時のロールモデル的、ひいてはヒロイン的存在となった婦人宣教師たちを「ハリエット・ニューエル」(同書一一九頁)＊11を初めとして「アン・ハッセルティン・ジャドソン、エミリー・チャバック・ジャドソン、フィデリア・フィスク」(同書一一九～一三三頁)など名前を挙げて説明している。まず彼女たちの宣教活動を支えた精神を「そもそも宣教師は神の命に従って異教徒に福音を伝えるという、神聖で脱世俗的な目的を持ち、それ自体が尊いことであった。つまり宣教師の価値は、仕事の結果はともかく、尊い目的のために身を捧げるところにまずあった」（同書一二〇頁）と説き明かし、ハリエット・ニューエルは特にそのヒロイン像の象徴的人物として、その生涯を伝えている。

ハリエット・アトウッド・ニューエル（一七九三〜一八一二）。夫はサミュエル・ニューエル（宣教師）。旅の途中、妊娠の子が死亡、彼女自身も衰弱死する。一九歳。「ハリエット・ニューエルは実際には宣教師として何も仕事をしていない。彼女は仕事場に到着する前に、あまりにも短い生涯を閉じた」（同書一二〇頁）。早世し何か記録に残る仕事を遺したのではないにも関わらず、なぜニューエルの名が残ったのだろうか？

小檜山氏はこう説明する。「伝記によればハリエットはニューエルとの結婚を決断するに当たり、一冬激しい頭痛に苦しんだ。自分の健康が勝れぬこと、未亡人の母親を残して発たなければならないことが彼女の悩みであった。しかし、これらの世俗的な心配を振り切り、神の意志に全てを委ね、神の与えた義務を果たそうとした。その信仰と決意が先ず賞賛に値するのである」（同書一二一頁）と。そして「独身の婦人宣教師は職業上の能力を女性にしか踏み込めない分野で生かすことで伝道活動に大きく貢献した。彼女たちはまさに伝道のプロフェショナルとして恥じることのない仕事をしたからこそ、真のヒロインとなった」（同書一三九頁）と結論づけている。

一方において、実際はこのように「成功した」婦人宣教師ばかりではなかったということも忘れてはならないであろう。小檜山氏はそうした歴史に名を残さなかった宣教師たちの葛藤にも触れている。本国と赴任地の間でその接点として働いていた彼女たちは「任地での滞在が長くなれば本国では忘れられる。しかし任地ではいつまでたっても外国人である。いかほどの貢献をしたとしても、所詮は送られた人であり帰っていく人なのである。彼女らは実質的無国籍者として国際関係の最前線に埋もれてしまうことがあまりに多かった」（同書一四一頁）のだった*12。

世界中に散った婦人宣教師たちもまた、この「ウーマンフッド」を理想の芯として、これら女性こそに備えられた美徳の手本となるべく、異国の地で懸命に宣教の日々を重ねたのだった。思えばフィンチもこうしたあまたの無名女性宣教師の一人だったのだ。けれどもそうした無名宣教師の足跡が各地において確かに存在したように、フィンチの足跡は確かにここに在る。

フィンチの置かれた状況もまたこうした環境下にあるといってよかった。五年前来日の際、彼女は一人で祈った。「どうか私と共に日本に行ってくれる人をお与え下さい」。そして「自分に答が与えられた。他ならぬ神が私に同行して下さると言われた」と、真理を見出した。今彼女を支えているものは、故国アメリカを出発した時に抱いた、「揺るがぬ信念」、どこまでも神という存在によってのみ貫かれた「主のみ心に従う服従の心」だった。

フィンチが受けてきたピューリタン信仰の教えには三つの教義がある。一つは聖書を信ずること。二つ目は悔い改めをすること。そして三つ目は伝道をすること。この三つの教えはキリスト教を布教する上で、最も大切な支柱だった。フィンチ自身もこれらの教えを忠実に守り、教えに基づく生き方を貫いていた。

八、夢破れて

フィンチは、来日以来五年間、自分なりに身を粉にして布教生活に務め、多くの日本人と接し、様々なことを体験してきた。その懸命の努力が少しでも成果をもたらし、多くの人々が信仰をもつことが出来たのなら、彼女のこれまでの努力が実ったことになる。自分の意志と信念に基づいて伝道をしてきたフィンチの心に、ややかげりが見え始めたのはこの頃からだった。

彼女の心には、ある思いがあった。それは、どんなに一生懸命伝道に打ち込んでも、その成果が上らないように思えたことだった。

「日本の人々は聖書もよく読むし、私の講義にもよく傾聴してくれる」

けれどフィンチには、何かが物足りなかった。そして彼女はある一つのことに気づく。それは日本の人々には、彼女の信条の一つである「改心すること」が見られないということだった。キリスト教の教えは、改心を含む贖罪という教えを根本にもつ。贖罪とはイエス・キリストが人々の罪をあがない、人類を救うために十字架にかかったとする教義である。

この教義を基とし、罪を悔い改め，洗礼を受けて己の信仰を言い表わすことで改心が形となる。しかしフィンチの胸中には「日本人はキリスト教の思想は受けとめるが、改心に導くには難しい国民である」との思いが巣くい、「もはやこれ以上の伝道をすることは意味がないのでは…」という気持になっていったのだった。そして「私の日本での伝道は残念なことだが失敗だった。私はここで日本伝道に終止符を打ち、本国のアメリカに帰ろう」と、帰国の意志を固めたのだった。

九、運命の出会い

フィンチがこれ以上日本で伝道を続けることを諦め、帰国の途につくことに決めた日から数日が経った。自らが出した結論ではあったものの、一方において心の中はミッションを思うように果たせなかったことに対する残念な気持と挫折感でいっぱいであった。だがフィンチは、一旦自分で決めたことにくよくよするのはやめた。

いよいよ日本を去るに当り、これまでに使ってきた家具や愛着のあったピアノは、知り合いの医師が買ってくれることになった。こうして帰国の準備に取り紛れていたある日、一八九七（明治三〇）年三月二三日の午後のこと、フィンチに来客があった。

「フィンチ先生、先生に会いたいという方が来ていますよ…」

十時キクが声をかける。フィンチは「え？」というように少し小首をかしげ、「どなたですか？」と訊ねた。「名前は佐藤という牧師さんだそうですが…」。

フィンチには初めて聞く名前であった。「一体どんな御用で来られたのか？」そう思いながら玄関に出てみたフィンチの目に入ってきたのは、痩せ型で、少し口髭を生やした、それでいて実直そうな青年が礼儀正しく立った姿であった。

「私にどのような御用でしょうか」フィンチは客人に尋ねた。

「あ、初めてお目にかかります。私は神奈川県の横須賀キリスト教会で牧師をしている佐藤曠二という者です。只今こちらに巡回伝道にきているところでして、フィンチ宣教師が高田においでだと聞いて、ほんの少しでも面会ができたらと、突然伺った次第です」

時は明治三〇年三月二三日、フィンチが後の黒田惟信《くろだこれのぶ》となる佐藤曠二と運命の出会いを果たした瞬間であった。急な訪問者ではあったものの、フィンチは、どこか風格のあるこの佐藤と名乗る男の落ち着いた態度に好感を覚えた。

「それでしたら取りあえず静かな所がよいでしょう。しばらくそこまで歩きますがよろしいでしょうか？」

フィンチは佐藤にそう答え、彼を学校の近くにある高田城址に案内することにした。二人は外の空気を吸いながらしばらく歩いて城址までやって来た。フィンチの後について歩いていた佐藤は、「なるほど、ここは静かで良い場所ですな」と言った。

自然の風情が感じられるこの場所は、いかにも話をするのにもってこいだった。どっしりした大きな松の木があり、二人はごく自然に、その木の根元に腰を下した。すると二人の間に、何だか昔から知っている者同士のような空気が流れた。二人はどちらからともなく話し始めた。

二人の会話は、両者が神に仕える身として、ごく自然に伝道についての話になっていった。フィンチは、日本に来てからの自らの伝道経験を話した後、ひたすら伝道に専心してきた自分が日本伝道を断念して、これから米国に帰国するつもりなのだと語った。すると佐藤が訊ねた。

「どうして伝道を諦めるのですか？」

「日本の人々はキリスト教を思想的には受け入れますが、改心が見られないのです。私の国では改心こそが本当の信仰という点で、私のここでの導きは不十分なのです」

フィンチはそう答えるのだった。

この話を静かに聞いていた佐藤は「私は牧師になりましたが、本当は罪深い者であり、神に許されて今があるのです」といった。フィンチは佐藤の言葉を俄かに飲み込めず、え？　というような顔をした。佐藤はなおも続けて
「私は牧師になって初めて赴任するために、静岡から船に乗って横須賀に向かいました。けれど、その船の中で、私自身深い罪の念に駆られました。実は、私は十七歳の時肺を病みました。その時に診て貰った医者に「あなたは三十歳までしか生きられない」と言われ、自暴自棄になり、過ちも犯しました。その時自分の罪を神に告白し、神に赦しを乞いました」。

佐藤はやや涙ぐんだように懐に手をいれると一枚の折りたたんだ和紙を出して見せた。

「その時の心境を歌に詠んだものです」佐藤は更に言葉を続けた。

「こんな私のような者を神は許し給いました。お蔭で今の私があるのです」

佐藤が差し出した和紙をフィンチは受け取り、広げ、じっと見つめた。

「みのつみと…かみのめぐみを…おもふにも…まずこぼるゝは…なみだなりけり」

それはフィンチにも読める字であった。フィンチはたどたどしいながらも声に出して佐藤の歌を読んだ。彼女はまだ和歌というものを知らなかったし、よくは分からなかったが、何とな

く佐藤の気持が汲み取れたように感じた。そして思った。

「日本の人々は改心がないと思っていた。だが私は間違っていたようだ。こういう人がまだ日本にはいるではないか」

佐藤との出会いはフィンチの日本人に対する気持に変化をもたらしたようだ。彼女はこれまで自分が抱いていた日本人への思いが自分の偏見であったことを、このとき改めて悟ったのだった。

たった一度会ったばかりのフィンチに、こうした鮮やかな印象を与えた佐藤牧師（後の黒田惟信牧師）とは、一体どのような人物なのだろうか。

十、若き青年牧師、佐藤曠二（後の黒田惟信）とは

佐藤曠二は一八六七（慶応三）年六月一六日、静岡県加茂郡岩科村で佐藤友太郎、佐藤ゆくの次男として生まれ、本名を佐藤廣吉といった。幼少の頃から学問好きだった。当時はまだ小学校入学時には建物がなく、教育は岩科学校（現在重要文化財となる）隣にある天然寺の寺子屋で始められたばかりだった。

小学校の学びを六歳で始め、後の岩科学校を卒業した。岩科学校の初代校長は伊豆の函南で漢学を教えていた旧会津藩士、山口盤山＊13である。廣吉は漢詩を詠むことが好きで、一六歳の時、自作の漢詩集を霞外道人という雅号をもって自ら印刷するほどだった。一〇歳の時、父

方の親族稲葉榮吉の養子となり、名前も稲葉廣吉となった。廣吉は静岡師範学校を卒業すると小学校教諭となった。だが廣吉は元来ひ弱な子で、身体つきは痩せ型だった。

一七歳のとき肺結核にかかり、医者に「あなたは三十歳までしか生きられないでしょう」と言われ、治したい一念で肝油を浴びるほど飲んだという。一度は教師の道が開かれたものの、一年後には病気が再発し、一旦教職を辞した。廣吉の人生に大きな転機が訪れたのはこの後、一八歳でクリスチャンとなったのである。奥野昌綱（一八二三～一九一〇）という有名な牧師から牛込一致教会に於て洗礼を受けたのだった。

奥野牧師は頑固一徹の人物で、クリスチャンになることを、ヤソ嫌いの父親に大反対されていた。当時伝道目的で来日したアメリカ人宣教師、Ｓ・Ｒ・ブラウン博士のもとで、英語の聖書を日本語に訳す仕事をしていた時、聖書の教えに目覚め、信者となり、更に牧師となって自らキリスト教の教えを説くようになった。そして日本のキリスト教界においては名の通った牧師になったのである。

廣吉は奥野牧師を心から尊敬し、「私も奥野先生のように牧師となって伝道をしたい」との思いを持ち、一八八五（明治一八）年九月に東京一致神学校（現在の明治学院大学の前身）に入学した。だが七ヶ月余りで病が再発したものの、明治一九年六月二八日～同二〇年九月二〇日まで養病を兼ね三島教会での伝道に従事した。その後やむなく退学して約一年半ほど療養に専念した。しかし伝道に対する気持を抑えきれず、再び東京一致神学校に復学し、勉学に励んだ。ところが病はなかなか回復せず、二三歳で神奈川県三浦の松輪という所に移った。かの地で療養しながら伝道に従事したのだった。

三浦でようやく回復の兆しが見えてきた廣吉は、同じ二三歳の時、明治二三年九月二五日東京明治学院神学部に入学し、ここで様々な勉学に誠心誠意励んだのだった。三年後の同二六年六月一二日、無事全科を終え卒業した彼は、明治二六年七月より同二八年一一月まで郷里の静岡県賀茂郡石井村で伝道に従事し、同年一二月より同二九年七月まで静岡市に戻って静岡市で伝道に従事した。この履歴の伊豆、静岡における伝道の詳細は不明である。

間もなく廣吉は奥野牧師の推薦により、一八九六（明治二九）年九月一八日より同三二年一〇月一日まで三年一ヶ月間、神奈川県横須賀町「横須賀日本基督《きりすと》教会」の第六代目牧師として招聘されたのであった。その上京する途中の船中にて改心の経験をした。佐藤がフィンチに話した改心の体験は、この時上京する途上の船のことだった。この時は伝道師、稲葉曠二と称して赴任した。二九歳であった。明治三〇年一月には父方の佐藤家に復帰したため姓名を佐藤曠二と改名し、横須賀教会にも届出を出した。当時の横須賀基督教会五十年史には佐藤の就任からその永眠に至るまでの一連の経緯が次のように記されている。

――六代目牧師、稲葉曠二、伝道師にて赴任。期間は自明治二九年九月一八日至明治三二年一〇月一日、三年一ヶ月間。明治二九年三月一六日、臨時総会を開き稲葉曠二氏を招聘することに決定。同年九月一八日赴任せられた。

明治三〇年一月佐藤曠二氏と改姓。同三一年四月一七日、大会委員和田秀豊師、奥野昌綱師、細川瀏師の三氏来横、佐藤師牧師就職式が行われた。明治三二年一〇月一日臨時総

会にて辞職。その後日本陸海軍人伝道義会をエステラ・フィンチ（後の星田光代）と共に設立。フィンチを会長、佐藤が主任となる。明治四〇年頃黒田惟信と改名。昭和一〇年四月死去。四月二八日午後三時義会礼拝堂に於て告別式執行。公郷町曹源寺域星田光代師墓側に埋葬せらる。著書に「旧約聖書項目」「三位一体論」あり。無牧二年六ヶ月半、無牧中は主として佐藤曠二氏が説教に当たる。外には伝道師伊達覚太郎氏、原澤紀堂教師、伊藤藤吉牧師＊14。

十一、陸軍さんも海軍さんもいる町、横須賀

佐藤が牧師として赴任した横須賀は、明治初期には三浦半島の一漁村に過ぎなかった地だ。その頃の神奈川県横須賀は、明治四年の廃藩置県によって諸藩が県に変わり、同じく明治四年に戸籍法が発布され、行政区画としての区が設置され誕生した。明治五年、三浦郡の区制により一〇区（七七ヵ村）ができ、横須賀村はその第一区に含まれた。翌明治六年に施行された区画改正規律により、県内は二〇区に区分され、更に大小区制の変遷を経て、三浦郡は第一四区三六ヵ村と第一五区四二ヵ村となり、横須賀村は第一五区二番組となる。この中には公郷村、深田村、中里村、横須賀村、逸見村、不入斗村、佐野村の七村が含まれている。

その後明治一一（一八七八）年、三新法が公布され、その一つが郡区町村編成法であった。これにより三浦郡は六七ヵ村となり、郡長、区長が置かれ行政管轄となり、三浦郡役所が開庁

する。ここに明治七年以来行われてきた大小区制は終止符を打ったのだ。この頃は横須賀製鉄所が横須賀造船所となり、建造艦量も多くなり、工員数も次第に増加していた。これにしたがって、横須賀村を中心に近隣の村々の人口も増加した。

もっとも横須賀は日本で最初の軍港の町として明治初期から知られていた。しかし、小さな村としての存在でしかなかった横須賀が何故軍港の町となったのか。

最初の起りは嘉永六（一八五三）年、ペリー提督が四隻の黒船（黒船艦隊）を率いて横須賀浦賀と目と鼻の先にある浦賀沖にやってきたことに始まる。幕府は新しく造る船にたいして、それまで「五百石以上の大きな船はいけない。マストも一本だけ」という禁令をだしていたが、ペリーの来航後、外国勢に負けないため船も大型化する必要があることを認め、五百石以上の船をつくることを許可した。この手本となる洋式の大型船を、浦賀で建造し始めたのだった。こうして最初に完成したのが長さ三六m、マスト三本の運送船「鳳凰丸」だった。

当初幕府は、造船や航海などの技術をオランダ人から学び、長崎に海軍伝習所や造船所をつくった。が、当時幕府の勘定奉行をしていた小栗上野介忠順《おぐりこうずけのすけただまさ》は「日本が新しく発展していくためには、どうしても外国の優れた技術を取り入れ、大きな規模の造船所を建設しなくてはだめだ」と言い、さらに「江戸の近くに建設すべきである」と主張して、その後の造船事業をフランス公使レオン・ロッシュ Leon Roches（一八〇九〜一九〇一）に依頼した。

建造場としてまず港の地形に恵まれている長浦が候補地として選ばれた。ここにフランス人を招いて実地調査を行ったが、残念ながら海底が浅いため、港に向いていないことが分かった。

仕方なく横須賀の湾を調べてみると、長浦より深かった。調査にあたったフランス人も、地形を見て「ここは地中海にあるツーロンという港に似ている」と言ったので、横須賀が建設地として選ばれたのである。

次は造船所を建設する技術者を探すことになった。ロッシュを通じてフランス海軍の技師レオン・ヴェルニー Leon Verny（一八三四～一八九三）が来日、横須賀製鉄所の建設が始まった。ヴェルニーを主任として、四二名のフランス人技師と共に慶応元（一八六五）年に始まった工事は六年の歳月を費やした。この造船所の完成によって、それまで漁村に過ぎなかった横須賀は、ここを中心として急激に発展し始めた。やがて造船所で軍艦が建造されるようになり、この仕事にたずさわる人々の数も著しく増加した。明治四年、横須賀製鉄所は横須賀造船所となる。

明治九年、横須賀村は横須賀町となった。明治一七年には横浜にあった東海鎮守府が横須賀に移り、横須賀に海軍鎮守府が置かれ、海軍の職工や退役軍人が住むようになる。明治一九（一八八六）年、横須賀造船所は横須賀海軍造船所と名前を改めた。その後横須賀は海軍の発展と共に、軍港の町として、ドイツのキール、イギリスのポーツマス港に匹敵するほど海軍の重要な拠点となったのだった。

かくして横須賀は明治初年以来、海軍の町として発展してきたが、明治二四年になると、新たにこれに陸軍の施設（要塞砲兵連隊）が加わり、軍都の性格を一段と強めていく。同年には砲兵連隊も置かれて、たくさんの軍艦が次々と入港しまた出港していく。そんな情景を日常茶飯事の如くに見られるのも、この地ならではのことであった*15。

その軍港に、ほど近い場所にあった横須賀教会に牧師として赴任してきたのが、稲葉曠二改め佐藤曠二であった。この町に住み始めて横須賀の町の様子も分かってきた佐藤牧師にとって最も驚きだったのは、町中至るところに行き来する軍人の数の多さであった。軍人たちは外出する際に必ず軍服を着用しているから、一目瞭然なのである。そして軍それぞれの制服があるので、海軍さん、陸軍さんと、誰の目にもすぐ区別がつくのだ。「ここにはこれほど多くの軍人が住み、また港を出入りしているのか…」その様子を毎日眺めていた佐藤は、何かを思案している様子だった。

十二、嵐吹きすさぶ明治の世とは

一八〇〇年頃の時代背景として、国内はどのような社会情勢であったのだろうか。エステラ・フィンチが初来日した一八九三（明治二六）年の翌年から次の年にかけて日清戦争があり、この時期日本国内に挙国一致的雰囲気が広まっていた。日清戦争（一八九四〜一八九六）で日本は勝利した。が、日本は下関条約で日清戦争の戦利品として割譲された遼東半島を、西欧列強三国（独、仏、露）の干渉により返却させられるという悔しい思いを味わった。日本は国を挙げて、まさに臥薪嘗胆の思いで、国力、特に軍事力の増強に鋭意努力をしていたのである。

一九〇二（明治三五）年以降、日本とロシアは朝鮮と満州での利権を巡って対立。日本はロシアを相手に日露戦争（一九〇四～一九〇五）を始めこれに勝利するが、その中で世界情勢は激動の日々を迎えていた。これ以降、日本の朝鮮への侵略と植民地化、中国大陸への進出と支配の拡大が始まるのである。

佐藤は重要な軍港のある横須賀という町が、そこに出入りする軍人達にとってどんな場所であるのかを考えてみた。この地は三浦半島中心部に近く、もともと漁港の多い所ではあった。一方軍港の近くには軍関係の施設として、軍人家族の官舎や、クラブ、病院、宿屋といったものがあったから、港の付近は比較的賑やかだった。海軍の兵隊達にとって唯一の楽しみは、軍艦が港に着いて、上陸許可が下りた時であろう。自由に町を歩き、買い物をし、飲みに行ったり、料亭に行ったりできる、あるいは色町へも繰り出す。そんな風景がくりひろげられていたに違いない。

特に若い水兵達は遠く故郷を離れ、父母や家族からも離れ、慣れない海上生活をするのだから、時にはホームシックにもなろう。常に規律の下に置かれ、上官の命令によって動く水兵たちの軍隊生活は厳しく、大変な毎日であったことは想像に易い。部隊における訓練の毎日で肉体的疲労もあろうし、悩みも多いことであろう。

このように当時職業軍人は、明治六（一八七三）年に公布の徴兵令により集められていた。これは二十歳以上の男子に兵役の義務を定めた徴兵制度だった。大抵は農家の大家族の中で育っている者が多かったようだ。従って裕福な家の出身者ばかりではなかったが、裕福でないからといって決して精神的に賤しいのではない。この時代、まだ武士道精神を受け継いだ人々が厳然と生きていた。礼節を重んじ、父母を敬い、礼儀正しくふるまうことは当たり前とされ、家庭での躾が最も厳しかった。師弟関係、親子関係において忠孝を尽くす心が重んじられた。

　物思いに耽っていた佐藤の心がある考えへと集中していった。

「これほど多くの軍人がいる横須賀で、何とか軍人達を神の道に導くことができないものか…。軍人達は遠く故郷から離れ淋しい思いをしているはずだ。何としても家庭的憩いが必要だ。しかし彼らが教会に来られるようにするには、余りにも時間的制約があり過ぎる。今の教会制度では朝の礼拝時間は日曜日の午前一〇時、とても軍人の外出できる時間ではない」

　教会という一つの組織で決められたやり方に沿って牧師としての仕事をしている佐藤は、どうも自分の思い描く伝道が現在の教会のやり方にそぐわないことを感じ始めていた。

「今の社会情勢を考えれば、しばらく軍人の時代が続くであろう。ここにいる軍人達を何とか教会に導くことはできないものか」

　佐藤は繰り返し独り言のようにこう呟《つぶや》くのだった。そしてその先に見えた答えは一つだった。

「そのためには、どうしても軍人には軍人の教会が必要である」

十三、心に宿る新たな灯

　佐藤という牧師が横須賀から新潟まで巡回伝道に来たことと、佐藤がその途中フィンチを訪ね自らの話を聞かされたこととで、フィンチの心にある好奇心が沸いた。彼女は佐藤牧師に

「私も一度巡回伝道について行ってみたいのですが、よろしいですか」と訊ねた。

「もちろんです。まだ回らねばならないところがあるので、三日位はかかりますが…」

「そうですか。是非お願い致します。」

佐藤も快くこれを承諾した。こうしてフィンチは佐藤の巡回伝道に同行し、関山、荒井などの各地を回った。実際、佐藤は豊富な聖書知識を持ち合わせており、その学識のある内容とゆったりした話しぶりに、フィンチは引き込まれていった。彼のややゆっくりとした独特の語り口のおかげで、話される内容も分かりやすい。人々に静かに語りかけるような佐藤の言葉はフィンチの心にしんしんと響き、説得力とはこのようなことをいうのか、と思わされたのだった。そして「自分も人々に語るときにはこのように話してみたい」フィンチは内心そう思うのであった。

間もなく巡回伝道も終わろうとする頃、佐藤がフィンチに思いがけない話をした。それは佐藤が日頃から感じていたあの横須賀の状況であった。

「実は私の住んでいる横須賀には軍港があり、そこにはたくさんの艦が出入りします。町では毎日数え切れないほどの陸軍や海軍の軍人の姿を見ています。私はその近くで教会の牧師をしておりますので、毎日この様子を眺めております。それでこんなにも軍人が大勢いる横須賀にこそ、軍人の為の教会がどうしても必要なのではないか、そう思うようになっています」

佐藤の熱の籠った言葉を聞いて、フィンチは、横須賀とはそれほど多くの軍人がいる所なのか、と思い、町の様子がおぼろげながらも浮かんだ。佐藤の話を今はまだ十分に理解するまでに至らないけれど、彼がそれほどまでに軍人伝道の夢を真剣に考えているのだという熱意だけは十分に感じ取られた。

「ええ、それは確かにそうですね」

すると佐藤はフィンチの反応を見てとり、わが意を得たりとばかりこう言葉を続けたのである。

「フィンチ先生、あなたがこの軍人たちのために伝道をして下さいませんか。もしそうなれば、私ももちろんお手伝いいたします。私は、今の教会のやり方は、どうも軍人達への伝道にはそぐわないと感じているのです。軍人には軍人の教会が必要と思うのです。そうすれば今の教会制度から解放されて、軍人たちの生活に合わせた伝道が出来ると思うのです」

フィンチは内心では大そうびっくりした。

「え？　この私が軍人に伝道をする…？」

佐藤に出会う直前までのフィンチは、これまでの自分の日本伝道はうまくゆかず終わった、と失望を感じていたのだ。それが今佐藤から聞いた話によって、思ってもみなかった新たな道が目の前に差し出された。フィンチは「これは大いにやり甲斐のある仕事かもしれない」と咄《とっ》嗟《さ》に思った。それはフィンチの心に、新たな伝道というミッションへの火が再び灯った瞬間だったのかもしれない。

だがこの時フィンチは、佐藤に即答はしなかった。けれどもこれ以降軍人への伝道というこれまで考えてもみなかった思いが、彼女の心の中で確かな手応えをもった課題となって現れ始めたのだった。

佐藤の話にずっと耳を傾けて聴いていたフィンチは、彼の夢が実現することを心から願い、そして言った。

「もし本当にそんなに大勢の軍人がいるのでしたら、確かに軍人伝道が必要だと思います。私もあなたの『軍人には軍人の教会が必要である』という考えには賛成です。このことは是非これからも祈り求めるべきです。祈りが聞き届けられるように、私もまた祈り求めていきますから」

フィンチはアメリカで「東洋の国へ行って伝道しなさい」という心の声を聞き、それに従って日本にやって来た。その東洋の国は、来日前の彼女に果たしてどう映っていたのだろうか。彼女はキリスト教徒として、かの国で何をなすべきかを考え、神の導きを求め祈ったであろう。そして神の御心を問うたはずである。

だが今フィンチは日本の人々に失望して故国に帰ろうとしていた。そのような時、彼女は佐藤曠二との出会いによって、軍人伝道という思いがけない提案を聞いた。しかも佐藤も手伝ってくれるという申し出である。フィンチの心にあらたな伝道の可能性が姿を現わしたのだった。

それから佐藤とさらに二日間に亘った巡回伝道を終えてフィンチは高田に戻った。三ヶ月後の六月のある日、フィンチは突然横須賀の教会に佐藤を訪ねたのだった。彼女にはどうしても佐藤に伝えたいことがあったのだ。

「今日、初めて横須賀に来てみて、ここが本当に軍人の多いところであることを実感しました。

私も軍人には軍人の教会が必要だと心から思います。もしそのためにこの私が必要とされるのなら、私は二日後には休暇かたがた米国に一旦帰国しますが、日本伝道再出発の準備をして、一年後に必ず日本に戻ってきたいと思います。どうぞあなたも私のこの願いが叶いますように神に祈ってください」

フィンチはその胸中を語った。佐藤はフィンチの気持ちを聴くと、納得の気持を表すように笑みをうかべて答えた。

「そのお言葉身に沁みて有難く思います。私も是非フィンチ先生の思いが実現されるよう祈り、また尽力いたすつもりです」

こうしてこの時、二人の間に約束が交わされた。それから間もなくフィンチは休暇のためアメリカに戻って行ったのだった。

十四、燃え立つ信仰の炎

翌一八九八（明治三一）年一〇月、フィンチは約束通り再び日本の土を踏んだ。この一年余りの間、彼女はどのような準備をしてきたのだろうか。思えば一年前の高田で、佐藤との運命的な出会いにより、フィンチには日本での軍人伝道という、これまでに考えたこともなかった新たな命題が示された、思いもしなかった未知の分野における福音の大仕事…。

フィンチの胸はこれまでと違った「軍人伝道」への思いでいっぱいだった。日本という国での伝道は既に経験済みではあるものの、今度は軍人を対象とするのである。しかもアメリカ人女性が日本の軍人に伝道するのだ。彼女はこれをどう受け止めてよいのか、進む道にまだ自信はない。しかしあの新潟、高田での佐藤との出会いは、これまでのフィンチにはなかった強さと心惹かれる何かをもたらしたのだ。

「あの時確かに私の心は燃えたのだ。この伝道は私の生涯で最もやり甲斐のある仕事になるに違いない」

そう思って故郷に戻ったフィンチは早速これまで活動してきた伝道本部に連絡を取り、日本での活動報告書を提出し、それと同時に正式な退団届を提出した。これは、今後は伝道の本拠をミッショナリー（伝道本部）という一つの団体に置かず、個人的に独立した伝道の道を選ぶということの意思表示を意味した。

フィンチはまず自由の身となり、そこから新たな一歩を踏み出すつもりなのであった。伝道本部はフィンチのこの申し出を正式に受け入れ、彼女が今後は単独（independent）での伝道を横須賀で行うことを承認する。本国の女性宣教師の活動拠点のリスト（日本）にもその活動の拠点が移行されたことが示された＊16。

それからのフィンチは、自分の向かおうとする道を新たに踏みしめるべく、生活を立て直すのであった。あらたな日本での伝道の機会、それがどれだけ神の御心に叶ったものとして与えられるのだろうか。フィンチはその後佐藤と何度となく手紙のやりとりをした。二人の通信は、彼らの新たな伝道の実現に向かおうとする意志の表れでもあり、軍人伝道への二人の思いが一本の道となって集結していくプロセスの祈りとも言えるものでもあった。フィンチ自身、この道がはっきりとした神の御心であるかどうか、何回聖書を開いてみたことか！　そして彼女はついに聖書の中に応えを見出したのだった。

――見よ、わたしはあなたの前に使いを遣わして、あなたを道で守らせ、わたしの備えた場所に導かせる――（出エジプト記二三章二〇節）

――主なる神はこう言われる。「確かにわたしは彼らを遠くの国々に追いやり、諸国に散らした。しかしわたしは、彼らが行った国々において彼らのためにささやかな聖所となった」――（エゼキエル書一一章一六節）

これらの聖句がフィンチが進むべき道を照らしてくれたのだった。とりわけフィンチが心を動かされ、神の御心として受け止めた箇所があった。

――主はモーセに言われた。「わたしはあなたのこの願いもかなえよう。わたしはあなたに好意を示し、あなたを名指しで選んだからである」――（出エジプト記三三章一七節）

この聖句によって、フィンチは日本再訪、そして軍人伝道への道に確信を持った。神の「召命」に応え、フィンチは再び日本に向かった。

一八九八（明治三一）年フィンチは約束通り再び来日した。パスポートとビザが必要になった一九一八年まで、外国人、殊にエステラ・フィンチのような欧米諸国出身の外国人は、比較的自由に母国と日本を往来することができた。一八九九年に外国人居住地と治外法権条約に関する法律が廃止されると、日本国内の外国人の移動に関する法律は、全体的にいってより制限されたものとなった。しかしながら一八九九年までは、当該の特別条約で定められた居住地域に住まう人々は、自分たちの生活を自分たちで統制できる比較的大きな自由があったらしい。ただし、これらの地域外のエリアに住まうためには許可が必要だった。

一八九九（明治三二）年過ぎには、外国人居住地区は地方自治体の一部となり、日本で初めて現在「外国人登録制度」と呼ばれている移住コントロールシステムが導入された。内務省法規第三二条によれば、同一の町、都市、村に九十日以上滞在する予定の外国人は、最初の滞在の日より一〇日以内に警察署に届出をしなければならなかった。彼らは氏名、国籍、職業、年令、現在の住所、以前の住所、外国における住所、そして同行している家族などを明らかにすることを求められた。彼らが引越しをしたか国籍を変えるなどした場合は、その地域の外国人の記録を持つこととなった。一八九八（明治三一）年一〇月エステラ・フィンチが再来日した際は、まだ旧規定のままであった*17。

フィンチは一時女子学院の教師をしていたエリザベス・ミリケン宅に身を寄せた。佐藤は、フィンチが約束を守って日本に再び来てくれたことに喜びを隠しきれない様子であった。早速、横須賀での軍人伝道の話を改めてフィンチに承諾してもらおうと、東京に滞在する彼女を訪ねた。二人は数時間語らいの時を持ち、その間佐藤は、「私はフィンチ先生を大いに助けて伝道のよきパートナーとなります」と熱心に自分の気持を伝えた。

フィンチは「私はお約束通り日本に参りましたが、どうぞ私にいましばらく祈りのときをお与えください」と佐藤に答えた。フィンチは再来日前米国でも祈り続けていた。そして彼女は新たな決意をもって再び臨んだこの日本の地でも今しばらくは祈り続けたかったのだ。フィンチは祈る。

「私は今回、前回の時のように、独りではない。協力者として佐藤曠二という強力なパートナーが与えられようとしている。彼がどれだけ心強い支えになってくれることであろうか。これで本当の意味で伝道が始められるのだ」

フィンチが再来日した時の日本では、軍人の時代がまだその後も続くであろうことは、佐藤の話から察せられた。軍国時代にあって、軍人たちに真の「平和の福音」を行うことはそう容易いことではないことも想像できる。フィンチの祈りは続く。

「これから横須賀でどんな伝道を行っていくのか。だが少なくともアメリカ人の自分が日本の軍人に伝道するためには、パウロが『伝道のためにユダヤ人にはユダヤ人のように、ギリシャ人にはギリシャ人のようになる（コリント九：二〇）』と説いている如く、まず私も日本人のようになることを目指そう……」

と思ったのではなかろうか。フィンチの祈りは二ヵ月に亘って続けられた。そして遂に彼女の決心は固まったのである。

「私は横須賀での軍人伝道に挺身することを決心いたしました」

こうしてフィンチは二度目の新しい航海に向かって船を漕ぎ出したのだ。

十五、命をかけた挑戦

（１）石段と崖と坂道の港町、横須賀

明治三一年十月、フィンチは二度目の横須賀の土を踏んだ。そこは、佐藤から聞いていた以上に、聞きしにまさる軍人の町として彼女の目に映った。フィンチは町を闊歩する軍人姿の人々の数の多さに目を見張った。この横須賀の町の様子を実際自分の目で見た彼女はその時どのような思いを抱いたであろうか。

その頃の横須賀には、日本海軍の主要な軍港として、既に多くの軍艦が配備されていた。また陸上には横須賀鎮守府（現在の横須賀総監部）を始め、横須賀海兵団や海軍病院等があり、各種施設が整備されつつあった。更に海軍の機関科将校を養成する海軍機関学校があった。

海軍機関学校の沿革は明治六年にさかのぼる。明治七（一八七四）年六月横須賀に海軍兵学寮分校（海軍機関学校の前身）が開校され、のち一一年、兵学寮分校を海軍兵学校付属機関学校と改称。この学校は造船所裏門付近にあり、明治三四年白浜校舎に移るまで汐入にあった。汐入は横須賀で最も早く拓けた町であるが、その発展の基となったものが、当地の水源池や、最初にこの地に創設された海軍関係の諸施設、またそれらに関係する役所や学校などである。

横須賀に海軍機関学校が作られた主な理由は、江戸末期にフランス人技師ヴェルニーと江戸勘定奉行小栗上野介忠順が造った横須賀製鉄所（造船所）があったからである。そこでは常に海軍艦船の造船や修理が実施されているので、機関学校生徒の勉強には最適の場所と判断され

海軍機関学校（明治末期）

海軍機関学校正門（大正初期）

たのだった。

海軍機関学校は海軍兵学寮（のちの兵学校）に設けられた機関科が原型で、兵学校が築地から江田島に移り、明治二六年、機関科が分離独立して横須賀の海軍機関学校となった。「科学の発達に伴い、機関の進歩が著しく艦艇の推進はもちろん砲塔の旋回俯仰、操舵揚挺に至るまで機力によらなければならなくなった」情勢に対応する措置として海軍工廠があり、船の出入りが多い横須賀の地が選ばれた。この学校は一九〇一（明治三四）年九月一日、稲岡白浜新校舎が落成して移転、生徒はそこで教育を受けていた。後に関東大震災で焼失し、生徒科は江田島、舞鶴へと移転。練習科は海軍工機学校（のちの機関科術科学校）として独立した*18。

戦後はその跡地にカトリック系とプロテスタント系のミッション・スクールがほとんど時を同じくして隣接して創立された。即ち一九四七（昭和二二）年、工機学校跡地（横須賀市稲岡町三番地）に清泉女学院小中学校の校舎が、更に一九四八年には高等学校が創立された。一九五〇（昭和二五）年には海軍機関学校跡地（横須賀市稲岡町八二番地）に一時東京の青山学院の工学部としていた場所に、後を引き継ぐ形で横須賀学院（中学校、高校）が創立された。その後清泉女学院は一九六三（昭和三八）年大船（鎌倉市城廻）に移転し、一九六四年には神奈川歯科大学が設置され現在に至っている。

また横須賀は東京湾の入口にあたる場所であることから、幕末から東京湾防備のための砲台整備が始められ、観音崎等に沿岸砲台が作られた。そしてそれを動かす要塞砲兵が配員されており、その要員を養成するための学校施設等もあり、多くの陸軍将兵も住んでいた。

もともと横須賀という場所は関東の三浦半島にあり、海に囲まれた半島でもあり、その一帯は農漁村であった。横須賀村が横須賀町となったのは明治九年であった。それからフィンチが住むようになった明治三一年までには二二年の月日が経っているわけであるから、その頃までには町も大分活気づいていたであろう。鉄道の横須賀線は一八八九（明治二二）年に大船～横須賀間が開通していたが、この頃はまだ人力車が普通であった。横浜や東京へは主に蒸気船が利用されていた。

横須賀造船所の発展により、明治初年に二〇六戸であった横須賀の人口は急増した。いわゆる下町にあたる大滝、汐入、若松町方面だけでなく、上町といわれる山手の地域の深田、中里方面にも多くの人々が住む住宅が建てられた。しかし深田、中里方面へ至るには汐入から「小屋の台」を通り、上町方面に達する江戸時代の「浦賀道」しかなかった。

下町とは造船所の建設と軍港の設置により明治以降急速に発展した横須賀町と呼ばれる地域であり、上町は江戸時代から農村として存続し、古い歴史と文化を残している豊島町の地域である。当時はまだこのように別々の町として呼ばれていたが、上町方面と下町方面を結ぶ道路が必要となり、平坂の開削が明治一〇年頃行われた。若松町の埋立て完成と関連して、狭小だった道幅の拡張が行われ、坂道も改修され、平坂が開通した。

これにより横須賀町の交通の流れは大きく改善され、人々の往来も多くなり、横須賀町発展の基盤となった。そして上町、下町両町の境にあたる平坂から上（即ち豊島町の地域であった側）を上町と呼び、平坂から下（即ち横須賀町の地域であった側）を下町と呼ぶようになった。平坂の開通によって、上町と下町の往来が便利となるや、この坂は両町を結ぶ主要な道路となり、それに伴って下町に続く商店街も形成されていった。その結果、上町地区は陸軍の町として発展し、下町地区は海軍の町として発展したのである。

明治一五（一八八二）年八月、横須賀造船所内に初めて電灯がついた。当時の民家では石油ランプやローソクが使われていたので、その明るさを見た人々の驚きは想像に余りある。後に横須賀市内に電力の供給が開始されたのは明治四〇（一九〇七）年七月で、ガスの供給は大正元（一九一二）年一〇月からだった。

丘陵地の多い横須賀は海面を埋立てて市街が広げられ、丘を開発して住宅地が造成されてきた。下町と呼ばれる繁華街は、幕末までほとんどが海の中であった。軍人や工廠で働く人が全国から集まるにつれて、軍用地としての必要から埋立てが始められ、住宅地、商業地としての土地造成が進められていった。

海軍は沿海部を中心に横須賀鎮守府をはじめその諸施設を建設していった。これに付随してそこに勤務する人々の生活を支えるため商人たちも多く集まり、市街地が形成されていった。しかし元来、横須賀の地形は海の近くまで丘が走り、平地が狭く、土地が不足していた。その開発発展の様子をまとめると次のようになる。

慶応元（一八六五）年、造船所創設のため三賀保、白仙、内浦の三湾、七万四〇〇〇坪の埋立てが行われて以来、自然発生的に次々と土地の埋立てが行われ、造船所を中心とした周辺は急速に発展する。

慶応三（一八六七）年、製鉄所のフランス人の娯楽のための施設用地のため、大滝の埋立て（三万坪）が始まる。ここはその後一大遊郭地として栄えたが、明治二一（一八八八）年一二月の大火で焼失。遊郭は近くの豊島村の柏木田に田を埋め立てて移転。後（明治四〇年）跡地には大滝町商店街が生まれる。

明治元（一八六八）年には逸見の海面を埋立てて、明治九（一八七六）年に同地に横須賀水兵屯集所が設置される。その後変遷して改称、明治二二年横須賀海兵団となる。白浜は造船所の土木工事の際生じた土砂を投棄してできた自然発生的な埋立て地で、後に海軍用地となる。

明治二（一八六九）年に汐留新田を埋め立てて、横須賀監獄を建設。後に監獄は深田に移り、跡地は市街地となる。

明治九（一八七六）年頃には造船所を中心に周辺に一五の町（元、諏訪、旭、稲岡、楠ヶ浦、山王、坂本、若松、泊里、汐入、汐留、汐留新道、谷、湊、大滝）が出来る。同年これらは横須賀村から横須賀町となり当時の全横須賀町の範囲をなす。ここには各種の商人、造船所出入りの御用商人、旅館、料理屋などのサービス業や役所などが集まる。

明治一一（一八七八）年、大滝の山側の崖を削り、稲岡以南、大滝以北の海面を埋めて、小川の街区がつくられる。時の三浦郡長、小川茂周の主唱によって、市街地拡大のため、大滝に続くこの地が、埋め立てられたことによると言われている。明治一五年に小川町となる。

外国船の来航によって、幕府や諸大名は海防への目を開かせられ、海軍力の増強に努めるようになり、その結果造船所の開設が急務となっていった。幕府は江戸に近い横須賀を建設地に選び、フランス技師ヴェルニーを招いて横須賀製鉄所の建設にあたり、慶応元（一八六五）年には工事初めの鍬入式が行われた。やがて江戸幕府が倒れ明治の新政府となったが、この工事は進められ、ドック、工場、倉庫などの施設ができると、やがて製鉄所は横須賀造船所と改められた。明治八（一八七五）年、この造船所で最初の軍艦「清輝《せいき》」が造られ、同一一年には、外国人の手を頼らず、日本人だけで設計して造った軍艦「磐城《ばんじょう》」が進水した。

明治一四年一月、昔ながらの三崎の港に初めて一隻の汽船が浮かんだ。この汽船は三浦郡長、小川茂周、鴨居村の高橋勝七、県会議員の若命信義、加藤泰次らが、交通不便な三浦地方の住民の福利を図ろうと創立した汽船会社であった。この汽船によって三崎に水揚げされた魚は日々東京へ送られるようになった。

明治一七年、東海鎮守府が横浜から移り、横須賀鎮守府が開設された。横須賀鎮守府の担当海面は、千島列島から紀伊半島までの太平洋海域で、四鎮守府の中でも最も広かった。また横須賀港内にあった海軍工廠、海軍病院、海兵団、海軍諸学校等、海軍施設のすべてを管轄するなど、鎮守府は大きな権限をもっていた。鎮守府の開設もあって、明治二二年には国鉄横須賀線が開通し、東京と横須賀間は約二時間で結ばれることとなった。

この頃横須賀は海軍根拠地としての性格を強め、造船所も海軍工廠と呼ばれるようになる。一方陸軍は三浦半島一番の要塞化を図り、明治二八年には東京湾要塞司令部を横須賀に置いた。こうして横須賀町は軍都としての性格を強めていくとともに、その人口が急増し、住宅地は豊島町にも求められるようになった。そして明治四〇年、豊島町を合併して市制が敷かれ、横須賀市が誕生するのである。

当時において陸上の幹線道路の一つであった三崎―浦賀間に乗合馬車が開通したのは明治二四年であった。続いて横須賀逗子方面へ長井で連絡する馬車が三崎から出るようになった。この頃三崎は、東京の学生らによって処女避暑地として利用されるようになり、明治の末に三崎は、新興避暑地として、その名が世に知られるようになっていた。

明治四〇年代になると、三崎の港には発動機を据えた他県の遠洋漁船も現れるようになり、四二年には漁港修築、四四年には町営魚市場設置が町会で決議された。

明治四二年五月二三日、市内若松町から大滝町にかけて約六〇〇戸を焼失するという大火があった。この大火では陸海軍各部隊や、停泊中の軍艦も派遣、防火隊を編制して消火に協力したが、損害額は約二〇〇万円（現在価格約四〇〇億円）にも達した。この大火の経験から復興した、若松町や大滝町の道路幅は若干拡張され、石蔵造りなどの不燃性家屋が見られるようになった。

明治四五年五月の末、北原白秋が三崎通いの汽船の客となって初めて三崎の地を踏んだ。翌年の四月、白秋二九歳の時、一家をあげて三崎に移住した。三崎の城ケ島には白秋の「城ケ島の雨」の歌碑と白秋記念館がある*19。

大正二年一〇月、浦賀―横須賀間自動車会社が創業した。この会社は、三浦半島での乗合自動車会社としては最初のものであった。当時の自動車は、道路も狭かったので、小型で五、六人が乗車できるほどのものであった。この頃からバス事業は盛んとなり、大正六年には初めて乗合馬車に交じって、幌型フォードが三崎―横須賀間にも通い出した。また大正七年頃には長井自動車合資会社が設立され、横須賀駅―長井村間の乗合バスも営業を始めた。

大正五年、芥川龍之介は横須賀にあった海軍機関学校の英語教官となった。当初は鎌倉の下宿先より通っていたが、大正六年には横須賀市の汐入駅近く（汐入三―一）に下宿を移し、横須賀での生活を始めた。芥川の横須賀に因む作品には「みかん」を始め散文詩的な小品がいくつかある*20。

（2）横須賀のクリスチャンたち

佐藤が伝道師稲葉曠二として就任した横須賀教会は、横須賀で最初に出来たプロテスタントの教会であった。この教会の前身は、明治二一年に献堂された横須賀中里会堂である。当時中里村一五五番地にあったことからこう呼ばれた。この会堂は当時浦賀奉行所与力だった濱口興《はまぐちおき》右衛門《えもん》（中里村在住）の妻、直が夫の許しを得て六〇〇円（現在価格一、二〇〇万円）という額を出資してもらい建てられたものである。

そもそも横須賀にどうやってきたキリスト教が伝えられたのであろうか。中里会堂設立に三年先行する明治一八年、横須賀で始まった最も古いクリスチャンの物語がある。その物語の主人公が佐伯理一郎である。さらに佐伯の前には安政時代に遡って、横須賀のキリスト教伝道のルーツとして横浜での歴史がある。

横浜が開港された安政六（一八五九）年、アメリカから数多くのプロテスタントの宣教師がここに上陸してきた。まだキリシタン禁教の時代だった。その中にはヘボン式ローマ字で知られる米国長老派教会のＪ・Ｃ・ヘボン、聖書の日本語訳を作ったオランダ改革派教会のＳ・Ｒ・ブラウンなどもいた。その二年後の文久元（一八六一）年には、米国改革派教会のジェームズ・Ｈ・バラ牧師と妻のマーガレット夫妻が神奈川に来日した。

明治五年に日本最初のプロテスタント教会、横浜海岸教会（中区日本大通り八）が設立され、バラ牧師は明治五（一八七二）年～明治一一（一八七八）年までの六年間、海岸教会の仮牧師を務めた。Ｊ・Ｈ・バラは一八三二年生まれ、一八六一年、二九歳のとき来日、一九一九年まで五九年間滞日、一九二〇年、八八歳で米国で死去、妻のマーガレットは一八四〇年生まれ、二〇歳で結婚し、そのとき夫と共に来日。一九〇九年、六八歳で日本で死去、横浜の外国人墓地に眠っている*21。

明治六（一八七三）年、キリスト教の布教が解禁になって以来、多くの日本人、及び日本人以外の宣教師が活発に活動していた。だが実は解禁になる以前にも、個人の外国人宣教師の家庭で英語レッスンを通じて、或る程度キリスト教は日本の人々に教えられていたのである。特に横浜地域の宣教師達の影響はかなり強いものだった。そうした中で、ある者たちは、最初の侍クリスチャンで、軍人伝道の先駆者とも言われている粟津高明に影響された。

粟津高明は、天保四（一八三三）年、江戸に生まれた元近江膳所の藩士で、明治元（一八六八）年、J・H・バラ宣教師から洗礼を受けた。明治三年には築地の海軍兵学寮の英語教官となっていたが、彼もまた当時、種々の困難と闘いながら、敢然とキリスト教に入信した士族の一人だったのだ。粟津は後に伝道師となり、日本の長老派教会の牧師となった。彼はまた新栄教会（明治三年に設立された東京最初の教会）とも関係があった＊22。

粟津の兵学寮、兵学校教官時代は、明治三（一八七〇）年一二月〜同一三（一八八〇）年一月までであるが、同七（一八七四）年頃から毎日曜午前中、兵学寮の食堂で、興味を示した生徒たちにキリスト教とバイブルについての講義をしていた。粟津教官の薫陶を受け、後に将官の地位にのぼった人々もいる。後年アメリカのアナポリス兵学校に学んだ瓜生外吉（海軍大将）、世良田亮《たすく》（海軍少将）もその者たちであったといわれている。

瓜生外吉は安政四（一八五七）年、石川県に生まれた。明治二（一八六九）年、一三歳の時、三〇名の同級生と共に七尾英語塾に通う。この時、イギリス人教師オズボーン（Osborn）と二人のクリスチャンで、アメリカ人教師ロード（Rhode）とニール（Neel）に影響を受けたようだ。明治五（一八七二）年、築地の兵学寮に入学。ここで同じ候補生だった世良田亮と出合い、共に聖書を学び、クリスチャンとなる。

明治八（一八七五）年渡米。明治一〇（一八七七）年に米国のアナポリス海軍兵学校に入学。チャペルの礼拝に常時出席。二六歳の時、永井滋子（二二歳）と結婚。滋子はクリスチャンで、米国のバザールカレッジを卒業し、一一年間米国に滞在していた。明治一四（一八八一）年同校卒業。瓜生は若き日にイエスが神の独り子であることを、マタイ二二：一七〜二二の箇所を引いて告白したという。晩年の瓜生は、病床で「人間は弱いものだ。だから神の独り子イエスを信じなければ…」と言い、「私が死んだらキリスト教の葬儀をしてほしい、そして祈ってくれ」と言ったという。

この瓜生が横須賀鎮守府で長官をしていた頃、横須賀で軍人に伝道をした星田光代（旧姓エステラ・フィンチ）の伝道義会を援助した一人であり、クリスマスの贈物として伝道義会の会員たちに大箱のみかんを送ったというエピソードも残している。

瓜生外吉海軍大将

瓜生の友人である世良田亮は安政三（一八五六）年に生まれ、明治五（一八七二）年築地の兵学寮に入学。この頃タムソン牧師のバイブルクラスに出席。世良田は聖書のイエスのことば「敵を愛し、迫害するもののために祈れ」（マタイ五：四四）に感銘を受け、洗礼を受ける。明治八（一八七五）年渡米。明治一〇（一八七七）年、米国のアナポリス海軍兵学校に入学。そこでブルックリンのビーチャー教会の礼拝に出席するのが常だった。明治一四（一八八一）年、同校卒業後も世良田は「キリストの神聖」「三位一体の神学」などについて学び続けた。晩年の植村正久（東京富士見町教会牧師）は彼のことを「神学者、世良田少将」と呼び、「もしキリスト教信仰と国民主義について問題がある人は、彼の生き方を見習いなさい」と言ったという。

明治二〇（一八八七）年、世良田は、菅野のぶという、クリスチャン女性と結婚。彼女は米国で勉学し、彼女のクリスチャン親族は当時八〇名いたことで知られる。世良田は明治三三年、四四歳という若さで死去した＊23。

話は栗津高明に戻る。明治九年九月、海軍兵学寮は海軍兵学校と改称され、栗津は引続き英語教官となり、後に普通科長（いわゆる兵科、海軍大尉相当官）をも歴任した。これより先、栗津は自宅に塾を設けた。明治五年頃には既に数名の寄宿生がいて、彼らは徐々に導かれてキリスト者となった。栗津によって引き立てられ、同じく兵学校教官を務め、後に美普教会牧師となった薩摩藩出身の和田秀豊も、塾生の一人であった。和田の次男秀穂（美普教会員、後海軍少将）は兵学校時代「軍人伝道義会」の准会員となり、父の信仰を継承する＊24。

さて、栗津が兵学寮の食堂で生徒たちに聖書の講義をしていた明治七年頃、熊本洋学校でキャプテン・ジェーンズから聖書を学んでいた佐伯理一郎（当時一三歳）は、かなりキリスト教の影響を受けていた。佐伯は明治一五年、熊本県立医学校を卒業、同年、東京大学入学（聴講?）のため上京するが、その途次、京都の同志社に立寄り、そこで叔父の熱心な導きを受けて、入信の決意をした。そして東京勉強中、二〇歳の時、小崎弘道より受洗するのである。

その二年後の明治一七年、佐伯は軍医になることを希望し、横須賀海軍病院付となり、同年十月海軍小軍医（少尉）に任官した。佐伯は先輩、同僚から信仰上種々の圧迫を受けながらも、毎日曜日、横浜海岸教会の礼拝に出席した。やがて佐伯は伝道活動をしたいと思うようになり、当時日本政府の要請で横須賀海軍機関学校に英語教師として招聘されていたドクター・セオドーア・ギューリックという米国の歯科医に自らの思いを相談した。

ドクター・ギューリックは、明治一二（一八七九）年に来日した献身的かつ伝道熱心なクリスチャンであった。それ以降佐伯はギューリックの宿、三富屋旅館で、祈祷会や聖書研究会を開き、それからまもなく横須賀造船所の官舎を利用して、伝道集会を開催したのだった。明治一八（一八八五）年、佐伯は横須賀造船所付となって転出するが、このことは、伝道に一層好都合となった。官舎を自由に集会の場に開放、利用することができたからである。そして、同年五月一七日に開催された聖日集会は、実に、横須賀での最初の日曜礼拝となったのである。ただしこの時は日本人による男性だけの礼拝であった。当時は「男女、席を同じうせず」の時代だったからである。

佐伯は早速、我が師の小崎弘道に出張伝道を依頼すると共に、横浜のバラに相談し、横浜海岸教会から伝道師として伊藤藤吉（後の横須賀教会初代牧師）の派出、協力を得ることとなった。佐伯の官舎はやがて、聖書の研究をしたり、賛美などの伝道を目的とした婦人教室（毛糸編み物、西洋料理）にも利用されるようになった。この集いは「婦人博愛会」と称され、横須賀教会献堂後、同教会婦人会の礎となった。

この集いで学ぶのは、士官学校で勉強中の海軍士官候補生、海軍軍医、造船技師達、さらには軍医又は海軍将校あるいは造船技師の妻達であり、その指導には、横浜フェリス女学院の教師でもあり宣教師でもあった、ミス・レイラ・ウィンがあたった。ミス・ウィンは週に一度、まだ電車も開通していなかった横須賀に船でやって来て、無償でこのグループを教えた。

このように、佐伯が湊町の自宅で近所の奥さん達を対象として、裁縫や料理を通じて、キリスト教が宣教される場を設けたのが、横須賀キリスト教プロテスタント史における、女性側の歴史の始まりとなったのである。男性のほうが少し早かったとはいえ、男性用の集会と女性用の集会は別の場所で同時並行的に行われていたのである。両者とも佐伯の肝入りで開催されたものであったが、彼は一方、ギューリック氏のバイブルクラスにも同僚の軍医達を招いて伝道し、海岸教会の伊藤師とともに家庭訪問を行い、更に近隣伝道、路傍伝道にも励んだ。バラ師をはじめ前述の山本秀煌、和田秀豊も相次いで来援した。こうして横須賀伝道が着々と整えられていく中で、明治一九年ごろまでには、講義所設置、会堂建設の機運が高まっていた*25。

こうした一連の活動の中で、佐伯を常に助け励ましていた求道中の一婦人があった。造船所技師長、横須賀教会の前身中里会堂建立の出資者、濱口興右衛門《はまぐちおきえもん》の妻である。

濱口興右衛門（明治二年に英幹と改名、以下英幹）は流人の島として名高い八丈島の出身で、一八二九（文政一二）年一一月一五日、同島樫立村で生まれた。浦賀奉行所の与力であった。勝海舟が父の小吉と共に八丈島にいたことで、海舟と幼少の頃からの知り合いであった。

英幹は勝海舟の長崎海軍伝習所の一期生として学び、勝海舟や福沢諭吉らと共に幕府軍艦

「咸臨丸」で初めて太平洋を横断した日本人の一人である。咸臨丸に、日米修好通商条約の批准書交換のため、副船長格の教授方運用掛として乗船（三二歳）。因みにその時の艦長は海舟（三八歳）。咸臨丸が浦賀港から出港したのは、万延元（一八六〇）年一月一九日であった。英幹は後に横須賀海軍造船所技術長として勤務した。

佐伯が横須賀伝道を始めた頃、新栄教会員に濱口初造という青年がいた。彼は英幹の養子で英語を勉強するために東京英和学校、通称「バラ塾」に入学、明治一九年卒業したが、その間キリスト教に接して信者となり横須賀に帰った。彼は英幹の娘、浪とは許嫁の間柄であった。

しかし英幹はキリスト教をヤソ教といって極端に嫌う余り、二人の結婚を認めようとしなかった。浪のフェリス女学院入学についても、最初は父に内緒で専ら母、直のはからいで事が進められたのであった。直は、当時教養ある女性の間で愛読されていた『女学雑誌』に同校の募集広告が出ているのを見て、ぜひとも娘を同校で勉強させたいと思っていたのである。

フェリス女学院は、アメリカ人女性宣教師、メアリー・キダーによって創設された、キリスト教育に基づくミッションスクールだった。しかし大のヤソ嫌いの夫英幹が、わが娘がキリスト教学校に入学するようなことが許されるわけがなかった。そこで直は一計を案じ、浦賀の先祖の墓参りに行くとの名目で、船で娘を横浜に連れて行き、彼女をそのままフェリスの寄宿舎へ入れてしまったのである。当時はまだ鉄道はなく、浪は家の近くの湊町から横浜まで船で往復していた。

直は明治一八年、横浜の海岸教会の初代牧師・稲垣信《あきら》牧師から同教会で洗礼を受けた。当時、横須賀には洗礼を授ける資格のある牧師がいなかったからである。一八人の横須賀教会員と一緒の受洗だった。初造の影響で浪もその二年後に洗礼を受けるのであるが、このとき浪は横浜のフェリス女学院に在学中であった。当然ながら三人はヤソ嫌いの父親濱口英幹にはこのことを知らせず、浪の受洗は密かに行われたのだった。

浪は土曜日には、横浜から船で横須賀に帰る際、ミス・レイラ・ウィン宣教師と共に佐伯の官舎で家庭集会を催し、午後の聖書講義と編物及び料理の講習の通訳を務めた。このため直と浪は官舎の婦人を集めに廻った。二人はこの集会活動のことを、三年間も英幹に知られずに通した。が、英幹の知るところとなり、直と初造と浪は家から追い出された。しかしながら、別居生活がことのほか不自由だと思うに至った英幹は暫くして三人に復帰を許したのだった。

直と浪を受洗にみちびいた初造は、直の母、岡田いのをも入信に導いた。それは佐伯が横須賀での伝道を始めた頃だったが、佐伯の横須賀伝道にとって初造は心強い存在であったろうと思う。ところが、明治二一年三月二一日、初造は結核のため、二一歳の若さで永眠してしまった。折しも佐伯が待ち望んだ会堂は、明治二一年四月に中里丘の上に出来上がり、献堂式を挙げる前に初造の葬儀が執り行われた。会堂の出資者濱口英幹も、おそらくこの頃にはキリスト教に対する反対も解いていたのだろうと思われる。なぜなら彼も献堂式に参列し、この日の記念写真に写っている*26。

浪はその後青木甲子三《かしぞう》という軍医と結婚。その子孫の佐々木親《ちかし》が後のエステラの愛弟子となり、エステラの信仰は更にその子孫へとつなげられていくのである。

注

＊１ フィンチの乗船名簿。THE JAPAN WEEKLY MAIL Feb. 11, 1893、PASSENGERS ARRIVED : 23 passengers in steerage　Per British steamer Gaelic, from San Francisco: Miss Estella Finch.

＊２ 日ノ本女学校。米国バプテスト婦人海外伝道協会から派遣された宣教師エラ・R・チャーチ（一八六一〜一九一八）が姫路に着任し、少女のための私塾を始め、同年、下寺町裏四七番屋敷に校舎を建築。一八九三年二月十一日に開校式を行い「日ノ本女学校」と名づけ、エラ・R・チャーチが初代校長となった。一九五〇年学校法人日ノ本学園となり現在に至る(ウィキペディア)。

＊３ 千葉通夫（東京芸術大学名誉教授）手記「フィンチ小考」。

＊４ 組合派。プロテスタント教会の教派の一つ。教会の権威を会衆の信仰に置く。ハーバード、イェール、日本の同志社など教育事業に熱心なことで知られる。

＊５ 女子学院。一八七〇（明治三）年、ジュリア・カロゾルスにより、築地居留地に設立されたA六番女学校に始まる。キリスト教主義の学校。その後、明治七年B六番女学校が設立された。明治九年A六番女学校、B六番女学校がそれぞれ原女学校、新栄女学校に改称。明治九（一八七六）年、桜井ちかによって櫻井女学校が設立される。明治一一年原女学校と新栄女学校が合併（校名は新栄女学校）。ミセス・ツルーを始めとする婦人宣教師たちにより、その精神は引き継がれ、明治二三（一八九〇）年、櫻井女学校と合併して校名を「女子学院」と改称し、矢嶋楫子を初代院長として、現在地（千代田区一番町）に校舎を新築移転、発足した。『女子学院の歴史』一九八五年、年表参照。

＊６ フィンチ著『王女』（Court Etiquette for Kings Daughters）（詩編四五）まさに百年の眠りから覚めてこの世に顕れたフィンチ師の聖書解釈ともいえる詩篇四五編の文書である。原名（Court Etiquette for ings Daughters）〔王女のための宮廷作法〕名づけて『王女』。この文書はエステラ・フ

インチが来日後のおよそ一年後、一八九四（明治二七）年に東京に滞在していた頃に出版されたものと思われる。原文は英文で書かれ、国立国会図書館に所蔵されている。本多熊太郎氏（二十歳。後に清国の公使となる人で、フィンチと知人であった）が文語に翻訳した。この本も国会図書館に所蔵されている。この『王女』の文書を国会図書館で見出したのは元国立音楽大学准教授、横田エベリン氏であった。フィンチの貴重な著書として現代に蘇らせたことは慶ばしきことであり、注目に値するものである。横田エベリン氏は学内でフィンチ女史に関する論文「エステラ・フィンチと陸海軍人伝道義会」（1）（2）（3）（4）を発表。その中の（3）で『王女』を取り上げた。

なお、本多熊太郎とフィンチの関係についていては、聞くところによれば、本多氏の妻りき夫人がフィンチの教え子であったということである。

＊7 櫻井ちかが東京府麹町区中六番町に民家を借りて設立したキリスト教系女学校である。明治九年英女学家塾として認可を受ける。明治二三年新栄女学校と合併して女子学院と改称。

＊8 十時英二著『十時菊子―死に至るまで忠実なれ―回想のなかの会とひと』日本基督教団千歳丘教会

＊9 クリスチャン・アライアンス・ウィークリー（基督者伝道同盟）週間報告書。

（1）Christian Alliance and Missionary Week1y,Friday, August 25,1893 Vol.XI No.8,P116

（2）Christian Alliance and Missionary Week1y,Friday, February 9, 1894 Vol XII No. 6 P161

＊10 聖職者任命式、牧師就任式。

＊11 小檜山ルイ著『アメリカ婦人宣教師―来日の背景とその影響』東京大学出版会、一九九二年、一一九～一二一頁。

＊12 同右、一四一頁。

＊13 山口盤山（本名昌隆）。後岩科学校初代校長となる。伊豆松崎町の教育更新に努めた佐藤源吉に招

かれ、岩科学校別科教員として生徒の学力向上に努めた。源吉は明治五年村の学舎を開設、漢学、数学、英語の三科を教授代学学校とし、塾長の旧会津藩士西郷頼母が漢学を、山川忠興が英語を教えるために招かれた。盤山の墓所は岩科学校隣の天然寺にある（岩科学校の入館資料）。

＊14『横須賀日本基督教会　五十年史』複製版、二〇一八年。牧師篇　第六代　稲葉曠二。

＊15 横須賀開国史研究会編集『横須賀案内記―製鉄所から始まった歩み』二〇〇七年、九〇、一五〇、一五一頁。山本詔一著『ヨコスカ開国物語』二〇〇三年、八二、八三頁。

＊16 エステラ・フィンチ伝道の拠点（神戸―高田―横須賀）を顕わした英文文書。

① KOBE DIRECTORY, Finch, Miss Estella, International Christians Alliance

② RELIGIOUS SOCIETIES INDEPENDENT, TAKATA, Miss E. Finch

③ RELIGIOUS SOCIETIES INDEPENDENT, Yokosuka Miss E. Finch

＊17 横田エベリン（元国立音楽大学准教授）「『王女』についての見解―エステラ・フィンチと陸海軍人伝道義会（３）」Estella Finch and The Army and Navy Mission Club, Part III: Her Life and Wor『国立音楽大学研究紀要』第三八集抜刷、二〇〇四年三月。

＊18 吉富明治著『横須賀と海軍』機関学校の変遷、二一頁。

＊19 横須賀開国史研究会編集『横須賀案内記―製鉄所から始まった歩み』一三、一六、一四二、一四三、一四五、一四九、一五一、一五三、一五五、二〇〇、二〇八頁。山本詔一著『ヨコスカ開国物語』一四三頁。中央地域文化振興懇話会編集『よこすか中央地域町の発展史（１）』六、一〇、一三、一六頁。同『町の発展史（２）』二四頁。『新横須賀市史　資料編　近現代Ⅱ』一〇二二頁。『新横須賀市史　別編　軍事』一四九、一五三、三三六頁。

＊20 辻井善弥著『セピア色の三浦半島』郷土出版社、一九九三年、六二頁。横須賀開国史研究会編集

『横須賀案内記―製鉄所から始まった歩み』二四〇頁。

＊21 横浜プロテスタント研究会編『横浜開港と宣教師たち』有隣堂、二〇一八年。

＊22 峯崎康忠著『軍人伝道に関する研究（決定版）』東京タイプ出版印刷、一九九八年、一頁。

＊23 佐々木親手記「二人のクリスチャン日本海軍将官」。

＊24 峯崎康忠著『軍人伝道に関する研究（決定版）』一、三頁。

＊25 峯崎康忠著『軍人伝道に関する研究（決定版）』三頁。

＊26 同右。佐々木親遺稿「濱口家の事ども」（昭和四五年複版）。

第3章

陸海軍人伝道への強い思い

「ボーイズ」と呼ばれた
海軍機関学校の生徒たち

一、二度目の来日

(1) 新たな船出

明治三〇年三月、新潟の高田で佐藤曠二（後の黒田惟信）牧師と運命的出会いをしたエステラ・フィンチは、同年六月、一旦本国アメリカに帰国した。そして翌年、佐藤との約束を果たすべく再び来日した。フィンチは一〇月に横須賀に移り住んだ。新潟で佐藤という道標《みちしるべ》のような一人の牧師と出会い、導かれるようにしてついにここ横須賀という軍港の町に錨を下ろしたのだった。

佐藤はフィンチのために惜しみなく尽力した。まずは教会の近くに小さな家を一軒借り、そこに鈴木直という住み込みができる若いお手伝いさんを世話した。そしてフィンチが横須賀の生活に早く馴れるように、横須賀の自分の友人達を紹介した。横須賀教会に来ているメンバーで信徒である黒田覧一（後に牧師となり佐藤（＝黒田）の義兄となる）、山中光男、佐々木隆策など六名である。

フィンチも前回の滞日の体験があったので、自分の住むべき所に落着くと、これからなすべき準備に向けて懸命に考えるのだった。たくさんのやるべき課題があった。横須賀の人々との交流を始め、一日も早く町の様子、生活、そして一日も早く日本の風習、習慣にも馴れたかった。

フィンチの二度目の来日は、明治三一年一〇月であるので、翌年九月の軍人伝道義会設立までの一年余の時間がある。この間の、フィンチの行動や生活記録は残念ながら残されていないので想像することしかできない。恐らく語学に始まって日本を理解することに専心努力する日々だったであろう。

ここで一旦、我が祖父、黒田惟信の名前の変遷について記したい。佐藤雅信（廣吉）→稲葉曠二→佐藤曠二→黒田惟信と、生涯四回もの改名の経緯は説明しておく必要があろう。

佐藤雅信（廣吉）
・慶應三（一八六七）年五月四日、父佐藤友太郎、母ゆくの二男（廣吉）として生まれる。
・明治一〇（一八七七）年、稲葉榮吉及び稲葉きん（妻）の養嗣子、稲葉廣吉となる。（一〇歳）
・明治一八（一八八五）年八月二四日、東京牛込一致教会で奥野昌綱牧師から受洗。（一八歳）
・明治二九（一八九六）年九月一八日～同三二年一〇月一日、横須賀日本基督教会第六代目牧師として赴任。この時伝道師稲葉曠二と名乗る。（二九歳）
・明治三〇（一八九七）年二月、佐藤友太郎方へ復帰。伝道師であった稲葉曠二から佐藤曠二姓に改名。
・明治三一（一八九八）年四月一七日、大会委員、和田秀豊、奥野昌綱師、細川瀏《りゅう》の三師

により牧師就任式が行われ佐藤曠二牧師となる。
・明治三二（一八九九）年九月二三日、日本陸海軍人伝道義会をエステラ・フィンチと共に創設。フィンチを会長に、佐藤曠二は主任となる。
・明治四一（一九〇八）年七月、婚姻により妻黒田久良子方に入籍。（妻久良子は旧姓大城久良子で、兄黒田覧一の分家に入籍して黒田久良子となっていた）。佐藤曠二は久良子と結婚すると同時に黒田籍に入籍、黒田惟信となった。

明治三二（一八九九）年九月二三日の伝道義会設立により同年一〇月一日、佐藤は臨時総会にて横須賀教会を辞職。佐藤牧師の横須賀教会での任期は僅か三年一ヶ月であったが、横須賀教会では、佐藤の新しい伝道の門出に賛同して快く送り出した。

実際、伝道義会発足時の発会式に、当時の横須賀教会のメンバー達数名が加わっていることから見ても、佐藤牧師の導きによって、如何に伝道義会に新たなメンバーが加えられていったかということが分かる。

こうしてこの頃にはフィンチの横須賀での生活も概ね軌道に乗り、横須賀の風土にも馴れていったのだった。フィンチが明治三二年二月二八日（木）に横須賀教会若松会堂の牧師館増築のための献金を捧げたという記録が横須賀教会堂の変遷略年表にもあり、来横当初は横須賀教会にも出入りしていたと考えられる。フィンチの日本軍人伝道にかける情熱は、実際に横須賀に住み、横須賀の状況を把握することで、更に深められていったに違いない。

（2）日本に同化するための努力

瞬きの詩人と謳われた水野源三はその著書『我が恵み汝に足れり』の詩集の中で「宣教師＝御心に従って故国を遠く離れ、己を空しくして言葉を覚え、習慣に馴れ、覚えたての限られた言葉で語ってくれた主イエス様の十字架の御愛を」と書いているが、まことに云い得て妙なりである。

フィンチの日本語はそれまでの五年間の滞日でかなり上達してはいたが、彼女は、彼女の言葉を借りれば、これより「ベタージャパニーズ（より良き日本語）」を目指した。更に佐藤の協力で東京から三光先生という書道の先生を招いて小さな部屋に住まわせ、書の手ほどきを受けた。フィンチの書道はその深い興味と熱心さとで、人も驚くほどの上達を見せた。

やがて佐藤から少しづつ学んだ和歌や詩歌にも親しむようになっていった。やがて彼女の話す日本語は、ふすまの向こうで聞いていたら外国人とは分からないほど流暢なものになっていったという。漢字も仮名も、いつしかすらすらと書けるようにまで上達、誰彼となく色紙に和歌や詩歌を書いて贈るほどに上達していった。また日本の歴史を知るために天皇御陵の見聞を広めた。これも佐藤の協力に負うところが大きかったと言える。

彼女にとって、日本の軍人社会のことはほとんど解らないことの方が多く、まだ未知と言っていい世界である。片や佐藤は牧師として多くの軍人たちに接しているばかりでなく、学問としての神学の知識も豊富であった。佐藤はどちらかというと学者肌の人物で、神学、国学、歴史学、また漢学にも造詣が深く、その几帳面な性格で、机に向かい書き物をするのが常であった。フィンチにとって、日本の歴史や風俗、あるいは国学知識、和歌などの古典への理解を深めていくためにも、佐藤はかけがえのない教師のような存在でもあった。

二、〝軍人には軍人の教会が必要である〟

（1）伝道義会の設立

エステラ・フィンチを迎えた横須賀の地では、佐藤を中心に軍人のための教会設立の計画が着々と進められていった。佐藤は軍人伝道に向けての準備を始めるべく奔走した。まず場所選びが始まった。横須賀はもともと丘陵地帯と、崖と坂道と、石段の多い町である。軍人が比較的来やすいところという観点から、佐藤は「海軍軍人が多く住む港に近い下町と、陸軍軍人が住む上町の中間にあたるところがよいのでは？」と考え、上町と下町を結ぶ平坂と呼ばれる場所の中腹に見当をつけた。そこは二〇数段ほどの石段を上がった四〇〇坪ほどの、平らな台地が広がる高台で、一望の下に、横須賀の町とその向こうに広がる海が見下ろせる、眺めのよい場所だった。

「ここなら海も見えるし静かで落ち着いたよいところだ」

これでまず場所が決まった。次は建物である。設立の主旨は、何といっても陸海軍人及びその家族にキリスト教を布教し、精神的修養のみならず、身体的にも、家庭的憩いを与えようとするものだ。この目的を果たす教会となるためには、礼拝室の他に、ごく普通の家庭のように、休憩室や、家族と共に食事のできる部屋、読書室、特別室など、また逗留することのできる宿泊室を備えている必要がある。これらの要素を組み入れて、広さ六〇坪ほどの和洋折衷の木造二階建家屋の図面が出来上がった。

次に名称である。佐藤は初めから名称にはこだわりをもっていた。「もし教会としたら恐らく軍人は既存の教会のイメージが先に立ち敬遠して来ないであろう」そう配慮して、敢えて「教会」とせず「義会」とした。佐藤の思いは「義会の義は〝羊我〟と書くから羊の群れ（信徒）をさす。聖書の中（ヘブル一三：二〇）にあるように、主イエス・キリストを羊の大牧者として、そこに集まる軍人達を、さしずめ迷える羊たちとして迎える、そのための場であるべきであろう。何か悩みを持った青年達がこの場所に来たら、安心して身体を休めることのできる憩いの場、また安らぐことができる場所であって欲しい…そうするためには教会とする代わりに義会としたらいいのでは？　義会の義は他に〝神の義〟（ローマ人への手紙三：二二）〝義者〟や軍人の義にも通ずる」。

かくして佐藤は「〝日本陸海軍人伝道義会〟という名称にするのではどうでしょうか？」とエステラに訊ねた。これに対しエステラも「英語に直せば『The Japanese Army and Navy Mission Club』になります。よろしいと思います」と佐藤の考えに同意した。

この教会の名称の由来については、昭和の時代になって当時の藤沢北教会の牧師が藤沢北教会史「祝鐘」の中で「黒田惟信と軍人伝道―長谷川慈舟氏にうかがう」と題して次のように述べている。

「義会の義はどこから来ているのかと長谷川（慈舟）氏におたずねしたところ、「義の字は羊我である」と黒田先生からお聞きしたと語られた。「教会」とすれば既存の教会のイメージが先に立ち、軍人を集めることは難しかったかもしれない」。

早速佐藤はこの名称と共に、豊島村役場、横須賀町役場、神奈川県知事のところに何回も足を運んだ。しかしとりわけ傾注したのは軍港地への配慮であったようだ。彼は、陸軍射撃学校長を訪ねて義会設立の趣旨を述べ、軍規に違反するか否かについて打診した。更に義会設立の趣意書、建築資金募集の趣意書や檄文を印刷して、在米の同意者や国内宣教師に協力を要請する一方、建物の設計や工事に関する手続きなどのために奔走したのであった。実際の家屋は申請を行ってから一年後の明治三三年一一月に、予定地の平坂の高台に完成する見込みとなった。その時提出された上申書は次の通りである。

上　申　書（一部）

設立理由

陸海軍人並に其家族間に福音主義の基督教《きりすと》を布教し、其精神的修養を図るばかりでなく其身体的にも家庭的憩いを与えようとするものである

会堂存置期間　　別に期限無之候

設立許可年月日　明治三十二年九月十五日既設立届出　同　三十四年六月五日移転願許可

会堂の名称所在地敷地及建物設備間取に関する重要事項

名称　　日本陸海軍人伝道義会
所在地　横須賀市若松町四十三番地
敷地　　市街宅地　二百四十六坪三合四勺
建物　　木造瓦葺二階建家屋　壱棟
　　　　建坪弐階建弐拾壱坪、平家建四拾坪五合
設備間取り　階下の設備間取り左の如し
・礼拝室（東西三間半、南北二間半）に　講壇（長七尺、幅四尺）、大（長さ九尺）、小（長さ四尺五寸）、合十一脚の腰掛及びオルガン壱台を備う
・研究兼談話室（東西二間半、南北三間半）内に　テーブル（長さ九尺、巾四尺）、大小の腰掛合わせて三脚　椅子数脚及ピアノ壱台　ポリフォン（大型オルゴール）一基、蓄音器一基を備ふ
・此他当布教者の家族の使用に供すべき居室三個並に庖厨部（台所）
階上の設備間取り左の如し
・読書室（東西二間、南北一間半）内に普通書数百冊　宗教的図書千数百冊を備う
・休憩室
・宿泊室（東西二間半、南北一間半）三個
宗教及宗派の名称
基督教の福音主義各派に通有せる根本の教理を信ずるといえども既成の何れの教会若し

くは宗派に属せず、全く独立せるものなり。故にもし強いて名称を附せんとすれば独立派としも謂うべきかな

布教の方法として

団体的には説教・演説・講演もしくは研究をなし、個人的には質疑もしくは相談に応答し、又その家族を訪問し、且つ遠隔の地にある者には書状もしくは印刷物の媒介により て布教す。礼拝説教、聖書講義は佐藤牧師が行う。

集会について

・礼拝　　毎日曜日午後三時

・祈祷会　毎水曜日夜（時間は四季により異なる）

・研究会　聖書研究会・教理研究会の二種類。グループ（甲乙）に分かれる。また時間も一定でない

・その他　特別祈祷会*1

こうして陸海軍人伝道義会は一八九九（明治三二）年七月一二日、三浦郡豊島村深田七番地（現在の横須賀市米が浜通り一丁目横須賀共済会病院辺）の仮の場所で設立され、会長にエステラ・フィンチ、主任に佐藤曠二が就任した。佐藤はそれまで六代目牧師をしていた横須賀教会辞任の手続きをとり、新たに発足した伝道義会の牧師となった。九月二三日には発会式を挙行、発会祈祷会が開かれた。この日の記録は義会日誌にも残されており以下に記す。

義会日誌第一号　　　　陸海軍人伝道義会
永遠の契約の血による羊の大牧者、わたしたちの主イエスを、死者の中から引き上げられた平和の神が、御心に適《かな》うことをイエス・キリストによってわたしたちにしてくださり、御心を行うために、すべてのよいものをあなたがたに備えてくださるように。栄光が世々限りなくキリストにありますように、アーメン。（ヘブライ人への手紙一三ノ二〇、二一）

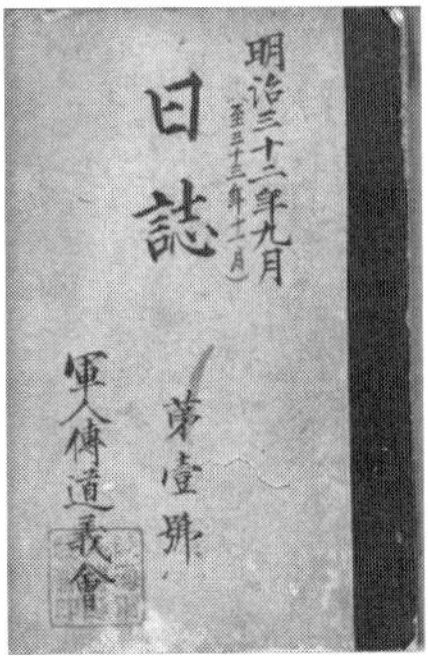

「義会日誌」第一号

明治三十二年　九　月
二十三日　　土曜日　　半陰
今日初めて発会の祈祷会を開いた。これは神より賜わった恩寵である。午前九時、主任佐藤曠二、エステラ・フィンチ、お手伝いの鈴木直の三名休憩室に集まり、かねてより準備していた一切の器具を初めて用い奉献、祈祷を捧げた。佐藤主任、祈祷を終えて後直に器具を各其所に備えた。
午後三時発会の祈祷會を開く。会する者以下の一〇名である。佐藤曠二・エステラ・フィンチ、黒田覧一、影山園、佐々木隆策、成松寿太郎、星宮甚六、山中光男、松下義一（以上信徒）有屋田俊彦（求道者）の諸氏である。この祈祷会には軍人諸氏及び関係者の人々の他を招待した。礼拝順序は以下のとおり

一　讃美　第九三番
一　開会の祈祷　司会者　佐藤主任
一　聖書　詩第二四篇
一　義会設立の由来　佐藤主任　詩一二七の一を題とす
一　神の佑導　エステラ・フィンチ
一　讃美　第二三九番
一　奉献の祈祷　佐藤主任
一　讃美　第一三二番
一　祈祷　成松、影山、佐々木三氏
一　讃美　第一三九番
一　主の祈祷　会衆一同

この日の出席者は僅か一〇名ほどであったが、両師を除く八名のうち七名は、いずれも日本基督教会で受洗した信徒たちで、軍人が多く、一名は求道者であった。佐藤牧師はこの時の感動の様子を義会日誌の中で次のように記している。

「人少しといえども、各感涙と共に神に感謝の祈祷を捧ぐ。それ『正しい者の篤き祈りは力あるものである』雅歌五：一六、我等、心に大なる希望と喜楽を感じたり。祈祷会後、一同食卓に就く。黒田覧一氏感謝を捧ぐ。後各読書室に会し、胸襟を開きて懇談す。一〇時散会。此日会せる軍人諸氏、皆会員並に准会員となる。この夜松下義一氏宿泊す」

こうしてフィンチと佐藤の念願した軍人のための教会「日本陸海軍人伝道義会」（略して伝道義会）が遂にここ軍港の町横須賀に誕生したのである＊2。

・運営資金面について

伝道義会はどこのミッショナリー（伝道協会）の支援も受けずに、独自に運営、伝道する自給伝道機関として設立された。そのための運営資金、その他一切の経費は、日本各地の協力者、国内外の友人（海外含む）の浄財寄附によって賄われることを旨とした。

伝道義会におけるフィンチの会長としての第一の仕事は、この運営の責任を一身に負い、運営を支える資金確保に精力を尽くすという、いわば裏方の役目であった。このためフィンチは日本での支援者だけでなく、母国アメリカの多くの友人、知人に軍人伝道の主旨とその目的をオープンレター（檄文）に書き記して送り、全力を注いで寄附を仰いだのだった。

その人数は相当な数に上った。彼女の小さな手帳には、本国の援助者たちの名前がリストになってびっしりと書き連ねられていた。こうした人々によっても、これからの義会運営は支えられていくはずであった。後に「伝道義会憲法」が策定され、それによって会員は維持費として年会費を納めることになっていく。これとは別に、玄関に「レプタ」（任意の献金）と書かれた小さな箱が用意されて、会員達が食費としてここに献金を入れていた。

・会堂建築資金について

フィンチと佐藤は京浜一帯在住の内外キリスト者に趣意書を配布して、多くの賛助を求めた。その甲斐あって、十時キクを始め、日本各地からも有志の寄附が相次いで寄せられた。アメリカの友人達も献金を捧げることに協力を惜しまなかったから、多額の浄財寄附が集まった。中でも注目すべきは江田島の海軍兵学校英語教官ミュラで、多額の寄附をした。また逗子の小坪の海岸近くに邸宅を構えていた英国領事、ラウダー（J. F. Lowder）の妻、ジュリア・マリア・ラウダーも強力な支援者の一人となってくれた。

その他、この軍人伝道義会設立に際して佐藤牧師を導いた恩師、奥野昌綱牧師や植村正久牧師（富士見教会）、本国の友人である産婦人科の権威として知られるハワード・A・ケリー博士（ジョンズ・ホプキンズ大学名誉教授）、ヘレン・スティックネス夫人（夫人の寄付により井戸が作られ「スティックネス夫人の井戸」と名付く）など、国内外の有力な協力者をも、物心両面で支援者となってくれた。こうした人々が与えられたことは、二人にとって神の祝福であり、何よりも心強いことであった。

発足後の翌日からいよいよ伝道義会が始まった。来会者のために「来訪人名簿」が置かれ、氏名、日付、住所、階級、所属、訪問の目的（参観・休憩・書物新聞雑誌観覧など）を書く項目があった。佐藤牧師はこの名簿を統計資料の参考にするため「来訪人名簿第一号」として備え付けたのである。因みに初日から一週間の伝道義会日誌の記録は次の通りである。

○九月二十四日　日曜日　半陰
午前七時半　会員山中光男氏、准会員有屋田俊彦氏来る
午後一時　有屋田俊彦氏　悔改と信仰の告白をなす　悦ぶべし　エホバの聖名を讃美せり
○九月二十五日　月曜日　半晴
午後五時半　会員　山中光男氏来り　神子化身の謙霊に就て質疑　会員星宮甚六氏来る
○九月二十六日　火曜日　雨天
午后六時　佐々木喜智郎氏来り会員となる
水野田隆宗氏来訪
○九月二十七日　水曜日　半雨
午前九時　フィンチ嬢その僑居に移り　佐藤主任義会に移る
午后五時　会員山中光男氏来る　尋で会員佐々木隆策氏来る。此日下婢鈴木直其質朴なる心を此事業に寄するの意を告白す　神は其人を備え給へり　耶和華《エホバ》の聖名を感謝せり
○九月二十八日　木曜日　半晴
午前八時　准会員有屋田俊彦氏来る　フィンチ師福音網要を説く　午後佐藤主任神の摂理の質疑に答ふ
○九月二十九日　金曜日　雨天
午前九時半　会員山中光男氏来る
午後四時　会員松下義一氏来る

午後五時　会員　島三吉氏に書状を発す
○九月三十日　土曜日　大雨
午前九時　佐藤主任　フィンチ師と共に義会経済の事に就き協議す
午後六時　義会新築願書を認め終る
午後七時半　影山園氏来る
八時半　会員佐々木喜智郎氏来り本日大雨なりしをもて来水曜日に寄宿室に入るべき旨を告ぐ*3

（2）伝道義会とはどんなところ？

「日本陸海軍人伝道義会」と墨で書かれた看板は、平坂を上がってきた途中の伝道義会に向かう石段の側の目のつく柱に掲げられている。ここを訪れる人々はフィンチと佐藤の二人の教師にまず「よくいらっしゃいました」と温かく迎え入れられる。佐藤は常に整然とした和服姿で、礼拝室の一番奥の椅子に座っていた。

ここで行われたことは、これまでの教会のやり方と違った、彼ら独自の方法による伝道だった。そこは教会でありながら、ちょうど開校したばかりの学校のようでもあった。入口はいつも開かれていて自由に出入りができた。特に礼拝のない平日でも、自由に開放された伝道義会に、早い時は、朝の八時には訪問者がやってきた。それも時間に厳しい軍人気質からなのか、大体は決まって同じ時刻に来ることが珍しくなかった。

伝道義会はまだキリスト教のことがよく理解できない人々にとって、よき聖書の学びの場であり、ここで、熱意と根気のある指導者によって、彼らは学びを求めていった。だが二人は決して信仰を強要することはなかった。

日曜午後三時の礼拝は、佐藤牧師が軍人の外出時間に合わせて行った。讃美歌、聖書、祈祷、そして説教（聖書の説き明かし）のあと、軍人のための祈りがある。役割分担としては、佐藤牧師が全体として礼拝説教（聖書講義）、教理（聖書研究）を行い、毎日の質疑応答を含めた個人集中伝道またはグループ伝道は、フィンチと佐藤が聖書を通じて行った。

こうした一日の流れは、朝早い時間で七時半に始まり、夜遅くまで続くこともあった。実はこの個人的伝道こそが、二人が最も渾身の力で取り組んだ伝道だったのである。

個人伝道の特徴は、伝道スタイルが個人、または小グループ単位であったことだ。ここでの聖書の説き明かしはこうであった。まず聖書の箇所が選ばれる。例えばローマ書一：二〇〝神の、目に見えない本性、すなわち神の永遠の力と神性は世界の創造された時からこのかた、被造物によって知られ、はっきりと認められるのであって、彼らに弁解の余地はないのです〟が読まれ、「神の存在」というキリスト教の根源的テーマに対し、具体的な説き明かしがなされるのである。

また時には「生命の約束」「真の智恵」「誘惑への注意」「迫害に処するの道」「忍耐と祈祷」「十字架の兵卒」「神と離るゝは即ち罪なる」「霊魂の不滅」「贖罪《しよくざい》の必要」などの箇所の説き明かしもなされた。二人がこうしたやり方を用いたのは二人の目指す伝道が「広く浅く」より

「狭くとも深く」に根ざす個人集中型精神によったからである。他の教会には見られない特徴的なアプローチであった。

こうしてフィンチは、会長として運営面に心を注ぐ傍ら、平行して伝道者の役割を果たすことにも全力を注いだ。伝道義会では、日々礼拝や集会はもちろんのこと、フィンチ・佐藤二人の教師を中心に、個人伝道が規則正しく行われるのが常であった。礼拝が終わると、別室でフィンチからささやかな茶菓のもてなしがあった。佐藤とフィンチは来訪者たちに、布教のみでなく、家族の憩をも与えようとしていたのだ。

ここには軍規のような規則に縛られない自由があった。遅くなれば宿泊することも可能であった。始まって一週間後の九月三十日、来会した佐々木氏が、その三日後にはしばらく逗留する旨を告げたと記録があるから、ここは佐々木氏にとってまさしく家庭《ホーム》のような場所に思えたのではなかろうか。

訪問者の言葉に表されるように、伝道義会を訪れた軍人達の最初の印象は、「フィンチ先生の生きた信仰と聖書によるみ言葉の証しに触れ、我々は母のような温かいもてなしと一心の愛を与えられた。まるでスウィートホームの楽しさがあった」というものだった。軍人たちは一様に、ここに家庭のような雰囲気と温かさを感じ取っていたのだ。彼らの居心地の良さは、義会に流れる空気が家庭的な温かさに満ち、魂の憩ともいうべき安心感を感じることができたからだった。ここにはまさしくホーム（家庭）の持つ大切な要素があった。

義会が開設されてから一ヵ月ほど経ったある日、フィンチは横浜の偕成伝道女学校（現在の横浜共立学園の前身）のプラット女史の訪問を受け、校長として招聘したいと請われた。フィンチのように経験を積んだ意欲的な婦人宣教師ならと、プラット女史が大いに期待を以て要請したことも頷ける。だがフィンチは答えたのだった。

「私自身はもともと伝道者として来たのです。私は直接伝道に携わりたいと思います。教育は所謂文明的活動であって、真の伝道ではないと思うのです。私は直接伝道に携わりたいと思います」

彼女は例え校長としての地位が準備されていたとしても、この約束された地位に甘んずることなく、偕成伝道女学校からの招聘をきっぱりと断ったのであった。

こうして米ヶ浜の仮会堂で始められた伝道義会には、開設当初から陸海軍人がひっきりなしに訪れた。将校、下士官を問わず、陸海軍人を含めて、陸軍要塞砲兵連隊中隊の兵曹長、軍曹、陸軍少尉、近くの水雷団や軍艦乗組の一等機関兵、海兵団水兵など様々であった。もともと軍人を対象としていたが、一般市民も受け入れていたから、開設当初から一ヵ月後に作成された「義会来訪人名簿第一号」には、九一名の来会者の記録があり、平均すると一日二、三名の来訪者があったことになる＊4。

フィンチと佐藤は日を追う毎に、軍人とその家族のために意欲的に様々な集会を増やしていくのだった。新しい人の歓迎会、出航する軍人達の送別会と感謝会、時には小話会……。

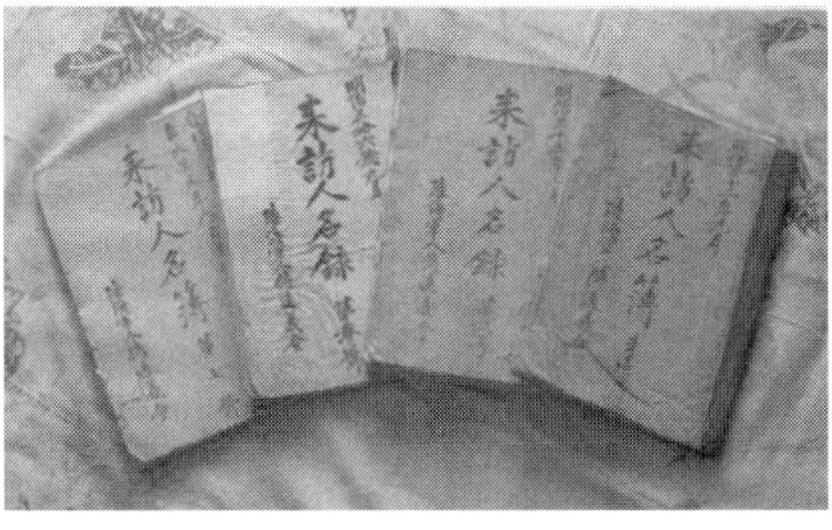

伝道義会来訪人名簿

二ヵ月も経つ頃にはフィンチによる家族の礼拝も始められた。十一月六日午前八時、家族の礼拝を行ったことが記録されている。また礼拝以外の日課としては、水曜日の祈祷会、フィンチのグループによる聖書研究会、佐藤による教理研究*5、求道者会、その他にも、讃美歌の練習、個人面談による信仰上の懇談や質疑応答、聖書の学びとしての四福音書研究の方法、また来会家族への訪問など、その活動は多岐に亘って計画・実行された。

開設五ケ月後の明治三三年、来会者が会員になるための会則、所謂「軍人伝道義会憲法」なるものも、作られることとなった。会員には准会員と会員とがあり、会員は、年会費として維持費を納める。献金は、宿泊者の食費として使われるため、玄関に「レプタ」と言われる小さな箱が用意され、任意でこの箱に入れるようになっていた。

（3）伝道義会という学校、そしてスイートホーム

伝道義会を訪れる人々の数は、日毎に増える一方だった。一体人々は伝道義会のどんなところに惹かれていったのか。エステラ・フィンチと佐藤牧師の二人が、如何にして軍人の心に触れ、軍人達の心を捉え、惹きつけたのだろうか。

伝道というからには、何か神についての話をする会だということが察せられる。そこで来訪者を迎えた口髭を生やし学者風の、だがどこか優しそうな佐藤牧師の聖書講義は、当時の軍人たちがキリスト教について抱いていた矛盾や疑問に真摯に答え、やがて彼らを信仰的に導くのに十分な説得力をもっていたのだと思われる。フィンチもまた聖書知識という点においては、

佐藤の双璧だった。神学校時代に、シンプソン学長の聖書講義を徹底的に学び、イエスの生涯、イエスの言葉、イエスの教えを悉く知り尽くしていたから、どのような点においてもイエス・キリストの教えを示すことができるほど、聖書に精通していた。彼女の聖書知識はここ伝道義会において豊かに活かされたのである。

フィンチが大切にした個人伝道は、伝道と言っても必ずしも聖書の教えを授けるだけの時間ではなかった。キリスト教への質疑応答がなされる中で、時にはフィンチは日常における軍人たち個々の人生上の悩み、軍人としての悩みに耳を傾けた。彼らにとって彼女は時として人生のカウンセラーのような存在でもあったのだ。

一人一人の持つ個人的悩みも、多くはフィンチの示す聖句によって癒され、そしてその体験は彼らの信仰へとつながっていった。ここで彼らは、神という存在の大きさを実感し、救いを見出したのだった。フィンチが彼らに与えた教えとアドバイスは、どんな時にも聖書の中の言葉を神のことばとして受け止め、それに従って進むという、全ては神の御言葉に委ねるとした彼女の信念に基づいたものであった。それはかつて神学校時代に、フィンチが恩師と慕ったシンプソン学長に、「神の導き」である聖書の句を人生の道標《みちしるべ》としてフィンチに示したのと同じだった。

フィンチの眼前にあったのは、ただひたすらに真っすぐな信仰の一本道だった。二人の指導者、フィンチと佐藤は、まさに家庭の慈母と慈父のような存在として来会者たちを信仰への道に導くのだった。

フィンチは日々義会を訪れる多くの軍人達の様子を見るにつけ、彼らが真剣に訓練に明け暮れる毎日で、明日はどうなるか分からない命と向き合って生きているのだということを肌で感じ取っていた。

後述するが、太田十三男という少将が語った言葉がある。

「若い軍人は故郷を離れてしまって、家庭的な雰囲気などとはおよそ縁がない。日頃の淋しさを紛らわすために、時として酒におぼれることもあろう、殊に日本の海軍にあっては、日本の悪習として酒宴の習慣が上下に浸みこんでいる。その中にあって、純潔の道を歩みながら職分を全うすることは、誠に至難であり、またいばらの道である。周囲の人と和を保ちながら、自分を律するなどということは、不可能に近いことである。そのような風習は海軍だけにとどまらず、日本国至るところにあった」＊6

このような社会情勢を知るにつれ、佐藤とフィンチの軍人伝道に対する共通の思いはますます強くなり、伝道を通じて一人でも多くの軍人達とその家族をキリスト教に導き、クリスチャンホームのもつ家庭的憩いを与えようと腐心するのだった。「真のクリスチャンホーム」、これこそが、実はフィンチが宣教師になるための原動力としてずっと心に秘めていた意識でもあり、また頭の中で描いていた理想像であった。

この年、開設以来二ヵ月目の十一月に、初めての一人の受洗者があり、更に十二月にも一人受洗者が与えられた。いずれも横須賀教会に於いて佐藤牧師によって洗礼が行われたのであった。義会日誌に記録が残っている

○明治三二年十一月十二日　日曜日　半雨
午前十時会員山中光男、松下義一、同準会員有屋田俊彦氏来る。この日より教会礼拝の時刻を変更せしを以てフィンチ女史、三氏に「神の聖殿」について語る。午后三時半、会員佐々木隆策氏来宿す。又会員星宮甚六氏来る。午后六時半、準会員有屋田俊彦氏、横須賀教会にて佐藤牧師より洗礼を受く。これを義会初穂の「パン」となす。主の聖名を賛美せり。

○明治三二年十二月十日　日曜日　晴天
午後十二時半、会員有屋田俊彦氏来る。次いで会員佐々木隆策氏来る。四時平松藤太郎氏来る。後藤良三郎氏受洗す*7。

伝道義会開設三ヵ月目になると、訪問者の数はひと月三四名、一日平均は四人となり、来会者の人数は増える一方であった。この年の初めてのクリスマス祝会には、フィンチの「クリスマスプレゼントの意義」、佐藤主任の「救世主の降臨」についての講話があった。

この時の出席者の中には、当時横浜フェリス女学院生徒であった佐藤の妹佐藤りんや東

フィンチ、佐藤と教え子たち

京からの栗本すた子の姿もあった。集会の後にはクリスマス小会として、ゲームや福引が催された。また年末にはフィンチの勧話、講話、除夜祈祷会と証しもなされた。最初、教会なのだからさぞや堅苦しい雰囲気であろうと思っていた人々も、実際義会に訪れてみて、ここにはこんなにも楽しい時もあるのかと思った。そしてお互に打ち解け合い、まるで一つの家庭の中にいるような気分を味わったのであった。

（4）海軍機関学校生徒、太田十三男の来会

横須賀楠ヶ浦にある横須賀海軍機関学校生徒、太田十三男《とみお》（海機十一期）が学友佐藤拙郎を伴って初めて伝道義会を訪れたのは、開設から四ヵ月経った明治三三年二月四日のことであった。

海軍機関学校は機関将校となるべき生徒の養成を目的とし、兵科将校を養成する海軍兵学校とともに、海軍における人材育成の基幹をなす教育機関である。その起源は、明治六（一八七三）年に海軍兵学寮に機関科を設け、翌七年に横須賀に兵学寮分校を開校した際に、生徒を横須賀造船所で実務につかせるため、英国教師の指導のもと、機関術を修業させたことにあるといわれる。

同分校は一一年に海軍兵学校付属機関学校と改称、兵学校機関科生徒三〇余名を転入させ、一四年に兵学校から独立し海軍機関学校となるも、独立後も横須賀を施設にする体制は変わらなかった。この時、定められた生徒徴募規則によれば、志願者年齢は満一四歳から一六歳まで

で、修業期間は六年であった。専門的技能を修得しなければならない機関科生徒の修業期間は、どうしても長くならざるをえなかった。しかし一八年二月以降、生徒の入校年齢を一五歳から一九歳と変更し、さらに修業期間を五年に短縮し、しかも最後の一年を実地練習にあてることとされた。

明治二〇年七月、兵科将校でも機関術を修得すれば機関運転の指揮に支障がないとの判断に基づき、兵学校に機関学舎を設置し、従来の海軍機関学校を廃止した。これにともない機関学校生徒を横須賀から東京築地の兵学校に移し、二三年に兵学校は将校科・機関科の二科となった。ただし機関術実習だけは、従来通り横須賀造船所において続けられた。

海軍機関学校は、江田島の海軍兵学校と並ぶエリート校として知られ、明治六年、海軍兵学寮（後の兵学校）に設けられた機関科が前身であった。兵学校が築地から江田島に移り、更に「科学の発達に伴い、機関の進歩が著しく艦艇の推進はもちろん、砲塔の旋回俯仰、操舵揚揺に至るまで機力によらなければならなくなった」。こうした情勢に対応する措置から、機関科が分離独立して、明治二六年横須賀の海軍機関学校となった。海軍工廠があり、船の出入りが多い横須賀の地が選ばれた。関東大震災で焼失し、生徒科は江田島、舞鶴へと移転。練習科は海軍工機学校（のちの機関科術科学校）として独立した。

海軍機関学校は、江田島にあった海軍兵学校と同じように、全国から優秀な人材を募集し、合格が非常に難しい難関校であった。厳しい入学試験で選ばれた優秀な生徒が集まっていた。が専門的で技術的な職種であったことから、軍艦を動かす大事な機関（エンジン）を担当するにもかかわらず、大砲や艦の運用や操艦等を担当する、いわゆる兵科将校に比べ、地味な配置であり、縁の下の力持ち的な存在であった。このことから、兵科将校生からは「罐《かま》（ボイラー）焚《た》き」と呼ばれ、やや蔑視される職種となっていた。

また明治三二（一八九九）年、この優劣関係を具体的に規定する「軍令承行令」という「内令」（海軍部内のみの秘密にかかわる規定）が文書で明確に規定され、海軍艦船部隊を指揮する権限は、海軍兵学校出身の兵科将校のみが軍令を承行することが出来るとして、機関科将校は除外されることとなった。これによると、艦艇において機関科将校は階級が上でも指揮をとることができず、階級は下でも兵科将校が指揮権を有するということになったのである。これが海軍の人事上及び指揮上の一系・二系問題となり、昭和一九年に改定されるまで、機関学校出身者の最大の悩みとなったのだった。従って、当時の横須賀の海軍機関学校在校生及び出身者にとって、この規定は大問題であり、苦難でもあったのである。

長年懸案だった兵科機関科の一系問題が全面的に解決したのは昭和一九（一九四四）年の秋で、機関科系の将校たちは、大きな喜びを持ってこの日を迎えた。「罐焚き」差別の古い慣習に対し、始終穏健冷静な姿勢を崩さなかった山中朋二郎中将（フィンチの教え子でクリスチャン）のような人ですら「あ、、ついにその日が来たのか。母校の後輩たちが長い間訴え続けていたことを、叶えてやれる時が来たのだ。富山の監督官事務所で公報を見ながらそう思うた」と当日の感慨を書き残した。このことは阿川弘之の著書『井上成美』にも書かれている*8。

さて前述の太田十三男であるが、彼は中学時代に『東京独立雑誌』を通して内村鑑三の信仰に触れ、入信を決意していた。ヤソ嫌いの父親は息子の入信を反対していたが、十三男が父に内村の書物をみせたところ、「キリスト教もこのようなものであればよい」と結局許されたのだった。十三男の少年時代、特に七歳から一七歳までの家庭は実に赤貧洗うようだった。その上、酒乱の実父と祖父によって実母は愛想をつかし家を去り、第二、第三の母が来たものの、十三男としては、真の母の愛に飢え孤独な日々であった。

そんな少年時代の中、叔父が海軍にいたため、自らも海軍を目指そうと英語を習うためミス・ヤングという米国人を訪ねたのだった。そしてヤング夫人の所属する聖公会で、十三男は聖書を学ぶ機会を得た。その後十一期生として横須賀海軍機関学校に入学し、軍人伝道義会のことを知った十三男は、矢もたてもたまらなくなり、同期の佐藤拙郎と共にやって来たのだった。

機関学校では日曜日、祭日が外出日であった。十三男達が伝道義会を訪ねると、二人の教師から温かく迎え入れられた。十三男にとっては、外国女性に会うのはそれが初めてではなかった。が、フィンチ先生と呼ばれるその外国婦人が馴れた口調で日本語を話すのを聞いて、少なからず驚いた。この婦人が米国から来た宣教師であり、ここで軍人のための伝道を始めたのだということを知って、十三男はますます吃驚《びっくり》した。

午後三時の礼拝が終わると、隣室でささやかな茶菓とお茶が振舞われた。佐藤牧師が「ここはあなた方のホームですから、そのつもりでどうぞ寛いで下さい」と声をかけた。それは幼小の頃から貧困と複雑な家庭情況の下、孤独の中に育った十三男にとって、本当の自分の家庭での温かい団らんのようなひと時となった。十三男はそれ以来毎週欠かさず義会に足を運ぶようになり、その都度何人かの新しい友人達を誘って行くようになった。

同期の高木欽三、新田義雄、その中には、後にフィンチから旧約聖書の中の麗しい物語として知られる「ダビデ（太田）」と「ヨナタン（鹿子木）」と呼ばれるほどの仲となる鹿子木員信《かずのぶ》（海機十二期）もいた。この鹿子木員信は、後に日露開戦の折に、海に落ちたロシアの軍人を助けようと、自らも海に飛び込もうとしたことで有名になった。

それからしばらくして太田は、伝道義会におけるクリスチャン生徒第一号となる。太田十三男は後に内村鑑三から「義会は太田一人を出しただけでもその意義があった」と言われるほど、またフィンチの長男とも言われるほど「義会の申し子」とも言うべき模範的人物となり、多くの後輩達をも導く信徒となる。

太田が機関学校に入校したのは、伝道義会開設の翌年明治三三（一九〇〇）年であったが、この頃太田に誘われて共に義会に来ていた同期の新田義雄、高木欽三（海機一二期）、田中謙治（海機一二期）、林正男（海機一二期）たちも、後に義会の中心人物となる。彼らはフィンチ、黒田から親愛の情を込めて「ボーイズ」と呼ばれ、二人の愛弟子達となっていった。

こうして、太田を皮切りとして、機関学校生徒達がひっきりなしに二人の元にくるようになり、伝道義会と機関学校の関係は以後深まっていくのである（このことについては参考資料「ボーイズの証言・足跡など―横須賀海軍機関学校を中心に」を詳記した）。

この頃（明治三三年一月）の伝道義会はまだ始まって四ヶ月にも満たない頃で、敷地、建物に関する諸交渉が開始され、同年七月建築工事着工、十一月中旬完成の運びとなっていた時期だった。木造瓦葺二階家一棟、建坪四二余坪、建築費二五〇〇円（現在価格約六二五〇万円）、他に宅地三九二坪を擁するものであった。

この間、建築に関して献身的世話をした黒田覧一（佐藤の義兄）の尽力は並々ならぬものがあったといわれている。こうした労者に応えるべく、各地から有志の寄附が相次いで届けられた。中でも特記すべきは、江田島の海軍兵学校英語教授ミュラ氏からの多額の寄附、また呉日本基督教会の浜田珍重牧師も義会を訪れ助力した。後年呉に伝道義会支部が設置されるに至ったのも、こうした有力なる後援者が控えていたからであろう。

この間、つまり四月中旬から六月中旬にかけて、佐藤は奥野昌綱牧師の全国巡回伝道（第一回）に随行した。奥野師は翌明治三四年、七九歳の高齢で第二回全国巡回伝道を行っているが、この時も佐藤は随行している。奥野牧師は明治二一年、地方巡回伝道師としてミッションの招聘を受ける前、一時横須賀基督教会の牧師であった。それ故、義会の伝道に対してよき理解者であり、協力者であったと推察される。

義会では奥野牧師一行の働きの上に連夜の祈祷会が行われている。前述のミュラ氏をはじめ、当時、青森に在住中の十時キクなど、全国各地の賛同者から献金が寄せられた。植村正久牧師もまた有力者の一人であった。

伝道義会日誌には十一月の本館新築に至るまで、またフィンチ居宅新築完成までの主な経緯が残されている。日誌を読めばその頃の様子（内情）を知ることが出来よう。

明治三三年

一月十一日　岡田芳子横浜より至る。当分の内庖厨部《ほうちゅう》（厨房）の監督をなさんが為なり。この夜鈴木直家を出る。

一月十二日　この日鈴木直を解雇す。フィンチ女史自ら調理の任に当たる。

一月十八日　午前十時半黒田覧一氏来り地所の事に就き協議す。

一月二十日　午前十時請負師清水氏来り新築の事に就いて協議す。午后四時十五分フィンチ女史敷地の件に付き上京す。

一月二三日　鈴木いま姉、庖厨部を助けらる。午后一時佐藤主任設立願出の件に付き横須賀町役場に出頭す。

一月二五日　この夜米国に報告書数十通を発送す。

二月九日　この日外国宣教師へ宛て凡そ二百通の檄文を発す。佐藤主任新築費用として金三円（現在の六万円）寄附す。

二月十三日　午后一時十二分フィンチ女史寄付金募集の件に付き横浜に赴く。

二月十七日　午前十時半横浜共立女学校生徒城戸順子来訪

二月二二日　七時半祈祷会を開く　十名。

二月二八日　この日横浜二百九番偕成伝道女学校長、ミス・プラット「救の歌」一四部を寄附せらる。又東京マコーレー夫人より「聖書人名加留多《かるた》」一組を寄贈せらる。

三月一日　午后二時黒田覧一氏来りフィンチ女史と共に大いに協議する所あり、四時相携えて多度小松原熊次郎氏を訪ひ、会館新築の件に付き熟談す。五時竹川活版所に鈴木活版所を訪ひ、寄附金募集趣意書の印刷に就いて諮る所あり。

三月二日　午后二時影山松代子庖厨部主任として来る。

三月五日　午前九時黒田覧一氏、大工菊池国蔵氏と共に来る。新築の件に付き協議。午后三時、四人相携へて地所に至り見分す。

三月六日　佐藤主任、フィンチ女史と黒田氏を訪ふ。黒田覧一氏を伴ふて義会に帰り主任室に於て地所の件に付き協議す。

三月七日　午后一時半、米国海軍Ｒ・Ｌ・ジョンストン氏来観。

三月九日　フィンチ義会の所用で横浜に赴く。この夜佐藤主任訪問伝道に出る。フィンチ讃美歌を稽古。佐藤主任帰任後、フィンチより横浜の様子をきき、神の優渥なる恩寵を感謝す。

三月一三日　五時、佐藤主任、フィンチと共に大工菊池国蔵を訪ふ。

三月十六日　佐藤、フィンチ、地所を見分。大工と図面及び設計につき協議。

四月四日　鈴木為三郎氏と建築の事に就き協議。

四月六日　鈴木為三郎氏一人の大工を伴ひ来る。建築工事請負の契約をなす。

四月十三日　午后一時、奥野昌綱老師全国巡廻伝道の途次来訪。

四月十四日　歓迎会を開く。

四月十六日　奥野教師帰途に就く。この夜奥野、佐藤、山中三氏の為に祈祷会開く。
五月一日　朝フィンチ大磯に赴き、米国海軍大将ワッスン氏を訪ふ。更に御殿場に赴き大西米三氏を訪ひ、鎌倉に至る。
五月五日　朝フィンチ横浜に行き、ミス・デニングを見送る。米国より寄贈の貨幣（二十円）途中で窃取せらる。
五月十日　朝カップマン、ハオル両嬢横浜より来訪。
五月二十二日　朝横浜ブラムホール氏来観せらる。
五月二十六日　敷地の縄張りをなす。
五月二十九日　横須賀警察署より巡査来り新築下水につき協議す
六月四日　横浜よりカップマン氏来り、地所を一見し、運動器具一式を寄附すべき旨約束して帰る。ミス・サンダー金三円（現在の六万円）。ツヤダル氏夫妻来観（米国より）。
六月十二日　救世軍の外国婦人二名来観。
六月二十二日　奥野昌綱氏来訪。
七月三日　午前七時三十五分、佐藤主任上京す。義会の件につき植村正久氏と議する所あり。八時半フィンチ、黒田、佐々木と共に鈴木為三郎氏を訪比、建築の議につき語る所あり。
七月六日　午前九時、建築家屋名義変更の願書を郡役所に呈出す。七時三十五分フィンチ上京す。
七月九日　堀井戸につき協議。
七月三十日　建築を見分。工事の件を協議。
八月一日　吉倉から小舟で金澤（八景）まで渡り、六浦荘村三分に至り、相川文五郎協議。人車で逗子まで四時三十一分発の汽車にて帰る。
八月六日　瓦商人二人来る。
八月十四日　敷地に関する法律上の手続きをする。
八月十六日　印鑑届。
八月二十日　佐藤主任病気療養の為上州入りの湯に出発。
八月二七日　フィンチ上州入りの湯に向けて出発。
九月十七日　井戸掘人夫長と菊池国蔵来る。
九月二七日　祈祷。
十月五日　東京角筈村聖書研究社より万朝報第二五二〇号一部寄贈せらる。
十月十日　午后四時鈴木為三郎氏と弟に金四百円渡す。
十月十六日　鈴木為三郎氏と共に建築場に至り、天井張替の議を協議す。
十月十七日　フィンチ軍人家族聖書研究会を開く。
十一月八日　ピヤソン（北海道旭川）宣教師と在小樽宣教師、ニーゲン夫妻来観
十一月廿日　ミス・クロスビー、ミス・メルビング両師来観。

十一月二一日　新築記念撮影（十一月二十日撮影許可下りる）。

十一月二七日　新築家屋を受け取る。フィンチと共に新築会館を鈴木為三郎氏より受取り、順次各室に於て感謝祈祷の黙祷を捧ぐ。日誌に記するが如し。その時心に与えられる神の聖約を掲ぐ。各部屋十二ヶ所。

十一月三十日　新築家屋に移転す*9。

明治三三年には、日本陸海軍人伝道義会憲法が発布された。
（伝道義会重要記録より）

第一条　本会は日本陸海軍人伝道義会と称す

第二条　本会の目的は日本帝国陸海軍人並に其家族間に福音主義基督教を布教するにあり

第三条　本会会員は之を区別して正会員、准会員及特別会員の三種とす。日本帝国陸海軍人にして福音主義基督教会に属し、信望高き者は本会の正会員となることを得、正会員は投票権並に会長及名誉会長以外の職務に就任するの被選権を有す。正会員たらんと欲する者は自己の署名に係る申込書を実務の委員に提出し、実務委員は之を義会の定期会に報告すべし。出席会員の三分の二の投票を得たるものは之を正会員となす。

伝道義会の建物　憲兵の姿が見える

日本帝国陸海軍人にして基督教主義の薫陶を受けんと欲するものは本会の准会員となることを得、准会員は正会員と同一の待遇に与ることを得、但し投票権及被選権を有せざるものとす。正会員にして日本帝国陸海軍の現職を退きたる軍人にして猶福音主義基督教会に属し、信望高く而して引続き本会に同情を有するときは之を特別会員となす。正会員及特別会員は年額金壱円以上五円以下の会費を納むべし。准会員は会費を納むるを要せず。軍人たると否とを問わず年額金参円以上の会費を納むる者は之を維持会員となす。

第四条　本会の目的を達するため会員の集会は随時之を催すべし

第五条　本会の役員は会長壱名、名誉会長壱名、書記壱名、会計壱名及主任伝道者を以て之を組織す。各役員は本会の憲法及将来規定せらる可き附則又は何則に従じ権利を有し、義務を負ふものとす。会長及名誉会長、書記及会計は之を実務の委員となす。実務委員は特殊の規定なき限りは本会の一切の事務を監督すべし。

第六条　本会の財産を維持するため七名以上、九名以下の管理者を置く。管理者は本会の毎年度の予算並に実務委員の提出に係る事項に付き意見を述ぶべし。管理者は少なくとも毎年壱回集会を開くべし。

第七条　必要ある場合に於ては本会は支部を設置することを得、各支部は本会は実務委員の監督に従ふべし。

第八条　本会会員にして不品行其他会員の体面を保持し能はざる行為ありとの訴受けたる

者ある場合に於ては会長に於て五人の委員を選び、之を調査せしむべし。委員は調査の結果を記録して之を実務委員に報告すべし。

実務委員は前項の報告に基き精細の審理を遂げ、以て前第壱項の訴の正否を判断すべし。右訴受けたる会員は実務委員の面前に於て十分の弁解をなすことを得、実務委員会の多数決に依り、訴に理由ありと判断したるときは右会員は本会に対する一切の権利を没収せ らるべし。実務委員の多数が前第二項の審理に基き訴に理由ありと判断したる時は之を正会員に通知し、而して正会員の多数が訴に理由ありと判断したる時は右会員は本会に対する一切の権利を没収せらるべし。

第九条　本憲法は予め書面を以て修正事項を呈示したる場合に限り本会の集会に於る出席会員の三分の二の多数決に依て之を修正することを得、然れども本条及第弐条は正会員及本会の役員の一致に依るにあらざれば之を変更することを得ざるものとす*10。

（5）内村鑑三との出会い及び信州伝道のこと

内村鑑三とフィンチとの出会いは、そもそも太田十三男がとりもったのであった。フィンチは東京の角筈で個人伝道をしていた頃、しばしば女子学院の宣教師・生徒らと共に上州入の湯に避暑に行っていたのだが、明治三六年の夏も、横須賀の炎暑を避けて上州行きを計画したのだった。太田が内村鑑三を案内して、新橋駅にフィンチを見送ったのは、恐らくこの時であったと思われる。太田はその時を回想してこう語ったという。

「ある夏、私が内村先生にフィンチ師を紹介するため、先生をお迎えに御宅を訪ねたことがある。先生はその時、二階で着替えをしていたが、私に『洋服の方がいいかなあ』などと仰って、余程フィンチ師に気を配っていたようだ。結局先生は和服で行くことになり、お二人は駅のプラットホームで互いに堅い握手を交わされた。あの内村先生が自分から進んで駅まで出かけていって、フィンチ師に会うなどといったことは、全く不思議なことだった」＊11

この時から内村鑑三は伝道義会に出るために横須賀を訪れるようになり、内村鑑三とエステラ・フィンチは更に信交を深めていくことになる。また同時に内村鑑三と伝道義会との関係も深まっていく。内村鑑三が日露戦役に従軍中の太田に宛てた書簡（六月一六日付）には「明日は横須賀に参り、フィンチ婦人に面会する積りに御座候」と、フィンチとの面会のことが書いてある。

内村鑑三は太田が義会のクリスチャンとなったことで、「義会は太田一人の受洗者を生んだだけでも意義があった」と語り、後に氏自身も伝道義会の会員となった。フィンチとも交わりがあったことから、伝道義会全体の聖書研究会はどちらかというと、武士道に通ずる軍人達に、キリスト教精神を接ぎ木したという意味で「日本武士道主義的キリスト教聖書研究会」とも言われるようになった。

内村鑑三の研究者の一人である田中浩司氏（防衛大学校教授）は、フィンチに関する論文「内村鑑三と理想的宣教師 Estella Finch」や寄稿文「アント・ホシダの思い出―内村鑑三の日記に見るフィンチ」の中で、内村鑑三の日記の記述と共に次のように述べている。

―実は内村鑑三の宣教師嫌いは有名であった。だが、中には尊敬する宣教師もわずかにいて、フィンチはその一人であったのだ。よく横須賀の自宅や、信州の別荘（と言っても質素な山荘ではあったが）にフィンチを訪れた。後に帰化して日本名星田光代となったフィンチを「ミス・ホシダ」「ホシダの小母《おば》さん」「アント・ホシダ」と敬慕の念をこめて呼んだ。内村鑑三がフィンチを慕っていた様子は、内村鑑三の日記に次のように伺うことができる。

大正七（一九一八）年

十二月二三日(金)雪後好晴

昨夜横須賀伝道義会に来り一泊す。ミス・ホシダ外一同款待至らざるなし。一年に一回又は二回此所に来り相互の信仰に由りて相共に慰めらる。過去十七年間此歓喜は連続して今日に至った。余に又余の団体以外に聖き交際のある事を多くの人は知らないであろう。朝食を終へて後にアント（伯母）ホシダと共に久里浜に至り一八年振りにてペルリ上陸記念碑を仰いだ。恰も軍艦生駒の其巨体を現はして我等の前を通過するあり。今より六十五年前に米国の黒船の此海に投錨せしを思ひ今昔の感堪えなかった。浦賀海峡を隔てゝ房総の風景恣《ほしい》まゝにすること暫時にして徒歩作川に沿ふて帰途に就いた。三浦半島山々の初冬の日光に輝く所稀に見る景色であった。午後二時四十分横須賀を辞し鎌倉に下車し、一人の「娘」を見舞い、夕暮れ過ぐる頃家に帰った。洵《まこと》に楽しき十四時間であった。到る所に「伯母」あり「娘」あり世界は我家の如くに感ぜられる。（内村三三・四三―四四）

大正一〇（一九二一）年

六月二四日（金）曇

山を下り帰途に就いた。高崎に於て祖先の墓を見舞ふた。高崎駅に於て上野行の汽車に乗込めば其内にホシダの小母さんの乗合わすあり。互いに奇遇を喜び、赤羽に至るまで歓話を続けた。（同右三九七）

八月四日（木）晴

朝隣村の御代田にホシダの小母さんを訪問した。林間に浅間を庭園の築山として眺め、日本アルプスを遙に雲霧の間に望みながら和洋折衷の昼食の饗宴に与り、伝道と生物学と地質学とに就いて語り、聖き歓楽を尽して午後二時辞して沓掛けの旅宿に帰った。ベル老人帰って心淋しき此頃日本国に帰化せし此米国生れの姉妹の許を訪れて尠らざる慰藉と能力を供へられた。（同右四一二）

八月二六日（金）晴

午後二人して隣村御代田にホシダの小母さんの山荘を訪れた。落葉松の林の中に設けられし「客間」に迎へられ、青空を天井に、森の下草を敷物に、浅間山を床之間の置物として、山荘に有る丈の物の御馳走に与り、有難かった。夕暮れ頃夕陽に輝く南信の諸岳を眺めながら沓掛の我家に帰った。天然の美に友誼の快楽が加はる時に、此厭らしき罪

の世に天国が一時的なりとも出現するのである。（同右　四一九）

一九二一（大正一〇）年

一二月七日（水）曇

夜帝国ホテルにてホシダの小母さんの主催の下に近頃快走船アロハ号にて渡来せし紐育富豪の一団迎へんがために開かれし歓迎会に出た。……（同右　四五七）

大正一二（一九二三）年

一〇月二〇日（火）晴

横須賀市に星田光代女子（史）を訪うた。

同市の（九月一日の関東大震災による）破壊の甚しきに驚いた。……（三四：二四六）

内村鑑三はフィンチの死の報に際し、悲しみを露わにしている。

大正一三（一九二四）年

六月二一日（土）半晴

ホシダの小母さんの永眠を聞いて非常に悲しんだ。日本に帰化せる米国婦人であって、過去十数年間親しき友誼を交ゆる事が出来、益する所多大であった。彼女は日本を強く愛せし米国人の一人であった。（同右三二一）

晩年横須賀を訪れた時にフィンチ女史を懐古し、その感慨を次のように書き綴っている。

昭和二（一九二七）年
七月二一日（水）晴
此日藤木医師に伴はれ、久里浜に近頃捕獲せられし八頭の末香鯨を見た。湾内は血の海と化し、臭気堪へ難くあった。然し巨大の獲物であった。海中に死んだ計りの鯨を見たのは今度が初めてゞある。往復十八里の三浦半島の自動車疾走は愉快であった。山水明眉の半島と称せざるを得ない。横須賀のホシダの小母さんと此辺を逍遥した事を思出した。人は失せて山水は存る。彼女が伝へし福音は何時か此美はしき半島を化して神の国と成すであろう。（三五：二一二）

これらの日記は、内村鑑三とフィンチの友誼が「相互の信頼に由りて、相共に慰め又慰めらる」る「聖き交際」であり、内村がフィンチから「尠からざる慰藉と能力」を得ていたことを明らかにしている。内村にとってフィンチは、三浦半島を化して「神の国と成す」キリストの使徒であるだけでなく、彼の心に歓喜の火を灯し続けるキラ星のような存在であったに違いない*12。

内村鑑三

○フィンチと長野の山荘、信州伝道のこと

ハワイで療養生活をしていたフィンチは地震のニュースを聞いて、伝道義会整理のため日本に帰国し、傍ら罹災者の慰問にも当たった。だが心臓病のほうは依然として思わしくない状態で、しばらく長野の御代田に小さな山荘を設け、そこで療養をすることになった。

この長野の山荘とは、長野県北佐久郡御代田町（軽井沢と小諸の間）にフィンチが建て信田荘と名付けた山荘である。約千坪の山林を有する高台の土地の中に、建てられた簡単なバラック小屋で、建物は三つあり、各々帰田庵、登志庵、喜代志庵と名付けていた。

フィンチの秘書、川副馥《かおる》氏は葉書でこの辺りの情景を「カッコウ鳴き、スズラン咲き、小川の流れと雲の行方、小さな滝、浅間の山々…」と書き送っている。

彼女はここを「暑を避ける」というよりも人を避けるために訪れ、伝道通信の執筆や文書の管理、また自然科学書に親しむために使っていた。この小さな山荘を大変気に入っていたフィンチは、ここで自然の空気に囲まれて手紙を書いたり、また特に暑い夏には今のように冷房が入るわけでもなかったから、避暑地としても訪れていたようだ。

この頃ボーイズの一人であった西澤兄信《しげのぶ》（海機二五期）も郷里が同じ長野であったことから郷里への帰途でマザーの山荘に立ち寄っていた。こうしたこともあって、長野における近隣の伝道はやがて西澤家で家庭礼拝として行われるようになった（詳細は参考資料「ボーイズ証言・足跡など」西澤兄信（海機二六期）の項参照）。

この時西澤家の家庭礼拝で使われていたヤマハオルガン（明治二六年版）と同じ型のオルガ

ンが横須賀の軍人伝道義会の遺品として現存している。なお、この山荘は、戦後西澤兄信の従兄弟にあたる西澤基宣《もとよし》が管理人をしていたが、現在はここで、基宣の子孫によってコニー園芸が営まれている。

仔山羊を抱くフィンチ
（御代田の別荘）

大正一二年一二月頃から翌年五月までの半年間、晩年のフィンチはこの山荘で過していたが、この頃は心臓病で肉体的にもかなり衰弱していた。そのため、長谷川慈舟（本名村二、当時二三歳、以下村二）は休暇を取り、マザーに付き添って山荘に行き、出来る限りの手助けをした。このことは、フィンチの手紙によって伺い知ることができる。

この時期フィンチは病を圧して無理をしながらも罹災者の慰問をしたりしていた。村二はその間マザーから手紙を貰い、そこに彼に対する深い思いを知って、溢れる涙を押さえることができなかった。村二はマザーの最期を看取り、マザー最後のボーイとなった。

（6）エキゾチックな雰囲気を装う伝道義会

明治三三年七月、伝道義会開設後一年目のこと。平坂の高台において建物の新築工事が始められ、四ヵ月後の十一月に完成の日を迎えた。四〇〇坪の土地の中心部にまず一軒の和風の家がどっしりとした姿を見せた。六四坪、木造二階建ての家屋で、礼拝室は階下の中でも東側の広い場所に造られた。家屋は当時のお金で二、四〇〇円（現在価格約五、二八〇万円）かかった。内部は次のような間取りと設備を備えている。

一階

礼拝室（三間半×二間半）、講壇大（長さ九尺）、小（長さ四尺五寸）、合計十一脚の腰掛

オルガン一台、研究室兼談話室（二間半×三間半）内部にはテーブル、腰掛大小計三脚

椅子数脚、ピアノ、ポリフォン（大型オルゴール）、蓄音器、読書室（二間×一間半）内

部に書棚を設置。書物数百冊・宗教書千数百冊を備う。

宿泊室（二間半×一間半）三室あり。当布教者の家族の使用に供すべき居室三個と庖厨部、

廊下、食堂、賄室、厨房。

二階の設備間取り

主任室、寄宿室、第一号室～第四号室

新築成った伝道義会の建物の写真からは、広い土地に据えられた一軒家という印象を受ける。平坂は陸軍の施設の多い上町と海軍の施設の多い下町を結ぶ役をしている大切な坂道である。この道を半分ほど登ったところの曲がり角の右側に「陸海軍人伝道義会　黒田惟信」と書かれた門柱があり、ここから石段が始まる。二十数段の石段を上り詰めた所に、突如四〇〇坪程の平らな土地が眼の前に広がる。その前方の奥の方に、一軒のどっしりとした純和風の木造家が、まるで来る人を迎え入れてくれるかのように目に飛び込んでくる。

正面の入口には「日本陸海軍人伝道義会」の看板がかけてある。玄関口の引き戸のドアを開

けて一歩足を踏み入れると土間があり、そこを上がると目の前の廊下にスリッパが並べられている。真新しい広い壁には、帽子掛けと壁に打ち付けられた釘があり、そこには軍人たちが腰の剣をはずして掛けられるようになっている。廊下を進むと、奥の右側の洋間が礼拝室である。正面を行くと、小さな三角のステンドグラスがはめられた洒落たフレンチ窓が目に入り、講壇と礼拝用の長椅子（ピウ）が六、七列ほど並べられている。部屋の後方の隅には、オルガンとローソク立てのついたピアノが置かれている。

礼拝室の隣は、パーラーと呼ばれる客間で、その隣が読書室である。パーラーには、当時珍しかった、ポリフォンという大きなオルゴールが置かれており、なんともエキゾチックな雰囲気をかもし出している。

読書室には書物数百冊・宗教的図書千数百冊が備えられている。これも当時としては珍しい回転式の背の低い四角い書棚があり、ここにはブリタニカの百科事典全冊が納まっている。そのすぐ側の別の本棚には、革表紙の厚い聖書や讃美歌の本がずらりと並べられている。次に廊下を挟んで、休憩室、厨房を兼ねた食堂がある。二階は、主に来客用の宿泊室三部屋と、主任室がある。これら各部屋にはそれぞれの部屋に特に与えられた聖句が掲げられている。

①礼拝堂に於て
　わたしはわが足をおく所を尊くする
　　　　　　　　　　　　　（イザヤ書六〇：一三）
②特別室に於て

もし神がわたしたちの味方であるなら、誰がわたしたちに敵しえようか
（ローマ八：三一）

③読書室に於て
それがきたら、罪と義とさばきとについて、世の人の目を開くであろう。
（ヨハネ一六：8）

④休憩室に於て
あなたはその城壁を「救い」ととなえ、その門を「誉」ととなえる（イザヤ六〇：一八）

⑤食堂に於て
イエスは彼らに言われた。「わたしが命のパンである。わたしに来る者は決して飢えることがなくわたしを信じる者は決してかわくことがない」

（ヨハネ六：三五）

⑥賄室に於て
もろもろの勤めのためにすべての仕事を喜んでする巧みな者が皆あなたと共にある
（歴代上二八：二一）
わたしの神はご自身の栄光の富の中から、あなたがたのいっさいの必要をキリスト・イエスにあって満たしてくださるであろう
（フィリピ四：一九）

⑦厨房に於て
主を求める者は良きものに欠けることはない
（詩三四：一〇）
彼の給与としてはその死ぬ日まで一生の間たえず日々の必要にしたがって、バビロンの

王から給与を賜った。

（エレミヤ五二：三四）

⑧主任室に於て
聖霊があなたがたにくだる時、あなたがたは力を受けて地の果てまでわたしの証人となるであろう。

（使徒言行録）


どうか望みの神が、信仰からくるあらゆる喜びと平安とを、あなたがたに満たし、聖霊の力によって、あなたがたを望みにあふれさせてくださるように。（ローマ一五：一三）

わたしはしばらく彼らのために聖所となる
（エゼキエル十一：一六）

⑨第２号室に於て
「わたしたちは生ける神の宮である。…あなたがたはわたしのむすこ、むすめとなるであろう」全能の主がこう言われる。

（第２コリント六：一六～一八）

⑩第３号室に於て
山々がエルサレムを囲んでいるように、主は今からとこしえにその民を囲まれる。

（詩一二五：二）

⑪第４号室に於て
御霊に満たされて
（エフェソ五：一八）

⑫廊下に於て義会全体のために
主の家の後の栄光は、前の栄光よりも大きい。

（ハガイ二：九）


あなたはわたしの前に恵みを得、あなたの言ったこの事をもするであろう。

（出エジプト三三：一七）

（列王記下三：一八）

これは主の目には小さいことである

明治三三年一一月二一日には、その前日に建物撮影の許可が下りて、新築記念撮影が行われた。そして、一一月二七日、新築家屋受取り及び移転の運びとなった。この日の「義会日誌」にはこう記述されている。

「十一月二七日（火）晴　午前八時、フィンチ女史と共に新築会館を鈴木為三郎氏より受取り、順次各室（一二ヶ所）に於て感謝祈願の黙祷を献ぐ。日誌に記するがごとし。その時心に与えられる神の聖約を掲ぐ。十一月三〇日新築家屋に移転す」＊13

伝道義会の建築にかかった費用は当時のお金で二、四〇〇円（現在の五二八〇万円）であった。集まった寄付金もかなりの額になったが、まだ一、〇〇〇円（現在の二二〇〇万円）は募らなくてはならなかった。フィンチはこれまでの経緯と報告と共に、建物の写真入りで、横浜東京の住人宛に檄文（英文）を次のような文面で寄附を仰いだ。日本語の訳文は以下の通りである。

陸海軍人伝道義会

宛：横浜及び東京の住人

少しのスペースしかないので、きっと聞かれると思う幾つかの質問に答えることを願っています。


陸海軍人伝道義会はどこにありますか？

　鎌倉から鉄道で半時間の東京湾に面した、きれいな海軍軍港、横須賀にあります。

それは何ですか？

　日本軍の陸海軍人のための伝道の場所であり、伝道のための礼拝室、読書室、及び会員のための共同宿舎で構成されています。

何故それが必要なのですか？
・何故なら、横須賀にはそのような所がないからです。
・何故なら、横須賀には数百人の海軍軍人に加えて、沿岸防備のために配備されている三千人余りの陸軍軍人がいるからです。
・何故なら、日本各地から来ているそれらの人達には、たくさんの自由な時間と多くの誘惑があるものの、実際に良い影響をえるものがないからです。
・そして、最も大事な理由は、実地テストで彼ら自身がそのような所を欲しがっていることが判ったことです。
やるとすれば、誰が実施するのですか？
・そこには、有能な日本人校長が住んでいます。

・そこには、奥野会長（東京）、R・S・ミラー氏（東京）、フランク・ミューラー教授（江田島）、E・P・ミリケン女史（アメリカ）からなる顧問委員会があります。
・そこには、資金とその奉仕の実質的な仕事に責任を持つ外国の宣教婦人もいます。
それでは、その結果はどんなものですか？
滞在者　軍人：　二一一　シビリアン：一七八
訪問者　軍人：一〇〇九　シビリアン：六三九
一週間に九七回の会合が行われ、それに加えて、多くの教育の時間が割かれています。
宣教の成果が上がりつゝ、ある軍人の家族に対する教会外での多くの奉仕作業もあります。
いくら必要ですか？
細部は、次の頁に示す通りです。それを見れば分る通り、建物が予想以上に大幅にかかりました。建物は一一月二七日に完成、仕事は一一月三〇日に移転しました。

事業報告

建築費用　二四〇〇〇円
それに対する支払……添付リストに示す通り
友人からの献金　一〇一三・三八円
ローン（一九〇一年八月期限。七％）　三八六・六二円
契約者への支払い必要額　一〇〇〇円
合計一四〇〇〇円
これが、私たちが至急必要としているものです

私たちがお知らせするコミュニティの皆様の寛大さにあまえ、簡単に申上げますが、香港上海銀行コーポレーションは、次の通り記入してあれば、迅速にその送金を認めてくれることに同意してくれました。

宛：陸海軍人伝道事業　エステラ　フィンチ

新住所：横須賀、若松町四三番地

右の写真は正面と一階右側の読書室を示しています。一度に支払いたいと願っている契約者への支払いは、次の頁の通りです。どうぞご覧下さい（寄附金者リスト（八七名）はここでは割愛）。

創立当時の伝道義会建物（明治32年）

（7）婦人宣教師エステラ・フィンチを生み出した社会背景

第一、二章では女性宣教師が生み出されていった一九世紀アメリカの社会的背景について最小限触れてみた。ここではフィンチのように数多くの独身女性が海外伝道に赴いた理由、そして婦人宣教師に求められた資格とは、さらに婦人宣教師の待遇などについて探ってみたい。

当時宣教師を志願するのは男性より女性の方が遥かに多かったという。何故か。小檜山氏によれば「独身の婦人宣教師は、宣教師の妻の仕事の延長線上に生まれた。伝道の成功には女性への布教が重要である。だがアジアでは女性の社会に男性は軽々と近づけない」（小檜山ルイ著

『アメリカ婦人宣教師』一九頁)。「そこで専ら伝道に活力を注げる独身の女性が求められた」(同書一九頁)のである。

また独身の婦人宣教師が求められた他の理由として、「宣教師の妻が手本となるはずのクリスチャン・ホームの維持に汲々とする中、女性を対象とするより積極的な訪問伝道、教育活動等を展開できる独身の婦人宣教師が求められるようになったことで、その数は徐々に増えていった」(同書一一七頁)ことを挙げ、特に「南北戦争後、婦人伝道局が続々と設立されると、独身婦人宣教師はさらに積極的にリクルートされ、支援されるようになった」(同書一一七頁)と述べている。

数で男性に優るほどになった婦人宣教師の海外派遣であったが、当然のことながらその資質も厳しく問われた。それは「第一の資格は神のために献身する強い信仰と意志を持つことであった」(同書一九頁)、「女性の場合は、神学校教育や按手礼授与*14といった宗教の専門家としての公の認知制度がほとんど皆無であった。従って、個人の信仰の質、献身の覚悟のほどはその人の信仰歴から判断された。両親の信仰は篤かったか、家庭で充分クリスチャンとしての教育を受けて育ったか、回心の経験、教会への出席、日曜学校等のキリスト教徒としての奉仕活動に参加しているかといったことがその判断材料とされた。また宣教師として志願する動機が充分説明され、そこに神の意志、神の召命が感じられなければならなかった。つまりあらゆる状況から考えて、その人は宣教師となるべく定められたのだということを説得できることが望ましかった。牧師の推薦状はこれらのポイントについて客観的な情報を供するものとして重要であった」（同書一四九頁）のだ＊15。

フィンチのことで言えば、この点において彼女はニューヨークでシンプソン博士から、宣教師としての資格を十分持つ者として太鼓判を押されていた。フィンチのパスポートからも、いかにシンプソン博士が自信をもって彼女を推薦していたか見て取れる。

因みに婦人宣教師の待遇を長老派の海外伝道局本部が宣教師のために作成したマニュアルを参考にして見てみたい。

「独身の婦人宣教師年間給与は、一九世紀後半日本に派遣された女性の場合六〇〇ドル（現在価格約一二〇〇万円）であった」「出発前に一〇〇ドル（現在価格二〇〇万円）程度の支度金を受けた」「旅費は全額支給であった」。「日本に来る場合、一八六九年の大陸横断鉄道完成後にはサン・フランシスコから太平洋ルートを使うのが一般的になっていた。ちなみに日本までの旅費は約四〇〇〜五〇〇ドル（現在価格約八〇〇〜一〇〇〇万円）であった」（同書一四三頁）

「海外伝道が始まって間もない頃は、有志の女性が集まって宣教師の旅装を縫い揃えた」「婦人宣教師のために用意する服は、豪華である必要はなく、六着ほどの簡素な服があれば良いという忠告を掲載している」（同書一四二頁）

「休暇は夏に長く与えられ、日本では初期は箱根や日光、後には軽井沢が宣教師の好んだ避暑地であった」

病気休暇も有給休暇として認められ、転地療養も許された。最悪の時は帰国する場合もあり、その費用は伝道局が負担した。「海外伝道の初期には、宣教師は一旦海を渡ると二度と再び故郷の土を踏まないという覚悟が要求されたが、一九世紀後半には少なくとも一〇年に一度、一八八〇年代後半になると五年から七年に一度、一年間の休暇帰国が認められていた」（同書一四三頁）*16。

伝道義会で働くようになったエステラ・フィンチは組織の会長として、また実際伝道する教師としての二役を担っていた。毎日軍人達と接する中で、とりわけ若い軍人たちに心配りする姿が見られた。義会の日々の運営には、かつてフィンチが神学校を目指していた時の経験が活かされた。そう、あのベタニヤ学院の仕事の一環でニューヨーク二三番通りにあるバプティスト教会で研修していた時の経験だ。

その研修とは、当時の米国の教会ではごく当たり前に見られる奉仕の姿で、従事者はみな黙々と働くのだった。実際、アメリカの教会で女性達が担った仕事は多岐にわたった。「コーヒーを入れたり、トラクト*17を配達したり、お祝いの準備や教会の持つ役割の一端を担う。また聖書朗読や祈祷、さらにケーキを手作りする。「貧しい神学生を援助する。異教徒に福音を伝える。孤児にクリスマスプレゼントを送る。裁縫や刺繍のサークルをもち、バザーを開いて完成品を売り、献金する。家事の合間をぬって、ほんの少し家族以外の人―社会―のために奉仕する」（同書三四頁）。

この姿勢はまさに家族のために尽くすクリスチャンホームの母さながら、何も求めず黙々と人々のために心を砕く滅私の姿であった。

初来日後女子生徒に手芸を教えながら一心に伝道に励んだフィンチ、日曜学校で無給教師として奉仕をしていたフィンチ、後に黒田と共に設立した軍人伝道義会で懸命に働くフィンチ、これら彼女の姿は、まさに本国の教会で黙々と働く婦人達の姿そのものであったのである。

そしてまたフィンチの頭の中には、自らが幼い頃より故郷アメリカで経験してきたであろう「クリスチャンホーム」のイメージが、理想のホームとして描かれていたであろう。実はこの意識は、フィンチが婦人宣教師になる道を選んだその時から、彼女が心の中に秘めていたことでもあり、同時に日本の女性に対しても望んだ精神でもあった。フィンチは、日本の女性もまたアメリカ女性のように、クリスチャンホームの母としての働きが出来ることを期待していたのである。

後にフィンチのこの希望は、軍人同士が結婚することで造り上げられたクリスチャンホームの実現によって体現され、フィンチもその役目を引き受けることの一つの証として伝道義会開設二年目の明治三四年、伝道義会におけるフィンチの愛弟子同士の結婚式が行われた。豊田稔（海機九期）と友人小池四郎（兵三七期、後中将）の令妹との婚礼である。これは、伝道義会で行われた第一号結婚式となる。フィンチが待ち望んでいた義会始まって以来初の軍人同士のクリスチャンホームの誕生であった＊18。

（8）マザーと慕われて

会長フィンチは、義会の世話役として裏方に徹し、礼拝後の茶菓のもてなしや、宿泊の世話をするのが常であった。ここでは、軍隊のような罰則もなければ、上官に命令されることもない。あるのは静かな空間での礼拝、そして軍人のための祈り、二人の教師による聖書講義、その後の温かいもてなし、歓談……。軍隊生活とは全くの別世界だった。ここでは一般的な礼拝や研究会など宣教のための集会のみでなく、時にはその後将校、下士官を問わず家族と共に引き続き食事をすることができるなど、独特な伝道機関なのだった。そこには家庭的な温かさと憩があり、それ故「アットホームな雰囲気」を求めて来会者が増えていった。

そうした中で最も多く来会したのは、横須賀の軍港に停泊する軍艦に出入りのあった多数の海軍軍人だった。とりわけ海軍兵学校と並ぶエリート校として知られた横須賀海軍機関学校（義会より五年一〇ケ月前に開校）の生徒たちが圧倒的に多く来会した。機関学校は伝道義会の敷地内にあるフィンチの居宅の二階からも視野に入るほど近い距離にあった。

さてエステラ・フィンチの伝道義会での日々は、会長として、また伝道する教師として多くの軍人達と接しながら、増えつつある行事の準備にも追われた。対外的には家庭訪問があったし、内務的には個人伝道、宿泊する者の世話の他、訪問客への対応など、やるべきことは後を絶たなかった。

幼い頃に父母を亡くし孤児となったエステラ・フィンチが婦人宣教師になる道を選んだその時から心の中に理想の場として育んできたもの、クリスチャンホーム。彼女にとって、今まさにこの伝道義会が、自らの思いを実現させる場所となったのだ。彼女にとって、国籍は違えども、伝道義会に出入りする人々が彼女にとって家族のような存在であり、彼らの世話をする母親の役割を担うことで、理想のクリスチャンホームを実現させていたのである。彼女は訪れる軍人達の交流の中で、軍隊という個の無い組織なのではなく、その一人一人がどれほど大切な存在であるかをあらためて思った。

そしてフィンチは一人一人の名前を覚え、個性をつかみ、軍人の純真さ、素直さを大切にしていくのだった。「伝道義会」に出入りする軍人たち、その一人一人の純真な魂が、フィンチにとってはまるで我が子のように大切に思えるのだった。

かつてアメリカの独身婦人宣教師のロールモデルとして名高いフィデリア・フィスク＊19のような宣教師が、女性としての、又潜在的母親として能力とエネルギーをそのまま学校の運営に応用したと同じように、フィンチにとって「伝道義会」はまさに「クリスチャンホーム」そのものとなった。

フィデリア・フィスク（一八一六〜一八六四）は、マサチューセッツ生れ。一五歳で教会員となる。自ら志願してイランに赴任。寄宿学校を作り一五年間教師として働く。その後健康を害し、帰国。母校で伝道熱の高揚に貢献。その後生徒たちと寝食を共にし、立派な寄宿学校に変貌させた。母の娘に対する態度であった。生徒たちはフィデリアを母とし、自分たちをその子どもと考えていた。

フィンチは神の御心に従って献身できる喜びを心に抱き、奉仕の精神で全てをこなしていった。ニューヨークの神学校時代に培われた、神への従順さと信念が内なるエネルギーとなって彼女を動かしていた。今、目の前にいる軍人達に対する彼女の思いは、神に向かって己が捧げることのできるひたむきで純粋な信仰の象徴であった。身長一六七㎝、グレーの美しい瞳、色白ですらりとした容姿端麗な女性であった。長い髪を高く結い上げ、気品のある風貌は、その意志の強さを湛えていた。周囲が驚くほどに、決して自分の信念を曲げない強さをもち、肝の据わった女大夫のような風格さえ醸し出していた。

ところがフィンチ自身と言えば、自らの姿に心を傾けることはなく、自分の身体の如くに人々を愛する「第二コリント13章（愛の章と言われる）」ことがただひたすらの望みであった。愛用の聖書にもこのことが記されており、常に彼女の頭は「自己」ではなく、「他者」に対する愛でいっぱいだった。

そしてそのためにマタイ福音書にある「自分の十字架を背負って私の許に来なさい」というイエスの言葉に忠実に従おうとしていた。アメリカの教会で働く、母親たちがそうであったように、また宣教師がそうであるように母そして師としての役割を十分務めた。若い軍人たちとの出会いによりフィンチの心の中には女性的思いやりが花開いていたのだった。

フィンチのかもし出す雰囲気、それは何よりも、母が我が子に接する時のような慈愛の籠った温かさである。彼女は教え子達にこう話したのだった。

「ここはあなた方の家です。ここはあなた方の憩いの家としてゆっくり休んでいい場所なのです。イエスはこう言われました。『疲れて重荷を背負っている者はわたしのところに来なさい。休ませてあげよう』。私はあなた方をお世話する母（マザー）ですから私をマザーと呼びなさい。あなた達は私のボーイズ（子ども達）です」

こうして彼女は自分のことをマザーと呼ばせ、彼等を「ボーイズ（子供達）」と呼んだ。軍人たちにとって、教会の中に家庭を守る母のような存在が在ること、母親のように身近にいてささやかだが手料理のもてなし、茶菓のもてなしを与えてくれる人がいること、自分たち一人一人の名前を覚え、親しみを込めて愛称し、進んで良き相談相手になってくれる人がいること。そんな彼女がいてくれることがどれだけボーイズたちの支えになっていたか知れない。身体の具合の悪そうな時には薬を与え、「唾を吐いてはいけませんよ、人品卑しからぬ紳士たれ」と、言葉使いやマナーを教え、愛と規律でボーイズたちを導いたのだった。

フィンチは、自分が受けた教育、そして大富豪の令嬢となり、体得した上流社会のマナー（儀礼）を通じて彼女はボーイズ達にもどこにあっても誰を目の前にしても、物怖じせず堂々としていることを自然に身につけていることの大切さも教えたのだった。

フィンチの聖書による教えは、単に言葉上のことだけではなく、その信仰を実生活で実践することによって示された。つまりそれはイエスの教えをそのまま人々にも行おうとする信仰の実践であった。黙々と奉仕の働きに従事するフィンチのもとに、いつもボーイズたちは「帰って」きた。ボーイズ達はフィンチ先生のことを臆することなく「マザー」と呼ぶようになっていった。

佐藤もまたマザー同様、来る人々に対し「ここはあなた方のホームのつもりで寛いで下さい」と言った。こうして伝道義会は軍人達にとってホーム（家庭）となったのである。

伝道義会に行けば、導いてくれる二人の指導者がいる。ある時は自分達と共に悩み、寄り添い、共に祈ってくれる。二人の教師との交わりを通して、彼らの心には自然に神への感謝が生まれ、次第に神の存在が大きく感じられてゆくのだった。

行けば、温かく迎えて教え導いてくれ、自分たちを「ボーイズ」と呼び、その人を「マザー」と呼ぶことのできるフィンチ先生がいる。また慈父のように寄り添う佐藤牧師もいる。二人は我らにとって慈父と慈母のような存在、そんな場所が他のどこにあるだろうか。

きっとボーイズたちはこうした思いを抱いて丘の上に建つ伝道義会に通ったのだろう。伝道義会で行われた伝道は、個人伝道といっても必ずしも聖書の教えを授けるだけではなかった。個人的にキリスト教への質疑応答もある中で、時には日常の彼らの人生上における悩み、軍人としての悩みに触れることもあり、彼等のどのような疑問にも、少しでも応えようと熱意をもって接した。一人一人のもつ個人的悩みにも、フィンチは聖書の言葉を示すことで答え、軍人たちは慰めとよき指針を示され、信仰へと導かれるのだった。ここでは人間同士の魂が聖書を道しるべにして触れ合い交わる場でもあったのだ。

佐藤とフィンチの二人は、そのきびきびとした動作で、義会に次々とやってくる客人に応対する一方で、二人の伝道は必ず聖書に基づいてなされた。二人は訪れる者たちと共に悩み、寄り添い、共に祈った。こうして軍人たちの心は、二人の師の教えを通してやがて神に導かれていくのであった。

○マザーの食卓伝道

翌年、明治三四年七月、伝道義会の裏手の庭を挟んだ場所にエステラ・フィンチの居宅が建てられた。この純和風の二階建ての家は後に「裏の家」と呼ばれた。

一階は広い間口の玄関があり、奥には書院造りの違い棚の床の間に、立派なこぶこぶのついた床柱が備わった八畳間の和室と廊下が続き、他に四・五畳、六畳の和室、四・五畳の洋間、そして天窓がついた板の間のある台所と風呂場、そして女中部屋と呼ばれた三畳の部屋などがあった。

フィンチはこの居宅を大いに気に入った。二階の十畳の間にベッドを置き寝室とした。板の間として造られた六畳の間はサンルームと呼ばれ、彼女はここに敷物を敷き椅子とテーブルを置いた。東側には広い縁側もあり、二階の廊下からは東京湾が一望のもとに見渡せた。また船の出入りもよく見えたからそのすぐ側にある海軍機関学校も目に入った。二階の隅にある二畳の部屋がフィンチの祈りの部屋となった。フィンチは、このこじんまりとした部屋の壁に明治天皇と昭憲皇太后の写真の額を掛け、紫の古代裂《ぎれ》でガラスの上を覆い大切にした。

フィンチは自分の居宅の屋根を見上げその伝いに目をやった。するとその屋根先端にあやめ模様の鬼瓦が目に入った。あやめはフィンチが日本に来てから大好きになった花で、この瓦は特別注文で作らせたものだった。彼女はそれが大変気に入って満足そうに微笑んだ。

彼女は新居に落着くと、折にふれては自分の居宅にボーイズ達を呼んで、語らいの時をもつのであった。ここでボーイズの一人であった山中ボーイのマザーとの思い出のひとこまを紹介する。

○リンゴの皮を剥きながら

ある日、マザーの居宅八畳の和室には一〇人ものボーイズ達が、がやがやと集まっていた。さながら、ねだったお八つを手ぐすねひいて待っている悪ガキども同様のボーイズ達を前にして、マザーは信州から送られてきた貴重なリンゴを惜しげもなく剥き始めた。マザーが一個のリンゴを剥き終わって皿に乗せると、ボーイズは片っぱしから手を出してあっという間に平らげてしまうのだった。マザーが次々と剥く、リンゴはおかまいなしにどんどん食べられてゆく。マザーはその様子を見てついに嘆息し、「おおボーイ！」と叫んだ。マザーのため息に気づいたボーイズ達がリンゴを頬張りながらそちらを見ると、何とりんごの皮だけが山盛りになっているのに、一切れのリンゴも残っていないのだった。

マザーの伝道はどこまでも食卓伝道、炬燵《こたつ》伝道であった。服装だけは年中白か黒の袖の長い洋服であったが、その他の行事は一切純日本式であった。

内心は彼らの無頓着さと無邪気さを微笑ましく思いながらも、半ば諦めと呆れたような表情のマザー。ボーイズたちはその様子を横目に見ながら、あたかも自分の家にいるように屈託も遠慮もなく振る舞っていたのだった。あるボーイはわざと足の脈をとる真似をしてみせたり、他愛のない冗談を言い合ったりしてマザーを笑わせた。ボーイズたちにとってこんなひとときこそが、自分たちが心から安心して温かい母のぬくもりを実感することができる時間だった。決して豊かな蓄えや備えがあるわけではなかったが、マザーはいつもボーイズたちに精一杯ふるまって彼らをもてなそうとした。ボーイズ達はマザーの母性愛を一心に感じていた＊20。

フィンチは、教え子が義会に宿泊した翌朝には、パンを焼き手作りのチーズを出して送り出すことも珍しくはなかった。こうして送り出されたボーイズは、「くる朝ごとに朝日とともに、神の光を心に受けて……みいつくしみを……あらたにさとる」という讃美歌（二番）を自ずと口ずさみながら出ていく者もあった。

（9）素晴らしいフィンチのサポーターたち

伝道義会はどこのミッションや団体の力も借りず、独自の伝道を自給自足で行った伝道機関であった。そのため国の内外を問わず多くの支援者を仰がねばならず、フィンチは人知れず苦労した。こうした苦労に応えるべく、各地から有志の寄附が届けられた。

◎ジュリア・マリア・ラウダー　Lowder Julia Maria（一八四〇〜一九一九）

日本に来て、聖書を初めて日本語に直したことでも知られる米国のオランダ改革派教会宣教師、S・R・ブラウン博士（Samuel Robbins Brown 1810-1880）の長女としてアメリカで生まれた。ジュリアは一八六二年新潟駐在の英国領事ジョン・フレデリック・ラウダー（Lowder, John Frederic 1843-1902）と結婚した。一九〇二年、夫が死去した後も横浜在住の外国人の長老格として敬愛を集める存在であった。逗子聖ペテロ教会（逗子市逗子六―五―二）は日本聖公会の中で最も古い教会の一つだが、この教会の基礎を作ったのがラウダー夫人であったことが。『逗子聖ペテロ教会五十年史』（一九六三年）に書かれている。

ラウダー夫人は、フィンチが創めた軍人伝道義会の活動を全面的に支持した。義会の礼拝にも特別出席者として参加し、オルガニストとして奉仕した。義会にある折りたたみオルガンはラウダーの寄贈によるものである。逗子にあるラウダー邸ではボーイズ達の結婚式もしばしば行われていた。軍人からは「グラニー」と呼ばれ親しまれた。義会のボーイズの一人（佐々木親）がその著書『恩寵の体験』の中で「グラニー」についてこう語っている。

「ラウダー夫人は伝道義会の軍人をわが孫の如く愛し、その軍人の家庭に赤ん坊が生まれる前には、赤ん坊を寝かす行李とその中に蒲団（残り布を継ぎ合わせた）を縫いつけて贈与するのを常としておられた。平常から布の切れ端を大切にとっておき、これを継ぎあわせて蒲団を作り、逗子自邸（望洋亭と称す）裏の海岸を通る柴刈の女性などに与えるのを喜びとしておられた。逗子町の商家にランプ（その頃は油灯のみ）の暗い家のあるのを見て、一日新しい高燭力のあるランプを買い、その家に持参し、「このランプを使って頂けませんでしょうか」と言って贈与して帰られたことがある。ラウダー夫人は相当裕福な家にありながら、常に質素で凡てのものを大切に使用し、余りを貯えておき、あらゆる機会において「受けくるよりも、与うるは幸いなり」を実行した人であった」

一九一一九年に死去。七九歳。墓所は横浜外人墓地にある*21。

ジュリア・マリア・ラウダー

◎内村鑑三（一八六一～一九三〇）

ボーイズの一人だった太田十三男が義会に所属していたことからフィンチを内村鑑三に引き合わせ、以後内村鑑三はフィンチと信仰による親交を深めていった。初めて内村が伝道義会を訪れたのは明治三六年頃と思われるが、後に伝道義会の会員にもなり、よく横須賀の自宅や軽井沢の別荘に彼女を訪れた。後に日本名を星田光代と名乗るフィンチに対して「帰化せる彼女の熱烈なる日本に対する愛国心には驚いた。彼女は日本を強く愛した米国人の一人である」と日記にも記し、以後「ミス・ホシダ」「ホシダのおばさん」と敬慕の念をこめて呼んでいた（詳しくは第2章　5信州伝道を参照）。

◎太田十三男《とみお》（一八八〇～一九六八）

伝道義会クリスチャン生徒第一号となり、フィンチの長男と言われた。内村鑑三の会に所属していた関係で、内村をフィンチに紹介した。内村を以て「義会は太田一人を出しただけで、その使命を充分達成している」と激賞せしめる。小冊子『日本の軍人伝道に献身せしミス・エステラ・フィンチ女史』（聖書講義二三一号より）がある。太田にとってフィンチは「肉体の母に去られて孤児であった自分には全く霊の母であった。全く神から与えられたマザーであり、精神的マザーであった」後にそう語っている。

その他フィンチを金銭面で援助した醵金《きょきん》、いわゆる篤志家の特別献金があったことも忘れてはならないだろう。

晩年の太田十三男

◎ミュラ教官

江田島の海軍兵学校英語教授ミュラ氏が多額の寄附をした。

◎ハワード・ケリー博士

産婦人科医権威と言われる。ニューヨーク在。佐伯理一郎が在米中、指導を受けた博士が奇しくも後に横須賀で「軍人伝道義会」を創めたフィンチの後援者となる。大正の初めケリーの娘マーガレットが訪英の途次来日し、横須賀に自家用車に乗って平坂の伝道義会を訪問。一同を驚かせ、その折子ども達を乗せて大いに珍しがられたのだった。

◎ヘレン・スティックネス夫人

伝道義会の後援者として有形無形の援助を惜しまなかった。裏手に新しく掘られた井戸がある。この夫人の病死（明治四四年二月）により最後に寄せられた醵金で、活水に乏しい横須賀の地ゆえ、義会入口に「ヘレン記念井戸」が掘られた＊22。

○太田十三男の悩み

日露戦争が始まったのは明治三七（一九〇四）年である。太田十三男がこの頃に抱いた悩み、それは戦時下にあるクリスチャン軍人であれば、誰もが同じように悩むであろう問題であった。十三男は職業軍人であることとキリストを信仰することの両立に悩み、試験の時白紙答案を出して無言の抵抗を示したのだった。「非戦論者に召集令がきたらどうするか」という課題は、内村門下の弟子たちが共通して悩む根源的な問題であったのだ。十三男の師内村鑑三は明治三九年十月の『聖書之研究』に「非戦論者の戦死」と題する文を発表した。そこには次のようにあった。

「涙をのんで従うこと、戦争も多くの非戦論者の無惨な戦死をもってのみ、ついに廃止できる。平和主義者よ、行って彼等の嫌うところの戦争の犠牲となって倒れよ。戦っても敵を憎んではならない。そもそも敵などというものは、君にはないのだ。ただ自分の職分を尽くし、自分の贖罪の死であるよう願うべし。人間は君を死に追いやるかもしれぬが、神は天であなたを待っておられる。そこで敵と手を握りなさい。死ぬまでは平和を願い続けよ」

十三男はこれに力を得て出征した。だがまだ納得がいかなかったので、徳富蘆花を訪ねて訊いた。蘆花は辞職に共鳴した。内村鑑三はまたそのことを聞いて「辞めたら来なさい」と言った。結局十三男は国家の戸締りとしての軍備は必要だからと決心し、辞めなかった。

(10) 止まらぬ勢い

創設一年目に平坂に移ってからの伝道義会は、先に佐藤が予想していた通り、人通りの多いことも手伝ってますます来訪者が増えていた。もともと軍人を対象にしていたが、同時に一般市民も受け入れていたから、開設から一カ月後の毎日の来会者平均数が平均二・三人だったのが、三カ月目には四・三人となり、こうして来会者数は次第に増えていった。

因みに、黒田がまとめた四年間の統計は以下の通りである。

一年目　延べ二四二一人中、軍人一〇六人、内信者三一人

二年目　延べ五〇三人中、軍人二七三人、内信者三八人

三年目　延べ五五三人中、軍人二九六人、内信者五七人

四年目　延べ六三七人中、軍人三三二人、内信者六一人

救世軍、山室軍平が来たのは設立二年目の六月頃だ。この頃になると家庭礼拝も家庭を訪問して行われるようになり、婦人達も増えつつあった。右の資料でも分かるように、義会を人づてに聞いて来会する人々は、外国人宣教師や日本のキリスト教関係者、救世軍、教師、校長、商船学校学生、明治学院神学生、城北尋常中学校同志社教会員、横須賀高等小学校教師など様々であった。

横須賀教会の牧師、伊達覚太郎からも、援助の申し出があり、彼は短期間ではあるが、伝道義会の牧師として佐藤とフィンチの手助けをした。横浜のフェリス女学校生徒や、東京明治女学校生徒、かつて東京でエステラを助けたことのある栗本すた子を始め女性陣達も見学に訪れた。その他近隣の東京商船学校生徒、中学校生徒、小学校教師のほか、北海道、秋田、東京など各地から訪れた宣教師など、来会者は実に多岐にわたった。

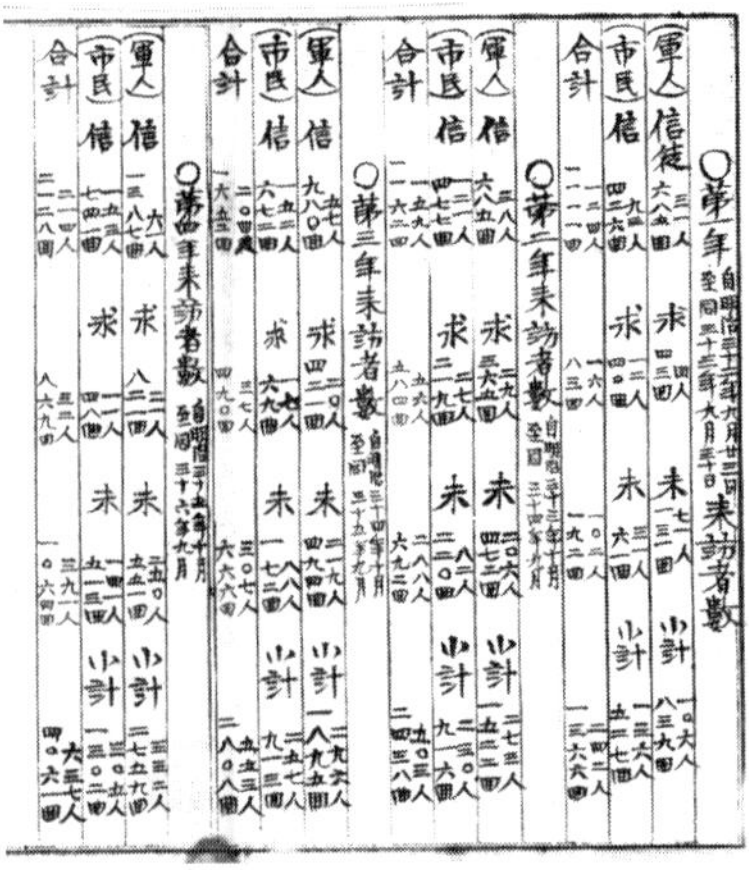
○第一年来訪者数　自明治三十二年六月廿三日　至同三十三年九月三十日
○第二年来訪者数　自明治三十三年十月　至同三十四年九月
○第三年来訪者数　自明治三十四年十月　至同三十五年九月
○第四年来訪者数　自明治三十五年十月　至同三十六年九月

伝道義会開設から4年間の来会者数

明治三四年～大正三年までの一三年間に伝道義会を訪れた主な人々の中には、山室軍平の他に、札幌北星女学校宣教師のピヤソン氏、校長のピヤソン夫人、女子学院教師で、エステラの来日当時彼女の力になってくれたエリザベス・ミリケン、木戸順子（共立女学校生徒）、ジェームス・H・バラ宣教師、奥野昌綱牧師、植村正久牧師、井深梶之助（明治学院総裁）、山田耕作（作曲家）、内村鑑三、前田多門（三浦郡長、文部大臣）、徳富蘆花息女、後の瓜生外吉大将、山本元帥実兄山本丈三（牧師）及び姉などがいる。山本五十六（海兵三二期、後の大将）元帥もフインチの聖書研究集会に出席していたと言われる（参考資料「ボーイス証言・足跡など 20榎本隆一郎証言」）。

ここに挙げた人々は当時の伝道義会の応援者で、当時すでに、または後に名だたる宣教師、牧師、軍人指導者となった人々である。佐藤とフィンチが始めた軍人伝道という伝道は、徐々に周囲の大いなる関心を集め、その実情を自分の目でつぶさに見ようと、人々は遠距離にも拘わらず東京、横浜方面から二人のもとを訪れたのだった。

ここでいう集会回数とは毎日のように行っている聖書の説き明かしのことである。その具体的な記録の一例として「義会日誌」第二号より抜粋する。例えば星

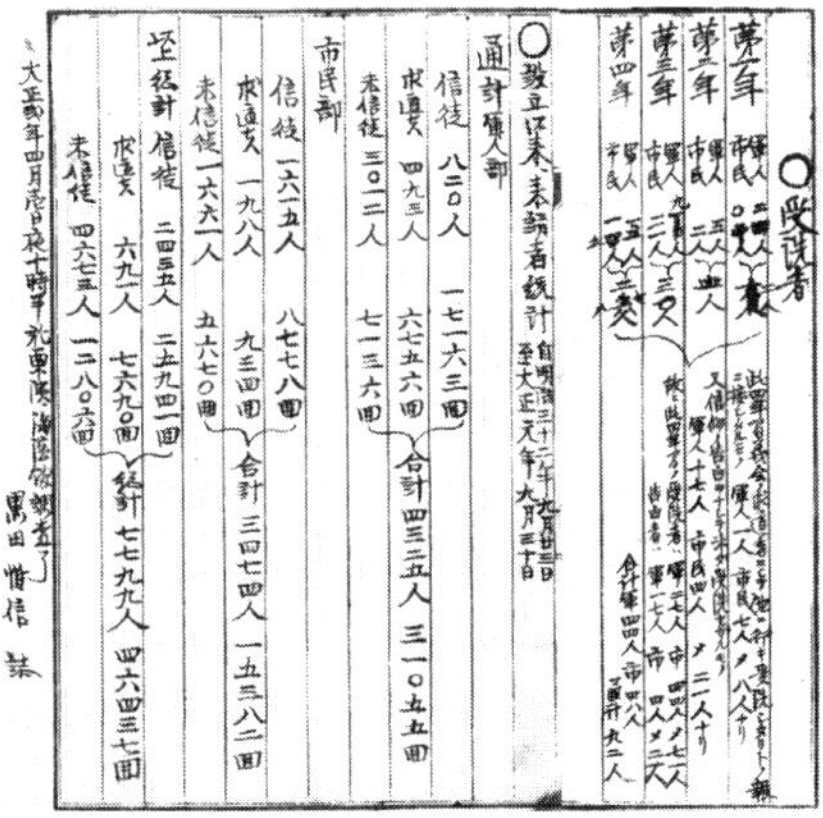
○受洗者

○設立以来、来錄者統計　自明治三十二年九月廿三日　至大正三年九月三十日

通計軍人部
信徒　八二〇人　一七一六三回
求道者　四九三人　六七五六回
未信徒　三〇二二人　七一三六回
合計　四三三五人　三一〇五五回

市民部
信徒　一六一五人　八七七八回
求道者　一九八人　九三四回
未信徒　一六六一人　五六六〇回
合計　三四七四人　一五三八二回

総計　信徒　二四三五人　二五九四一回
求道者　六九一人　七六九〇回
未信徒　四六七三人　一二八〇六回
総計　七七九九人　四六四三七回

黒田惟信　誌

明治34年から13年間の来会者数

宮外介氏は明治三三年一二月一〇日〜二四日の二週間の中、ほとんど毎日、一二回来会している。その間の聖書説話も旧約聖書の〝雅歌〟から「道を実行、光たるべきこと」「人を偏り視るなかれ」「行を兼ねざる信仰の死せる者なること」「慎言」「真の智恵」「恩恵を受くるの法」「誇る勿れ」「主は近し」と回ごとに異なったテーマで行われている。こうした集会数は年間四六〇回にも及び、この数字を知っただけでも、二人が骨身を削って献身的な伝道を行っていたことを窺い知ることができる。

佐藤は日々伝道義会を訪れる訪問者の多さに驚きながらも、その対応に追われる毎日を過ごしていた。しかもそれは日を追うごとに確実に増え、それに応じて二人の教師の献身的伝道はそれまで以上に精力的に展開されていった。

因みに佐藤が克明に記録し、調べた統計によると一年目での来訪者数は軍人、市民一二四人、求道者、未信者と合わせて二四二人であった。四年目では軍人、市民を合わせ二一四人、求道者、未信者と合わせて合計六三七人となった。

通算二一年間の統計では、伝道義会を訪れた軍人の数は左記の如く五〇〇〇〇人にもなった。

満二十一ケ年間統計

自明治三二年（一八九九年）九月二三日

至大正九年（一九〇二年）九月三〇日

新来訪者	軍人　五〇二二人	市民　五二三一人	計　一万二五三人
延人員	軍人　六万五四三人	市民　四万四六二九人	計　七万五一七二人
改心者	受洗者　二三二人	告白者　二六七人	計　四九九人

以上　大正九年十二月十四日調査
一年　五〇〇八人　来訪　一日平均　一四人弱（一三人七分余）

後に黒田牧師が満三〇周年記念日に向けて出した統計結果によると、一般市民を含む来会者は一万人、延べ人数一九万人、その間に一、〇〇〇人の改宗者が生まれたと記録されている。とりわけ注目すべきは機関学校だけでも卒業生の五・四％がクリスチャンだったという驚くべき事実である。

明治四五（一九一二）年、機関学校二一期生の卒業式にはマザーも招待されたというエピソードも残されている（参考資料「ボーイズ証言・足跡など」参照）。これは一一期の太田十三男に端を発して、マザーが亡くなる前の三二期まで、及び佐藤（後の黒田）の時代では四三期までが二人の教え子だったことを示しており、伝道義会の広がりを物語っている。

明治三七（一九〇四）年の来訪者名簿（第三号）による記録は次のようなものである。

①浦賀陸軍又は東京湾要塞砲兵聯隊関係者八五名（中クリスチャン五）。②海兵団関係六八（クリスチャン三）。③一般六三。クリスチャン多し。井深梶之助、鵜沢聡明、井上夫人、徳富令嬢、佐久間暢海（神武寺住職）、山田耕作（作曲家）等。④機関学校生徒二一名（豊田稔、田中謙治、林正男(後衆議院議員)、藤田孝男、鹿子木員信、竹内泰民、山田鉄道、小野徳三郎)。⑤看護兵一三。⑥砲術練習所関係一三。⑦兵学校生六（丹下弘男、生田矢一、洪泰夫、伊藤満喜多、雨宮厚作（クリスチャン)。⑧その他海軍関係二〇。⑨横浜陸軍憲兵六。⑩近衛

歩兵外六。⑪宣教師、牧師、伝道者一六。⑫クリスチャン女性二五。⑬救世軍関係四。⑭この他内村鑑三紹介一。⑮呉、舞鶴各支部紹介三。

○報告書

財団法人は日本陸海軍人伝道義会の明治三十九年度中に取扱候　事務大要左の如く御座候。

一　日本陸海軍人伝道義会財団法人設立許可の指令書明治三十九年一月十五日達したるに由り同月二十六日右法人設立の登記申請をしたり。

一　之と同時に寄付行為第七條に由り指定せる初期の理事、星宮甚六、太田十三男、黒田覧一、有屋田俊彦、佐藤廣吉（後の黒田惟信）、フィンチ、ミラー、ミュラー八名の登記申請をしたり。

一　明治三十九年三月一日、佐藤廣吉、エステラ・フィンチ両名の寄附行為に係れる左記財産登記申請をなしたり

相模国三浦郡横須賀町若松四十三番

市街宅地　三百九十二坪

○実値金二千三百円

同町木造瓦葺弐階家　壱棟

建坪四十二坪二合五勺

外に付属平家　十九坪二合五勺

○値金　二千五百円

内村鑑三が正式の伝道義会会員となったことが伝道義会日誌の中で報告された。以下の通り。

大正六年十一月十九日　内村鑑三氏より会員に加入したき旨あり、然るに現在の憲法にては軍人以外の者を受け入るる組織なきに由り、他にも此の如き志望を有するもの少なからざるべきを意《おも》い、此際斯る人を受け入るゝ制度を設くるを必要なるを感じ、憲法を修正せんと欲し、此日を以て之を各会員に通告せり。

十二月一日会員会議を開き憲法修正の事を議す。地中海地方に出動せる佐々木親氏を除くの外会員全部皆之に賛成したれば、憲法第四條の末項に軍人以外にして本会の目的を賛助せんと欲する志ある者は賛助会員となる事を得、との一項を加うることに決議せり

右の結果として内村鑑三氏賛助会員となる。また十二月一日を以て西澤兄信氏会員となる。

大正十一年一月二十八日午後四時総会を開き、星田光代の会長辞任の申出を承諾し、黒田惟信を会長に選挙す*23。

(11) 誕生した三つの支部がなぜ閉鎖されたか

その後伝道義会は発足から三年程経った明治三五年、横須賀を本部として、同年一二月舞鶴（余部下町八二二、司事佐々木厚次郎）と佐世保（栄町六二、司事藤本泰太郎）にそれぞれ支部が設けられ、翌年四月には呉（根筋二九五〇、司事佐々木厚次郎）にも支部が開設された。明治三九

（一九〇六）年二月、伝道義会は財団法人としての認可を受けた。

フィンチは俄かに忙しくなったが、できるだけ各支部を巡回訪問し、支部の伝道にも力を注いだ。呉では江田島に渡り、教授宅や校長宅で海兵二〇名と集会を行ったほか、兵学校に直接赴いて生徒に訪問伝道するほどであった。これにより佐世保は明治三五年八月、舞鶴は明治三六年三月、財団法人としての運営許可を受けた。

江田島の海軍兵学校でフィンチと初めての出会いを果たしたのは、当時兵学校一年生だった洪泰夫（海兵三三期）である。彼は応接室でフィンチに訊ねられるままに自分の身の上話をし、家族が信者であることを話した。

洪の亡き祖父洪恒太郎は代々の儒教を継がず、明治初期にキリスト教を学び牧師となりその生涯を全うした。洪泰夫の父も牧師となった。するとフィンチは洪に「いくらあなたが牧師さんの子供でも貴方自身が信仰を持たなければだめなのです」と言った。泰夫も洗礼こそ受けていたが、フィンチに会って以来、真の信仰とは何かを自らに問い、キリスト者としての道を歩み続けた。因みに四代目洪俊夫（海兵七五期）もクリスチャンで「海軍三校（兵学校、機関学校、経理学校）出身クリスチャンの集い」を立ち上げ会員相互の親睦を図り細部に亘る一覧表を作成。洪泰夫は後に海軍少将となり、東郷元帥の副官を務めた*24。

木幡行《こばたつよし》（海兵三七期）と大野一郎（海兵三八期）もまた、江田島でフィンチを「マザー」と呼び、彼女から「ボーイズ」と呼ばれた二人である。

江田島の海軍兵学校のすぐ近くには古鷹山麓があり、その灌漑用水の一隅の池上に乗り出すように建てられたコテージ（小屋）があった。ここは八畳位の広さで「レイクサイド・ヴィラ」と呼ばれたちょっと洒落た場所だった。

マザーは毎日曜日、ここで開かれた聖書研究会に呉からやってきて参加者たちを導いた。もちろん木幡や大野も他の七、八名の生徒たちと共に集められた。午前中は聖書研究、それを終えると、午後からフィンチはよくボーイズ達を連れて山登りをしたり美しい海岸を散策して戸外の空気を楽しむのであった。大野一郎は「朝の聖研、午後は山登りやハイキングをしながら、マザーは事物に触れるあらゆる機会を捉え、適切に神の摂理、自然の美を説き、或いはまた社交のマナーを知らず知らずのうちに教えた」と語った。このようにボーイズ達は、マザーに接することで聖書のみならず、生きることそのものを学んでいったのだった*25。

しかし江田島ではキリスト教をヤソといって冷眼白眼視する空気があり、木幡行の先任教官は、毎日曜日集会に出ていく木幡に「木幡、ヤソを止めろ、損するよ」と言った。だがフィンチを心底信頼していた木幡は臆することなく「これは私の命だから益々やります」と答えた。後に専任教官から「ヤソを止めて軍事に専念せよ」と再び言われたが、彼は己の信ずるイエス・キリストを頼りに至誠一貫勤務に励んだ。木幡が揺るがなかったのも、フィンチが授けた教えの賜物だったのであろう*26。

ただ残念なことに、舞鶴、佐世保、呉の三支部の活動はしばらくの間続いたところで後を継ぐ適当な運営者がなく、佐世保支部は明治四〇年八月に、呉支部は四三年六月にやむなく閉鎖に至った。だが呉には十時キクが「呉海軍々人ホーム」を創設することになった。

○呉海軍々人ホームと十時キク

十時キクの略歴は既に第二章で述べているので省略し、ここではキクの呉海軍々人ホーム創設の動機のみを述べるにとどめる。

十時キクは明治三九年四月、フィンチの要請によって伝道義会に招かれ、一時、横須賀本部で軍人の家族伝道や佐世保、呉各支部の巡回伝道に従事の後、呉支部に赴任した。しかし、間もなくこれを辞し、明治四一年一月、単独で呉帝国海軍々人ホームを創設することになった。

十時キクが軍人ホームを創設することとなった動機は、彼女が一水兵の行状に同情したことにあった。彼等を救い、上陸後の生活環境を守るため、宗教的、家庭的宿泊施設、即ちホームの必要性を痛感したからだった。

伝道義会呉支部は明治三六年に開設されたが同四三年には閉鎖せざるを得なくなった一方で、彼女が呉海軍々人ホームを創設したことにより、伝道義会呉支部は発展的解消をとげたのである＊27。

とはいえこれらの地でも多くの兵学校の生徒が導かれたことは、伝道義会が如何に活発であったかということをひとえに物語っているといえよう。以後義会の活動は横須賀が中心となり、やがて横須賀に限られるようになる。

(12) マザーフィンチの横顔

前述の通り、フィンチの書に対する造詣は驚くほど深められた。後に星田光代と改名し、黒田から名付けて貰った「琴湖女史《きんこじょし》」の雅号を用い落款も押すほどになった。「琴湖」とは聖書に出てくるガリラヤ湖のこと。フィンチが気に入って書き上げた掛軸の一つに「義重於泰山生命軽於鴻毛（義は泰山より重く生命は鴻毛より軽し）がある。これは軍人勅語からとられた文言であるが、ここに込められた彼女の思いは「命よりも義の方が大切であって、義のためなら命を捨ててもよいのだ」というものだった。フィンチはそれほどまでに義というものを大事にしていた。

彼女はまた生涯を通して「天地一家春」「花落一渓春水香」「盡忠孝」「鳥影花舞」「萬事信於神」等、直筆の揮毫も数多く残した。上達ぶりは日本人以上だったかもしれない。詩歌や和歌をも親しみ、山家集にも通ずるに至っては外国人に類を見ない。手紙もいつしか候文を用い、すらすらと草書で淀みなく書かれた彼女の筆字を見れば、日本人でさえ顔負けであった。

彼女の向上心はこれに留まることなく、日本の歴史、文化、風俗、習慣にも興味を傾け、これらの分野に精通していた黒田牧師から学び、吸収していった。また実際に京都の史跡や天皇御陵を訪ねて広めた見聞は、日本を理解する上で最も実質的な体験となった。やがてフィンチは日本が天皇国家であることを知り、明治天皇と照憲皇太后の写真を尊敬の念を以て自室の壁に飾るのだった。

彼女はまた良き青年教育者でもあった。常に「私のボーイズは神の子でなくてはいけない。神の子はこの世にあっても決して引け目を取って

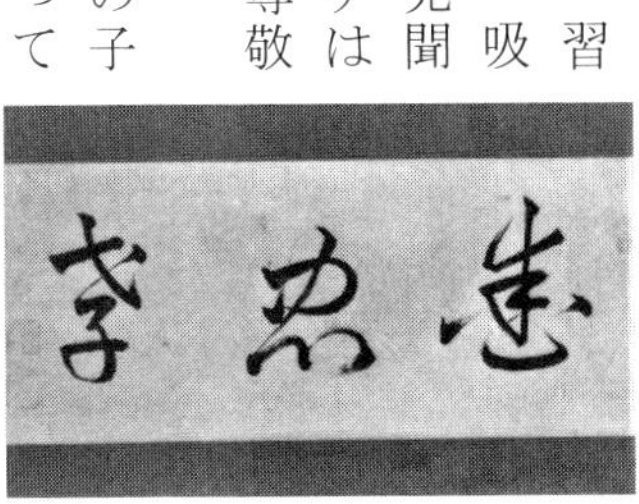

マザーの書「孝忠盡」

はならない。私のボーイズは神を信ずると共に学問においてもトップで運動競技にかけても他に負けない者でなくてはならない」という思いで彼らに接していた。それ故彼女の教育は、聖書のみならず、愛読していたロングフェロー、ローエル*28などの詩について語ることにまで及んだ。これはフィンチが当時の作家や詩人から受けた思想的影響によるものではないだろうか。

マザーは大自然を神の賜物として愛し、よくボーイズ達を連れて山歩きをしたり、自然の中を散策した。一片の貝殻にも、ひとしずくの雨だれにも神の創造の業を見出し、またバラの葉の露を見て「宝玉にもまさる」と称賛した。とりわけ空に浮かぶ雲を愛した。後にマザーが亡くなった際、押し入れに遺されていた風呂敷包みの中には二〇〇枚の雲の写真が包まれていた。「これは私が死んだらボーイズに上げて頂戴」という遺言と共に*29。

閉じこもって聖書を開いているだけでなく、柔道、剣道のスポーツをして身体を動かすことも大いに奨励した。そのため伝道義会にはマザーの要望によって小さい武道場が作られ、「ケイコ、ケイコ」と言ってボーイズに柔道や剣道をさせた。彼らは普段から学校で厭になるほど柔道、剣道をやらされ、くたくただというのに、またマザーの所でやらなくてはならなかった。それでもマザーは「ゲンキ、ゲンキ」と言ってボーイズ達の稽古を喜んで見ていたという*30。

(13)サムライの心で聖書を説く　—武士道主義的聖書研究会—

伝道義会は人数が増えると同時に信徒になる人々も次第に増えていった。五年目を迎えたところで、佐藤(後の黒田)の出した開設以後四年間の統計によると、信徒だけでも

一年目　軍人　三一人　市民　九三　回数　一〇〇〇回
二年目　軍人　三八人　市民　一二一　回数　一一〇〇回
三年目　軍人　五七人　市民　六七二　回数　一六〇〇回
四年目　軍人　六一人　市民　一五三　回数　二一〇〇回

と増加が見てとれる。ここに並べた数字は乾いた文字の羅列に過ぎないが、この数字の向こう側には、軍人たちの心を確実につかんでいったフィンチ・佐藤（後の黒田）の軍人伝道に対する熱意と努力があった。そして二人の人となりの上に語られるキリスト精神は、もともと軍人たちのもつ武士道精神と親和性の高いものであったことも、信徒が増えたことの要因であったと考えられる。

武士道とキリスト教、この二つの精神については、義会と内村鑑三との交わりがよく語ってくれている。伝道義会の聖書研究会は、内村との交流もあって、後に「武士道主義的聖書研究会と呼ばれるようになった」のだった*31。

後に内村鑑三は「武士道という台木にキリスト教を接木したのが伝道義会である」と表現した。山中稔氏（山中朋二郎養子）は『伝道義会設立・宣教百周年記念誌』の中で「武士道とキリスト教・軍人伝道」（投稿）と題して次のような記事を寄せている。

〈マザーこと星田光代先生と親交のあった内村鑑三先生は、『聖書の研究』（大正五年一月号）の巻頭言に「武士道とキリスト教」と題して、武士道の台木にキリスト教を接いだもの、そのものは世界最善の産物であって、これに日本国のみならず全世界を救う能力がある」と英文と訳文で書かれた。

今、武士道を論じたら紙面がいくらあっても足りないであろうが、手元の広辞苑で「武士道」をひくと、「わが国の武士階層に発達した道徳。（中略）忠誠・犠牲・信義・廉恥・礼儀・潔白・質素・倹約・尚武・名誉・情愛などを重んずる」とある。

何で今更武士道……というなかれ。共観福音書には「種まきの譬え」があるが、福音の種まきも石地、岩地、茨の地では実を結ばず、歳月をかけて深く耕した良い地だけが百倍、何十倍もの良い実を結ぶのである。

このよく耕された沃土をわが国に求めるならば、鎌倉時代から発達し、江戸時代に大成した「武士道」ということであろう。先覚・内村先生は五十五歳の時、それを確信して世界に向けて宣言されたのであると思う。

その武士道という台木に接がれたキリスト教というものは、ミス・フィンチ、黒田両師が取り組まれた「陸海軍人伝道義会」による軍人伝道がもっとも身近であり、具体化されたものであるという印象を私は強く持つのである。義会敷地内に剣道、柔道の道場を設けて武道を奨励したという両師を思うと、今は忘れられたような武士道の道徳・気風であるが、それを蘇らせ、それを土台に、私なりの立場において伝道に力を尽したい〉＊32
フィンチは日々義会を訪れて来る軍人の姿に接して、「彼らは、戦争という戦いにいつ駆り出されるか分からない。そのような明日をも知れぬ命と向き合って日々を過ごしているのだ」という事実に深い思いを寄せるのであった。まだうら若く、純真な青年達が、故郷を離れて軍隊という一つの集団で生活し、毎日厳しい訓練に明け暮れているのである。

日本では、これより五年前、明治二七年には日清戦争が起っていた。戦時下にあって職業軍人である彼らは、一つの場所に留まることはおろか、出動を命じられたら、直ちに指定された戦艦に乗組まなければならないこともあり、またそのことでいつ戦場に赴くことになるかも知れなかった。軍人たちにとってこの時代は、明日をも知れぬ命と向き合ってその日その日を懸命に生きなければならない激動の時代であった。

「彼等は一体どのような気持で日々人生と向き合っていることでしょう」

そのことを想像しただけでもフィンチの心は痛むのだった。

フィンチは来会する軍人たちが抱える悩みや心の葛藤を知ろうとした。真に「同情」するということは、「情」を同じくすること、自分を忘れて相手の如くになることである。その人の如く思い、その人の如く感じ、その人の如く苦しむことである。そうすればこそ、その人を解し、助け、救い得る。フィンチは、まことに他者の心情に自らの気持を重ねようとしたのである。そしてまたそうすることで、少しでも青年たちの心の支えになれたらと願ったのである。

かつてフィンチが「キリスト教の教えの中で日本人にとって最も理解し難い教理」として通感したのは、イエス・キリストの十字架の贖い（贖罪）であった。贖罪とは人々の罪をあがない、人類を救うためにイエス・キリストが十字架にかかったとする教義である。これを受け入れる、即ち十字架のキリストを信じる信仰を持つことは、罪を悔い改め，洗礼を受けて己の信仰を言い表わすことである。

が、フィンチが在日五年目にして至った結論は「日本人はキリスト教の思想のみ受けて、キリストの贖罪の福音を体得せず、真の悔改に至らざる国民である」というものであった。だがここ横須賀の地に来て武士道精神を知ったフィンチは、ある学びに到達する。それは、「日本人にとっての死は、イエス・キリストの死にも共通する」「武士道に於ける死の捉え方はある意味キリスト教の教えに通ずる」ということだった。

キリスト教的武士道……。イエスの教えに武士的気質を見出した内村鑑三は、キリスト教と武士道の一体化をはかった。日本人の生き方として、キリスト教の道徳を日本の伝統的精神に融合させたところに道を拓いたのだ。

この観点から聖書を紐解くと、武士道に通ずる教えを見て取ることができる。例えば左記の三か所は解りやすい共通点と言えるのではないだろうか？

①「パウロの回心」（ガラテヤ二：二〇）

「私はキリストと共に十字架につけられました。もはや私が生きているのではなく、キリストが私のうちに生きておられるのです。今私がこの世に生きているのは、私を愛し、私のためにご自身をお捨てになった神の御子を信じる信仰によっているのです」

パウロは最初はキリスト教徒を迫害する側の者であった。その彼は復活の主イエスと出会うことで、迫害者たる古い identity（素性）を自分にとっての糞土のごとくに消し去り死に追いやり、洗礼によって全く新しく生まれ変った者となる。パウロは神の愛を知り、その瞬間から神の御子キリストの僕に変えられ、例えようもないその喜びに満たされる。キリスト教徒となったパウロはその後伝道の旅に出ていくのだが、その途上には予想もしない苦難が待ち受ける。人々は、これまでと違うパウロに対して誤解と猜疑の眼差しを向け、石を投げつける。やがてパウロは捕らえられ投獄され、むち打ちも受ける。しかしキリスト教を広めようとするパウロの心境は「イエス様の福音のためだったら己の命はいとわない」というものである。有名な武士道の本「葉隠れ」に「武士道というは死ぬことと見つけたり」という言葉がある。死ぬということは、自分に死ぬこと、つまり私利私欲を捨てることを意味する。これはまさにパウロがイエスから教え授かった滅私奉公の生き方そのものである。

②聖書の中の武士の情け

武士道の中における「武士の情け」とは、一見非情なる武士も、はかないもの、弱い立場のものには情けをかけることを常とした、という彼らの情緒的な一端を表現する言葉でもある。戦国時代、武田信玄とその領地内の人々が、塩がなくて苦しんだことがあった。それを知った時、武田信玄のライバル・上杉謙信は、塩を送って武田信玄とその領地の人々を助けた。これはまさに、新約聖書で使徒パウロが言っている、「もしあなたの敵が飢えたなら、彼に食べさせなさい。渇いたなら飲ませなさい。そうすることによって、あなたは彼の頭に燃える炭火を積むことになるのです」（ローマ一二：二〇）そのものではないか。私には、塩を送って武田勢を助けた上杉の行為は、そのまま、「敵が飢えたら食べさせなさい」と言ったイエスの教えを実践したものに映るのである。

③軍人勅語である「義重於泰山生命軽於鴻毛（義は泰山より重く、生命は鴻毛より軽し）」にもあ

るように、赤穂浪士の如く正義を通すためなら死んでもいい、という思い。命をかける価値のあるもののためには自分の命を惜しまない。この姿勢は、人々の罪を贖うために十字架にかけられたイエス・キリストの生き方とも一致する。

こうして見てみると、エステラの軍人観は内村鑑三の観点と共通していたのだと思う。彼女は、軍人社会において上官の命令は絶対的であることを知り、ボーイズ達に「軍人はある意味上官の命令には絶対服従しなければなりません。この絶対服従の精神が神様と人間の絶対服従の精神に通ずるからいいのです」と話すのだった。

軍人たちの価値体系を理解したフィンチは、サムライの心を持って聖書を説き、一方軍人たちは、サムライ精神の上にキリスト教精神を重ねフィンチの教えを吸収していった。伝道義会という場においてみごとに調和し一本の幹として育った、これこそがフィンチの軍人伝道の姿だった。

(14) 四つの顔をもつ黒田牧師とは

明治四〇年七月、佐藤は大城久良子（後に黒田家養女となる）というフェリス女学校教師をしていた女性と結婚、久良子は幼い頃から横須賀基督教会の日曜学校に出席しており、少女時代にも伝道義会に顔を出していたこともあって、大人になってフェリス女学校の教師となった。佐藤は久良子との結婚と同時に黒田家の養子となり、黒田惟信と改姓。その後久良子との間に二男一女を得た。

その几帳面な性格は、軍人伝道義会の日誌・名簿を正確に記録し、さらに三〇年間に亘り来訪者の統計をつけていたことからも察せられよう。黒田の聖書講義は多くの軍人達の心を惹きつけ、また支えとなった。彼の聖書講義から主なタイトルを一部左記に挙げる。

「パウロの回心」「迫害に処するの道」「第二のアダム」「道性の進化」「聖霊の感化」「忍耐と祈祷」「復活の倫理的意義」「救いの要領」「真の智恵」「肉を断つべし」「生命の約束」「謙遜と祈祷」「生命の約束」「神の大なる憐憫」「敵を愛せよ」「道の証」「神の存在」「神の国を求めよ」「原罪と実罪」「聖書の天啓」「人生の趣味」「世の終末」「人生観の生活に及ぼす影響」「大なる栄光」「誇る働き」「洗礼の意義」「律法に死す」「誘惑への注意」「信仰と感情」「神と離るゝは即ち罪なる」「霊魂の不滅」「神の聖殿」「傷める葦と煙れる麻」「聖霊の更生」「基督の贖罪」「愛恩の方法」*33。

このように黒田の聖書講義のテーマは旧約及び新約聖書に即して広い範囲に及んだ。ボーイズの一人は後に黒田を評して「先生は学者で博識であり、漢詩、和歌をも詠まれました。先生は几帳面で座席は移動することなく、和服も常に整然とし、寛いだ風を我々に見せられませんでした。その白髪に和服姿の風貌は如何にも学者然としていつも穏やかでした」と言った。また別のボーイは「黒田先生は宗教人というよりも国学者であり、歴史家であった。その篤学多識、博覧強記、健文能筆なことには軍人の間で、誰しもが

壮年の黒田惟信

認めるところであった。私は同級の者六名と共に先生の聖書講義を聞いた。当時先生は東浅井郡志（滋賀県の歴史）を書いておられた。日本史にも造詣が深かった」と語った。

フィンチに対しても書道の手ほどきをし、彼女の漢詩、日本の詩歌、和歌への関心に応え、日本の歴史と天皇御陵について教えを授け、さらにフィンチの歴史見聞を広げるための旅行にお伴するなど、寸暇を惜しまなかった。

フィンチ五〇歳、大正七（一九一八）年の初夏、彼女の要望により黒田と共に京都、奈良方面に史蹟訪問した記録が『憑吊紀游　全』として残されている。その序文にフィンチ女史を知る手掛かりとなる履歴及び黒田とフィンチとの出会いの模様が記されている。

○フィンチ女史紹介「憑吊紀游《ひょうちょうきゆう》　全」序文より

『琴湖女史。―フィンチは黒田にこう呼ばれていた―は米国の生れです。姓はフィンチ、名はエステラで、西暦一八六九年一月二四日、日本では明治元年一二月一二日に当たります（当時日本では旧暦を用いていた）。ウィスコンシン州、サン・プレイリー町です。父の名はジョンと言い、工芸家で有名な人であり、女史はその三女でありました。女子は生まれつき勝れて才色兼備の人でした。小学校、高等学校を経て、大いに学問に進み後キリスト教を奉じました。操を守ること堅く、志気益々奮い、また女大夫の風がありました。終には志を立て、ニューヨークのミッショナリー・トレーニング・スクールに入学し、卒業後、インディアナ州、グリンウッドにて伝道を始めました。一年間伝道しましたが、感ずるところあって外国伝道に志し我国に来朝しました。時は明治二六（一八九三）年二月一〇日芳紀まさに二四歳でありました。

最初の地は姫路で、後角筈に移り、最後には高田に住みました。それは三〇年三月二三日でした。私はそこで高田に赴き、女史と初めて相識ることになりました。女史は私を古城の跡に導き、老松の根元に旧知の間柄のようにして座ったのでした。女史はその時伝道の地を巡視することを希望しましたので、私も同行することにしました。相携えて関山、荒井（新井）等、各地を二日間巡って伝道しました。其間、私は軍人伝道の素志を語りましたところ、女史は私の話に耳を傾けて、よく聴いて下さいました。この事をよく神に祈り求めようと申されて袂を分かちました。六月一〇日、女史は卒然我が家を訪ねて来られ、明後日は帰省の途に就かれました。神が許し給うならば、貴方は諸友に尋ねて、その志を成し、其の企てを願い具えるべきである、と申されて、以後ずっと手紙を取り交わしていました。

翌年六月、女史は再び来朝し、私は東都（東京）の假住している女史を訪ね、数時間会談しました。女史は私と相共に軍人伝道を成すことを請われました。その後も再三往復され、女史の決意は遂に決まり、その年の一〇月一七日、横須賀の地に住み始められてその仕事を成す事となり、陸海軍人伝道義会を設立されました。実に明治三二年九月二三日でありました。私と共に一所懸命働いたのは二〇年間でありました。その間女史は軍人諸氏に対し慈母の愛を以て接しられました。お世話になった者達は枚挙に暇なく、女史のことを皆マザーと呼びました。

女史は亦、我国の歴史を調べ、我国体の、万国に冠たる所以に深く感じ、感動していました。それで、とうとう明治四二（一九〇九）年一月一一日、日本に帰化し、星田光代と改名されました。その志ある所、以て知るべきであります。

大正七（一九一八）年の初夏、京都、奈良方面の史跡に遊ぶことを欲せられたので、私も大変欣んでお受けして、女史と同行する為、直行しました。周遊すること二〇日間程にて史跡各地を巡り、其処の実地経歴、史実の説明の一半を得、女史はこれにて判然した国史の大要を得られました。横須賀に戻った後、女史は私に旅行記を書かしめ、以後、日本への追懐の資となりました。

私の援筆の記の名は憑吊紀游と言います。一気呵成の作であります。これは伝えるに不足がありましょう。けれど、時が流れ、またこれを繙くに及んでは、曾て遊んだ時の夢のようなことも眼前に髣髴となることでありましょう。

大正八年　巳末六月晦日

講和を聞いた夜

涉史軒東窓之下に於て毫す

霞　外　道　人　識（黒田惟信）

（読み下し文　亀田知子）』

＊佐々木親長女　大正七年生

黒田の学問は神学だけに留まらず、漢学、国学、日本の歴史にも造詣が深く漢詩、和歌を詠み、著書に『旧約聖書項目』『化身論』『平和の福音』『黒田惟信説教集』などの宗教書をはじめ『いかこの花』(和歌編纂)、『華押雑纂一～五』『続華押雑纂一～五』『瞑想の友（ローマ法王姓名録を含む)』等歴史書の他、『奥野昌綱先生略伝並歌集』『霞外詩集』(自作漢詩）がある。

晩年には昭和二年に『東浅井郡志』第一巻～第四巻を完成させた。黒田牧師の最後に手掛けた著書であった。この書物は滋賀県の東浅井郡の歴史について一二年の歳月を費やし精魂込めて編纂され、大正四年～昭和二年にその完成をみた歴史書である。

なお黒田惟信は幾つかの雅号を持った。その一部が以下のものである。

子欽学人著「福音人物論全」（霞外書洞蔵）

霞外道人「憑吊紀游　全」霞外仙史「霞外詩鈔　全」（東遠黒田霞外）

黒田子欽述「天国之福音　全」（伝道義会発行、大正三年一月二九日）

黒田子欽著「新約聖書研究　基督論　全」（伝道義会発行、大正二年三月一五日発行）

黒田子欽著「三位一体論　全」（東陽　黒田子欽）大正一三年一一月一八日（ノート書）

黒田子欽著「三位一体論　全」昭和五年八月　伝道義会

子誠学人著「新約聖書　黙示録関鍵　全」　豆陽　稲葉子誠著

○伝道義会における黒田惟信の礼拝祈祷

『父なる御神、我等過ぐる一週間、御手の中にありて、つつがなく過ごさせ給ひ、此日亦兄弟姉妹と共に御前に額づき、御名を讃美し、御言葉を学ぶの機を與へられし御恵の程を感謝し奉る。

上御一人を始め奉り、皇室各宮殿下の上にあなたの御祝福豊かに加へられ、御平安に在らせらるゝを得しめ給へ。我等の兄弟等、或は陸にある者、或は一人淋しく、語らふに信仰の友なき者の上には特別なる上よりの御慰めを與へ給へ、わけても駆逐艦、潜水艦、或は飛行機等、危険なる仕事に従事しつゝある我等の兄弟等の上には特に上よりの御保護の御手厚く加へられ、けが、過失等無からしめ給へ。病の床にありて心哀へ居る兄弟姉妹等の上には、特に御言葉による慰めを與へ給へ、亦人事の及ばざる所にあなたの御力加へられて病をして早く平癒に至らしめ給へ。

我等今暫くの時あなたの御言葉に就き学ばんとす、我等一人一人の瞼の眼を開き、御言葉の中に秘め置かせ給へる真理を悟り、之を身に適用して行ふを得しめ給へ。之等の感謝。祈願を。主キリストの御名によりて聞し召し給へ。アーメン』

（15）遠く艦上の軍人に届くマザーの手紙

横須賀は海軍機関学校があった軍港であるから、艦隊の出入りも頻繁で、艦が入港する度に士官、下士官を問わず多くの海軍軍人が上陸する。また横須賀での勤務が終われば次の目的地に向かって出港する。こうした出入りの激しい軍艦に乗った軍人たちのために、遠隔地に向けた書状、印刷物を郵送することが始められた。こうして海上生活を余儀なくされていた多くの義会会員は黒田とマザーが始めた文書伝道の恩恵を受けられるようになった。

○義会月報の発行

義会開設五年目の明治三七年九月、約一五頁の小冊子として『軍人伝道義会月報』第一号が刊行され、それから毎月一回発行されていった。表紙には伝道義会のロゴがあり、内容は宗教的なメッセージ、奥野昌綱老師の信仰詩歌や内村鑑三の詩歌や文章、佐藤の聖書研究、会員の証し、近況（昇任、結婚、所属先）などが載せられており、日本を離れ遠くの地にいる会員達にとって、どこにあっても会員相互の消息を知ることの出来る大切な絆であり、また心の励みとなっていった。

月報は明治三七年九月二〇日から明治三八年八月一五日まで、第一号～第一二号まで続いたが、財政困難により三八年九月～四〇年八月の二年間は一時中断の止む無きに至る。が、中断を経て第二回目再開として、明治四〇年九月一五日から四一年八月一五日まで、第三七号～第四八号が、更に別冊四九号、五〇号、五一号、五五号、五六号、六〇号が、明治四一年九月一五日から四二年八月一五日まで発行された。

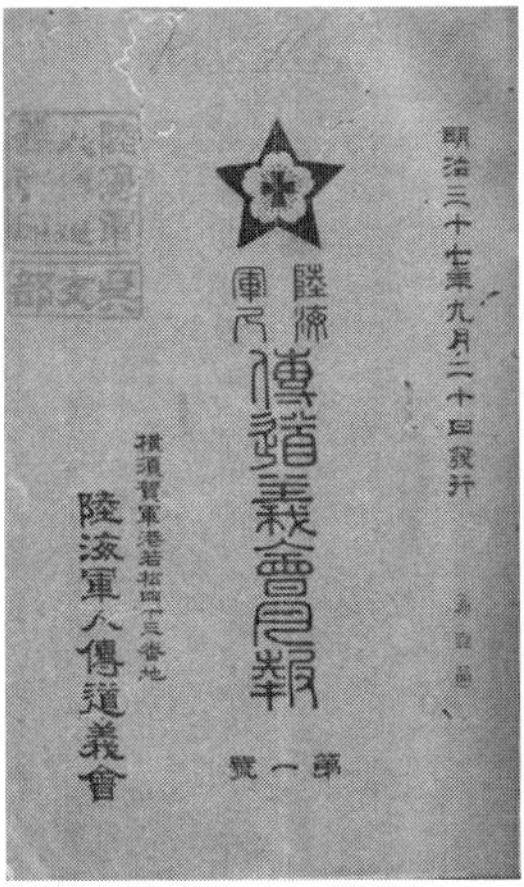

『伝道義会月報』第一号

次の二年間も財政困難により一時中断されたが、四四年九月には名前を『信仰の楯』第一号と改め、隔月号として三たび発行された。その後「信仰の楯」は明治四四年九月一五日から大正四年一二月五日（第一号〜二五号）まで五年間続いた。

○マザーの手紙

文書伝道のもう一つは、横須賀を離れていく艦上の軍人達に宛てたマザーの手紙である。この頃ボーイズの一人一人に宛てて手紙を書くのが彼女の日課となっていて、マザーフィンチの筆まめなことを知らない人はいないほどだった。当然のことながらパソコンなどない時代である。インクを使ってペン書きしたのであったから、何通もの手紙を書くには大変な時間を要したことであった。

マザーは遠くに赴任した軍人たち一人一人に心を込めて励ましの言葉を語りかけた。士官には英語で綴られ、下士官にはローマ字で書いた。その冒頭は「親愛なるボーイ（My dear boy）」又は「My dear Tomio」という呼びかけで始まり、最後には「愛するマザーより（Love, Mother）」と「祈りを以て」という言葉で終わる。そして必ず聖句が書き添えられていた。

彼女は手紙の中で「次の箇所をよく読んで応用しなさい」と具体的に聖書の箇所を示しながら、「常に確かな祈りを心に持ち続けなさい。聖霊の力と知恵を輝かすために連続して読みなさい」という言葉を添えた。マザーは自分が聖書を読んで祈っていたときに出合った言葉をボーイズたちにも届けた。〝常に精いっぱいやりなさい〟、それをあなたが成遂げることを祈っています。視野を広げてみることを忘れないように。〃わたしを強くして下さる方によって、何事でもすることができる（ピリピ四の一三）の言葉を忘れないで……〃と。常にボーイズを励まし、力づけるのであった。

遺族によって残されていた二人のボーイズ宛への書簡（英文及びローマ字による原文）に訳文を試みたものをここに挙げる。

◎その一　山中朋二郎（海機二〇期）への手紙。一九一二年〜一九一四年

一九一二（大正元）年八月二四日付

親愛なるボーイへ

二〇日の夕方に私が到着した時、「春日」（一等巡洋艦七七〇〇トン）であなたの手紙を受け取りました。私は一二日に家を出て、栃木県での伝道に行って、中村を一九日の朝発ちました。私達は御代田に着き、翌朝早くまる一日がかりの旅行のため春日温泉に出発しました。私は山の高い所に行きたかったので、春日温泉にとてもがっかりしました。けれど私は軍艦「津軽」（一等巡洋艦、日露戦争時戦利艦、六六三〇トン）にいる私のボーイ達の熱意を何度も思いました。私は心の中で伝道の仕事をしようとしていましたので、何度もあなたのことを考えましたよ。それから私はあなたの手紙が横須賀から来ていて、あなたがどのようにしているかについて知ることが出来て、とても嬉しくなりました。

暗い不安の時、神を信頼しなさい。神の強さに馴れた時、神を信頼しなさい。神を信頼

することが難しく思えることでも、信頼しなさい。神はご自分が愛し、それが決して消えない真実であることをご存じです。神は神を頼みとする人に最良のことをなさいます。

変らぬ愛と祈りを以て　マザー

一九一四（大正三）年一〇月五日

親愛なるボーイ

あなたが十三男（太田）に手紙を書き、十三男もあなたを年上の兄弟のように思って手紙を書いていることを知っています。十三男は私以上のことをあなたにできる人です。藤本さんがあなたから手紙を貰って元気でいることと、内田さんが近くにいることを話していました。私のボーイズ達がどこでどうしているか、誰が前線にいるのかを知らずに過ごす事は大変辛いことです。世界中で何千、何百という人々が同じように苦しんでいるのです。だからぼやいてはいけません。どうぞあなたの様子を葉書で知らせてください。私は手紙を書きます。ボーイズ達に書くための愛と労力に時間を費やしています。今度の評判の良くないクラスが卒業すれば、候補生の間に良い精神が育つであろうことを確信しています。

稲子（林正男夫人）は三ヵ月間入院しましたが、もう良くなって、また家におります。

マザーの英文手紙

黒田一家は私の家に、藤本一家はクラブに住んでいます。徳子（寺島）はまだ「出雲」（一等巡洋艦、九八二六トン）を待っています。他のニュースは今のところありませんが、あなたは喜んでくれると思います。それから黒田一家に九月二八日、可愛い娘幾代が生まれたことを伝えさせてください。ただし（大野董）は病後少し太り、今は「丹後（戦艦一万九六〇トン）」に乗っています。ちかし（佐々木親）は「相模」に乗組中です。とても良い写真をどうも有難う。予想通り男らしく素敵です。私の知る限り、あなたは心と人生における義の戦いを正直に戦っています。

どこにあっても、いつも愛と祈りを以て

愛するマザー

（以上海野幹郎訳）

◎その二　長谷川慈舟（最後のボーイ）への手紙。一九二三年〜一九二四年

長谷川慈舟（本名村二）航空隊に勤務。その頃陸海軍人伝道義会を訪れ、黒田惟信師、星田光代師（マザー）の薫陶を受ける。彼はマザー最後のボーイとなった。マザー召天（大正一三年六月二六日）の際、その葬儀にも出席した。当時二三歳だった村二は休暇を取って晩年のマザーに付き添って長野の山荘に行き、彼女の手助けをしていた。マザーからの導きは一年程度の期間だったと思われるが、この間村二がマザーから受け取った書信八通。一九二三年一二月からフィンチ召天一ヶ月前の一九二四年五月までのものが確認されている。この時期はフィンチの最晩年に当たり、心臓病で肉体もかなり衰弱していた頃と思われる。ローマ字で書かれて

いた手紙を左記に読み解いた。

一九二四（大正一三）年五月七日

親愛なる村二、

今度マザーは具合が悪くて一晩中あの心臓の痙攣みたいなものがあった。また昨晩再発したがオステ……（薬の名前）のために軽かった。今朝は割合に元気ですが、御代田にいる間は困った。たった一日だけ元気であった。その一日を喜び……そういう訳でいっぺん横須賀に帰ったら、もう出られないかもしれないから、今土浦をすませて帰ると決めて、早く村二に会いたいと思った。たくさん話をしたいことがあるが、書く時間がないし、また話の方がいいから待つ。元気をもって帰る。痙攣のあった晩、一人でもがいて、苦しんでいた時、なんべんも「村二、村二」と呼んだが、聞こえたでしょうか？　もう行かなくてはなりません。

いつも愛を以て

村二のマザーより

（溢れる涙をもって読むことさえ滞りし。その晩非常に悲しかった。村二記）

一九二四（大正一三）年五月一二日

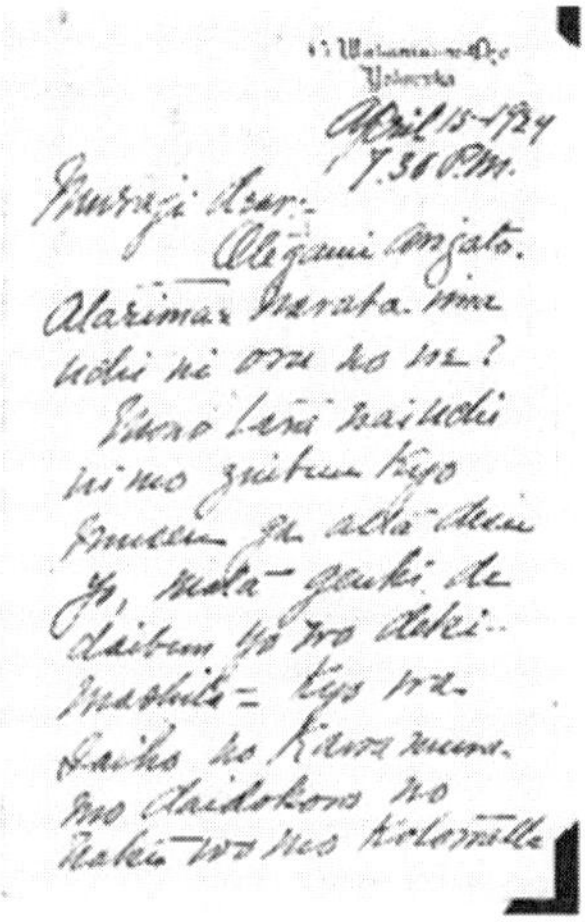
April 15-1924
7.30 P.M.

マザーのローマ字手紙

親愛なる村二、今日の計画はよく分かりませんが、とに角家に居て頂戴。今夜帰るなら、お連れがあるから、帰ってから会わせて頂戴。
いつ、どこでも
村二のマザー
（手紙の裏にマザーの元気なく、疲れし様、明らかに読まれて、心はマザーの上に、涙と共に祈りたりき。お―、マザー！　主によりて強かれ、アーメン。村二記）

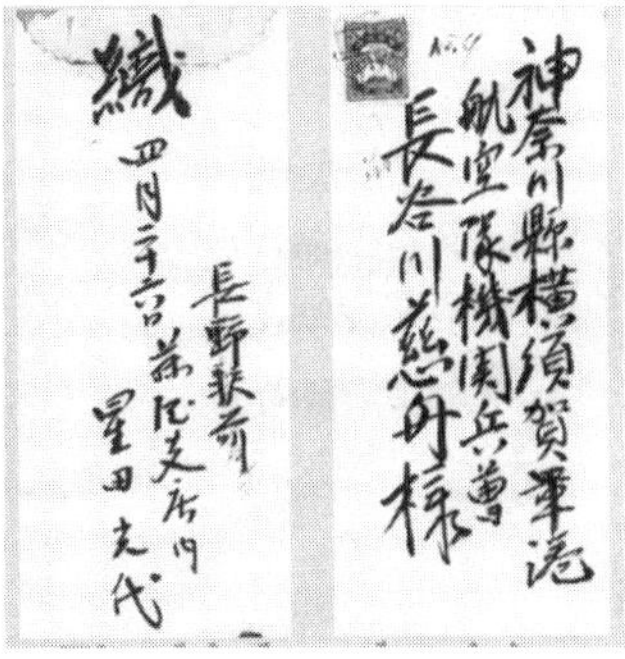

マザー自筆の封書

（16）どんな困難にも負けずー塩をかけたご飯が明かす
○軍国主義台頭の時期にあって

日本では先の日清戦争（明治二七〜二八年）に続き、伝道義会設立五年後の明治三七年、日露戦争が起り、この時期国中が戦勝気分に浸っていた。しかしてこの軍国時代にあって、外国人は警戒され、当然のことながらいわゆる外国人として宣教師もまたスパイと見られる風潮があった。フィンチも恐らく軍組織からこのような色眼鏡で見られることがあったとしても、致し方なかったのであろう。実際伝道義会にも時折私服姿の憲兵が出入りして目を光らせていた。それでもフィンチの伝道に対する熱意は衰えることを知らなかった。

まだ宣教師など足を踏み入れたことのない横須賀という土地に、あたかも手繰られる糸のように導かれてやってきた、一人の女性宣教師の信念は、周囲からどのような目で見られようとも揺らぐことはなかった。

「このような政情下ですからキリスト教の布教がそんなに容易なことではないのは当然です」

気丈なフィンチは決して屈しなかった。「これも迫害の一つと思えば耐えられる…」彼女は憲兵の出入りを気にも留めず、むしろ憲兵であってもこだわりを見せることなく伝道しようとして語りかけ、却って相手を困惑させることもあったという。

想像に易く、軍人達の中にはキリスト教に好意をもつ者ばかりがいたわけではない。ヤソ教と呼んで嫌う軍人もいた。さすがにパウロのように投獄されたり、石をぶつけられることはなかったが、偽兄弟の難や異邦人の難（異国人への偏見）を体験し、他人には分かり得ぬ苦しみ、苦労があったのだ。

さらに財政面にあっても、伝道義会は、そのほとんどが貴重な浄財で賄われていて、運営は決して容易《たやす》いものではなかった。最小限必要な運営費と、『月報』の発行費、それらを賄うのがやっとだった。組織のバックボーンがあった本国では味わい知ることのなかった自給伝道の苦労……。

しかし彼女はそうした窮状についてはおくびにも出さず、会員たちにももらさなかった。それ故彼女自身の食べる食事が、時には御飯に塩をかけるだけの粗末なものになっていたことなど、誰も知る由もなかった。

このように軍国日本の激動時代の中にあって、軍人という職業にある人々に「キリスト教の宣教の種を蒔く」ということが、精神的にも物理的にもどれほど大変なことであるのかを、フインチは身を以て受け止め、なおそれに立ち向かったのである。

○祈りの中で

フィンチは若い頃からそうだったように、祈りの人であった。彼女の日記の表紙には「私の生涯における聞き届けられた祈りの記録―イエスの名によって栄光の神に―エステラ・フィンチ」と直筆で記した一枚の紙が貼られている。この日記はフィンチがニューヨークの神学校に在学期間中、それと前後して書かれたもので、日本まで肌身離さず持参したほど大切なものであった。

この日記帳が、今となっては彼女のカレッジ時代を物語る唯一の手がかりとなってくれた。当時二〇歳だったフィンチは、大富豪である養父によってカレッジ入学が叶う一方で、やがてその恵まれた身分を自らきっぱりと断ち切り、養父の反対を押し切って日本伝道への夢を実現させた。その決意の背景にある大切な言葉たちがこの日記のそこここに埋め込まれている。ここには新約聖書の「ローマ人への手紙一二：一」によって、神の御心に従おうとするフィンチの心の葛藤が窺える。カレッジ入学までの貧しい暮らしと、カレッジでの恵まれた身分の両方を経験したフィンチ。その彼女の、来日前の信仰生活を知る上で貴重な記録である。

自分がどうしても要るもの、お金が要る期間が迫ってきたとき、時には貧しさのために食べる物もなく、ひもじさに耐えなくてはならなかった時、祈って必要なものが与えられたことが正直に綴られている。苦労の中にあって、彼女は全幅主に信頼してひたすら祈った。

「主よ、私はこれが要るのです。どうぞ与えてください」

祈りは聞き届けられ、何日目かにどこからかお金が送られてくる。時には新しい靴であったり、ある時は時計であり、万年筆であったり、彼女が必要としているものを真剣に祈り求める、主がそれに応えて下さったとき、フィンチの心に感謝の念が湧き出でる。日記には、神様を心から讃美できることへの溢れる喜びが記されている。どんな困苦の中にあってもひたむきに主に信頼し、願い、祈る。そして幼児が親に信頼すると同じ信頼感を以て神からの応答を待っている、日記にはこうした彼女の姿がまるで紙面から立ち上るように書かれている。

フィンチの信仰の源となった聖書の御言葉による信仰は、既に神学校に在校している間に培われていた。自分が迷うとき、何かの決断をするとき、彼女は必ず聖書の中の聖句によって与えられる答えを仰いでいた。願った聖句が与えられた時、神の真実として受け入れ、力づけられていた。そして主がそれを示して下さったことに喜びと感謝を表わし、神を讃美した。

彼女は他者に何かを願って与えてもらうよりも、神に願って祈りが叶うことを至上の喜びとしていたようだ。しかしながら、全てを主に信頼し歩んでいた彼女には、内面の自己との闘いもあった。それは、彼女が常に「座右の銘」として自分の心に云い聞かせていた「勝利」の句(Victory)である。彼女にとっては、主の道を進むということは、同時に自己との内面的な闘いに勝利することだった。内なる魂の Victory なしに、どのような困難も乗り切れるものではないし、また神からの如何なるミッションもなし得ないのだと強く思っていた。

○自己との闘い

フィンチが座右の銘にしていた「Victory（勝利）」の句。彼女の人生を通して貫かれていた主義、それは彼女が二二歳の時書き残した日記にも表われている。

「偉大なる主よ、私はコリント一三章（愛の章）を私個人の人生でなく、あなたが見守ってくださる私の人生において完全に実現させせます」

彼女のこの決意の蔭に、自己との闘いなしに全き信仰の道は実現できないという思いがあったことが察せられる。主との約束を実現するため、フィンチは、愛用の聖書の裏表紙にこの一片「勝利の句」を貼って、いつも自らの信仰の楯としていたのだろう。「完全な勝利とは自分自身に打ち克つことである」という文言で始まるこの勝利の句は、どのような苦難にあっても、内なる自己と闘うフィンチの、信仰の火を灯し続ける芯だったに違いない。

愛用の聖書の裏表紙に貼られた「Victory（勝利）」

完全な勝利とは自分自身に打ち克つことである。即ち内なる自己との闘いである。

①もしあなたの努力が忘れられ、顧みられず、または故意に無視されたとしても、その結果に満足し、顧みられないことを喜び、ひそかに微笑むならば、あなたは勝利したのである。

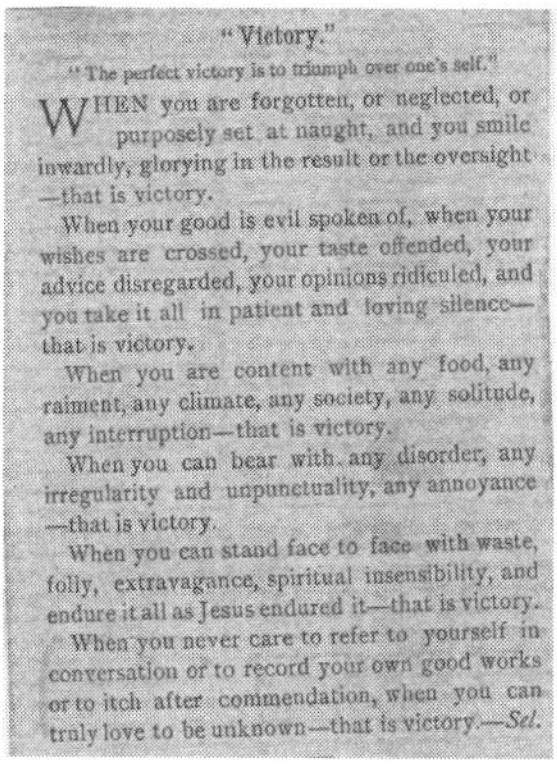

"Victory."

"The perfect victory is to triumph over one's self."

WHEN you are forgotten, or neglected, or purposely set at naught, and you smile inwardly, glorying in the result or the oversight—that is victory.

When your good is evil spoken of, when your wishes are crossed, your taste offended, your advice disregarded, your opinions ridiculed, and you take it all in patient and loving silence—that is victory.

When you are content with any food, any raiment, any climate, any society, any solitude, any interruption—that is victory.

When you can bear with any disorder, any irregularity and unpunctuality, any annoyance—that is victory.

When you can stand face to face with waste, folly, extravagance, spiritual insensibility, and endure it all as Jesus endured it—that is victory.

When you never care to refer to yourself in conversation or to record your own good works or to itch after commendation, when you can truly love to be unknown—that is victory.—*Sel.*

Victoryのパンフレット

②あなたのよき行いが批判され、願いが妨げられ、あなたの主義に反することが公然と行われ、忠告が聞き入れらず、意見を茶化されても、あなたがそれらを静かに忍耐強く受けとめるならば、あなたは勝利したのである。

③いかなる食事にも、衣服にも、天候にも、社会にも、孤独にも、干渉にあっても、あなたが満足できるならば、あなたは勝利したのである。

④いかなる混乱にも、不規則にも、時間的な不正確さにも、また迷惑にも我慢できるならば、あなたは勝利したのである。

⑤あなたが浪費や愚かさや贅沢や信仰的鈍感さに対面しても、キリストがそれらに耐え忍んだように、あなたもそれらに耐え忍ぶことができるならば、あなたは勝利したのである。

⑥あなたが人との会話で自分を誇示したり、自分の功績を記録することや賞賛を受けることを望まず、人に顧みられないことを真に愛するならば、あなたは勝利したのである。

（筆者訳）＊34

○聖句に導かれて

「Victory」の句がフィンチの信仰の火を灯す芯であったなら、フィンチをその時その時導いた聖句は、炎の源そのものであったと言えるかもしれない。フィンチを導き続けた聖句のいくつかを挙げてみたい。

主の完全なるみ心が何かを知りたいと思って探っていた時（一八九一年）

・イザヤ書四五：二〜五「私はあなたの前を行き、山々を平らにし、青銅の扉を破り、鉄のかんぬきを折り、暗闇に置かれた宝、隠された富をあなたに与える。あなたは知るようになる。わたしは主。あなたの名を呼ぶ者。イスラエルの神である、と。わたしの僕ヤコブのために私の選んだイスラエルのためにわたしはあなたの名を呼び、称号を与えたが、あなたは知らなかった。私が主。ほかにはいない。わたしをおいて神はない。わたしはあなたに力を与えたがあなたは知らなかった」

養女の身分を棄てる決心をした時（一八九一年）

・創世記九：九「わたしは、あなたたちと、そして後に続く子孫と、契約を立てる。一二…更に神は言われた。一三…すなわち、私は雲の中にわたしの虹を置く。これはわたしと大地の間に立てた契約のしるしとなる」

フィンチが初来日に際して示された聖句

・出エジプト記三三：一七　主はモーセにいわれた。「わたしはあなたのこの願いもかなえよう。わたしはあなたに好意を示し、あなたを名指しで選んだからである」

フィンチ再来日に際して（一八九八年）

・エゼキエル書十一：一六「それゆえ、あなたは言わねばならない。主なる神はこう言われる。『確かに、わたしは彼らを遠くの国々に追いやり、諸国に散らした。しかしわたしは、彼らが行った国々において、彼らのためにささやかな聖所となった。』と」

・創世紀九：九、一一

・出エジプト三四：一〇〜一二

日本に帰化後に与えられた聖句

・ネヘミヤ記一三：一四「わが神よ、このことのためにわたしを覚えてください。わが神の宮とその勤めのためにわたしが行った良きわざをぬぐい去らないでください」

(17) 日本人星田光代の誕生

日露戦争後、日本と米国の関係がにわかに悪くなりはじめた。日本の満州経営が米国の期待したようには進まなかったからである。そうした折から明治四一年一〇月、米国はフィリピン示威のためもあったが、この時とばかり戦艦一六隻からなる艦隊を日本に派遣した。これを横浜に迎え、接待を仰せつけられた日本海軍は、大変気を使ったものであったという。この様子を知ったフィンチは、情勢を鑑みて、翌明治四二年一月一一日、日本に帰化した。米国の彼女の援助者たちの反対を押し切ってのことだった。

明治四二年一月二〇日エステラ・フィンチは日本人となり星田光代と改名した。フィンチ四〇歳の時であった。フィンチはかねてよりこの国に帰化の許可願いを出していたが、半年の時を経て、ようやくその許可が下りたのだった。かくしてエステラ・フィンチという米国婦人宣教師は、横須賀に住む外国人初の横須賀市民となったのである。

外国人横須賀市民第一号となったフィンチの帰化に際する改姓名願については、現在も次のような文書記録として横須賀市史編纂室に大切に保存されている。

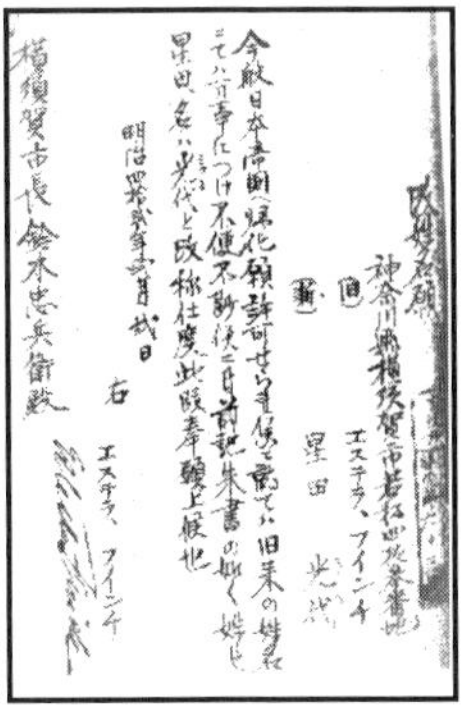

星田光代への改名願

改姓名願

神奈川県横須賀市若松四拾参番地

(旧)　エステラ・フィンチ

(新)　星田　光代

今般日本帝国へ帰化願許可せられ候に就ては旧来の姓名にては万事につけ不便不尠候に付前記朱書の如く姓を星田、名は光代と改称仕度此段奉願上候也

右

エステラ・フィンチ　署名

横須賀市長　鈴木忠兵衛殿*35

フィンチの帰化ニュースは当時の二つの新聞（読売、東京朝日）によって次のように報道された。

●読売新聞

明治四二年一月一六日付　第一一三六五号

『星子嬢前日物語。帰化せる米国婦人。神奈川県横須賀市若松町四三居住の米国婦人エステラ、フィンチ嬢（三十九歳）は一月十一日附を以て内務省から日本人に帰化する事を許され、名まで優しい星子嬢と変った。嬢が日本へ来たのは去る二七年未だ女子教育者として有名なツルー夫人で星子嬢が来朝当時身を寄せたのは実にこのツルー夫人の所である。嬢はその時から品位の高い見識のある忍耐強き令嬢であった。新宿停車場の前に一軒借り受け、立ち居振る舞い共、すべて日本式で熱心に日本語を研究したものだ。その頃既に日曜日には角筈の講義所で聖書を講じていたが、今の清国公使館書記官、本多熊太郎氏も当時独立女学校の生徒であった今の夫人、力子と共に嬢の説教に多くの感化を受けた一人である。二八年にツルー夫人永眠後は高田に赴いて伝道をなし、三〇年大伝道を志して横須賀に行き、遂に今日の成功を見るに至った。地下のツルー夫人も自分の意志を継いでくれる者が出来たのでさぞかし喜んでいる事だろう』

●東京朝日新聞

明治四二年一月二〇日付　第八〇五一号

『米国婦人の帰化。神奈川県横須賀市若松町四三番地居住の米国人エステラ・フィンチ嬢昨年八月八日を以て本邦へ帰化の議出願せしが漸く本月十一日附けを以て許可されたるを以て神奈川県庁にては此程本人へその旨通達せり。令嬢は一八六九（明治二）年一月二四日北米合衆国ウィスコンシン州に生まれ、幼にして父母を失い、爾来今日まで一身を基督(きりすと)教の伝道に委ね、明治二六年始めて本邦に来り東京、姫路、高田等に転任し随所に布教し居たる者なるが、愈々今回帰化の許可を得たるを以て遠からず名も日本風に改めて星子と称する希望なりとぞ』

恐らくフィンチが日本人となろうと決意を固めるまでには様々な思いがあったに違いない。この国に住み、この国を理解し、日本の愛国者となった彼女。それと同時に、教え子のボーイズ達がこんなに日々苦しんでいるのに、自分だけが平気でいられようかとの思いを持ったのだ。マザーの愛弟子長谷川慈舟氏子孫の福田稔牧師が、自著『伝道義会思い出の記』の中でこう記している。

「フィンチが『私の愛するボーイズ達が、祖国のために戦死しているのに、私が日本人にならないでいられましょうか』との思いでしたというのも、帰化の理由の一つでありました。明治三七、三八年は、日露戦争の年でありました」*36

日本は当時日清戦争、日露戦争と戦争続きの中にあった。戦争に勝っていたとはいえ、軍人という職業にあった人々の日々は戦いの最前線で毎日が「命との戦い」であったはずである。

フィンチにとってボーイズ達は皆可愛い教え子達であった。「とみお、ともじろう、よしお、ただし、ちかし」と一人一人を名前で呼び捨てにするほど、彼女は彼らと親しんでいたし、彼女にとってボーイズたちは、家族同様のかけがえのない存在であった。

かつて文部大臣を務めた前田多門氏はフィンチとも交流があり、彼女の日本帰化への感想を次のように綴っている。

「私は若い時、横須賀市に駐在して、三浦半島一円を管轄する郡の郡長を務めていたことがあるが、当時横須賀に海軍の若い生徒や兵士達を相手に、熱心にキリスト教伝道に従事していた星田光代という婦人がいた。帰化米人で、もとはミス・フィンチといって典型的なニューイングランド系の教養高い人であったが、日本軍人への伝道のために一生涯を捧げようとして、あらゆる困難障害と斗って、しまいには日本に帰化してまでして、一意専心この仕事に携わっていた。信仰の篤いことはいうまでもないが、実に勝気なキビキビした人で、生活なども平生は実に質素そのものというべきものであったが、何か格別の場合や儀式などには人が目をみはるような立派な服装を整え、またそれがよくその人柄に似合うような端麗な容姿をもった人であった。

一体この婦人は、本国でも一流の交際社会に属した人と見えて、後半米国の鉄道王の一人として有名なジェームズという人が自分のヨットに一家を乗せて日本に来た時など、その夫人と姉妹ともただならぬ交誼があったことを、私は見聞きしたのであるが、この星田姉のモットーは『神の子は、この世にあっても決して引け目をとってはならない。私のボーイズは、神を信ずるとともに学問においてもトップで運動競技にかけても、他に負けない者でなくてはならぬ』というのであった。

あるとき私は、この婦人に、なぜ帰化してまで伝道するようになったのかの訳をたずねた。すると答えはこうである。

『貧しき者は幸いです。天国は富める者には入り難く、却って貧しい者に向って開かれるというのはキリスト教の聖書の教えるところですが、日本に来て物的にいかにもこの国が貧しくて、ことに初め田舎に住んで、農民などがまことに簡単な自然的な暮らしをしているのを見て、このような貧しい者こそキリスト教の本義がもっともよく啓示せられるものと考えました。ある意味で生活においても、貧弱な日本人は神の選民たる資格をもっていて、この人々こそ神の国を拡げることができると考え、ここに落着く気持になりました。殊に調べてみると、日本の武士というものは質素倹約を尊び、どのような窮乏にも耐える訓練を幼時から受けている。こういう伝統のあるものを相手に貧しい者の友であるキリスト教を拡げるのは自分の全生涯を投ずるに価する天職だと思ったからです。神の教えは余り贅沢な暮らしをしている人には分からないでしょう。窮乏のうちにこそ、内なる光を見る機会を与えられるものです』

これはまことに意義深い日本人観だと思う」＊37

エステラ・フィンチの帰化について、何が彼女をそうさせたのかさらに考えてみる。

彼女は伝道義会設立以来、国学者でもあり史家でもあった黒田について日本史を学び、しばしば史跡や御陵を訪ねた。日本語を流暢《りゅうちょう》に話し、日本の名歌や俳句に興味を持ち、書もよくした。また仏教者（横須賀神武寺住職）とも親しく交わり、日本及び日本人を深く理解した。前述の太田元少将は、女史に関する記述において「愛国者としての女史」を次のように表現している。

「女史は日本の愛国者であった。女史は女史と共に軍人伝道義会を設立し、最後までの協力者であった黒田惟信師により日本歴史を学び、また時に史蹟、御陵を探り、善く日本の如何なる国であるかを知った…女史はいうた。『君主国として―日本は聖書に照らして理想的国家である』と」

そしてまた太田は、「そ（れ）は聖書（の中）に『すべての人は、上に立つ権威に従うべきである。なぜなら、神によらない権威はなく、おおよそ存在している権威は、すべて神によって立てられたものだからである。従って権威に逆らう者は、神の定めにそむく者である。そむく者は、自分の身にさばきを招くことになる』（ローマ人への手紙一三：一、二）、『すべての人をうやまい、兄弟を愛し、神をおそれ、王を尊びなさい』（ペトロの第一の手紙二：一七）と（いう箇所が）あるが如く、日本国民が、君主を神による権威として敬愛、服従し、二千余年、君民父子の如き国柄であることを女史が知ったからであった」＊38

黒田もまた「畏神尊王」（神を畏れ王を尊むべし（前ペトロ、二：一七節）、（FEAR GOD. HONOUR THE KING. (I. Peter 2:17) という英和文の言葉を義会のスローガンとして掲げ、義会月報の中表紙に載せている。フィンチにとっても君主国家である日本は、神を唯一の権威として敬うキリスト教の精神に親和するものであったのだ。これが彼女の心を捉え、帰化させ、日本国の愛国者たらしめたのだろうと思う。フィンチは皇室を尊敬し、両陛下の御写真を桐の箱に収めて自室に掲げることさえしたのだった。

内村鑑三は大正八年一一月五日の日記に次のように書いている。

「…横須賀に行き、ホシダの小母さんの病気を見舞うた。帰化せる彼女の熱烈なる愛国心（わが日本国に対する）に驚いた。彼女を慰むるよりは、かえって大いに慰められて帰った。米国宣教師中、まれに彼女のごとき潔士烈婦がある。われわれ日本人たる者、彼らに対し、深き尊敬と感謝とを表わさざるを得ない。

○日本支援減少の中で

フィンチが帰化するというニュースは、その宣教活動をこれまで支援してきた本国の支持者達にとっては、到底受け入れられざる出来事として映り、彼らは大いに反対した。だが多大な支援者である彼らの反対にも拘わらず、それを押し切って、国籍を棄て帰化する意志を貫いた。自分がここ日本の国の人々の身となり、同じように苦しみを共にしようとしたのだ。以来本国からの援助はぐっと少なくなってしまった。が、フィンチはそうしたことを全く意に介さず後悔もしなか

帰化した頃のフィンチ

った。そしてそのような中にあっても信念を貫き、神への絶対の信頼をもって祈るのだった。フィンチは祈りの体験を「試練の間には金銭も来らず、手紙すらも来らず、祈って最後の決心をなしたる時には不思議にも神の祝福が流れ来った」としばしば語ったという*39。

さらに帰化した年の十月、フィンチは、今度は星田光代として再度アメリカに寄付を集めるため講演に行った。その時も日本人としての彼女には周囲の詮索（好奇、差別？）の目が向けられたり、また旅行の途中で多くの不利益も受け、多々の苦労を伴う旅となったが、フィンチは最後まで日本人、星田光代として押し通したのだった。彼女の信念の強さがここにも見られる。

フィンチは、自分の青春も、国籍も投げうって、何よりも日本を愛し、日本人のために献身的に生きた。米国で生を受けた彼女が、信仰によって神から日本に送られ、彼女の意思により日本人となり、神に従って日本人の僕として生きる道を選んだ。……このことに思いを寄せると今も敬服の念が湧き上がる。

黒田牧師はフィンチの帰化に際して彼女の取った行動をみて「日米関係が不穏な時代となった頃、マザーはそのことを憂慮されて、アメリカの友人、援助者の反対を押し切って日本国民となりました。爾来アメリカからの援助が少なくなってしまったが、それにも拘わらず、この決心を以て貫き〝ただ唯一神のもと、全人類みな兄弟なり、同胞なり〟との信念に生きようとした、信仰に徹し、純日本国民として、全身全霊を以て、最後までマザーは日本国のために最大の愛をささげた米国人であった」と書き記した。

黒田はそうしたフィンチに敬服して最もふさわしい「星田光代」という日本名を考えた。エステラという名前はペルシャ語の〝星〟の意、また彼女の周囲には黒田を始め太田、新田、山田、豊田など田の字がつく人が大勢いたことから黒田が星田光代という名前をつけたのだった。フィンチは自分に与えられた星田光代という名前が気に入り、早速筆と墨を出して練習をするのだった。

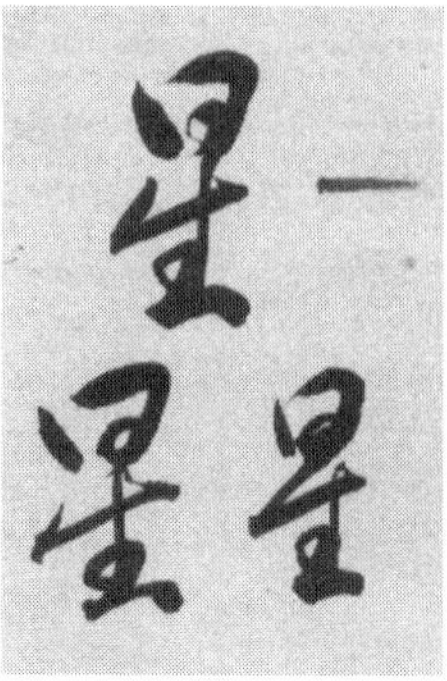
自分の名前を練習

(18) マザーの思い出「マザーは意地悪ばあさん」

マザーが亡くなったのは大正一三（一九二四）年六月一六日である。享年五五であった。その時黒田惟信の長女幾代はまだ十歳の少女であった。

幾代が生まれたのは大正三年、マザーが日本人、星田光代となって五年後のことだった。幾代が誕生したときマザーは「可愛い女の子が黒田家に生まれた」と喜びの手紙をボーイズにも書いて送った。その幾代が初めてマザーに出会ったのは五歳の時だった。まだ幼かった幾代にとってマザーの思い出といえば、亡くなるまでの僅か五年間、いつも叱られたり、失敗した時の苦い思い出ばかりであった。だから、幾代にとってマザーはどちらかというと、怖いおばあさんのイメージで、苦手意識しかなかった。マザーは相手が幼かろうと、躾《しつけ》の面では妥協しない厳しい一面も持っていたのだ。

○マザーは意地悪ばあさん　（幾代手記を元に再記）

黒田家の隣にはマザーの助手をしていた藤本一家がしばらく住んでいた時期があった。その息子信平もまた幾代と同年で、二人は広い義会の庭や建物の中でよく遊んでいた。特に読書室にある書棚（ブリタニカ）の一つはぐるぐる回るようになっていて、子供の目には面白く、中から自由に本を取り出せるものだったから、二人はその書棚を回しては面白がって遊んでいた。

ある日、いつものように二人が書棚をくるくる回して遊んでいた時、ふと見るとすぐ側の別の書棚の本の背皮がめくれているのが目についた。幾代は何気なくその端っこをそっと引っ張ってみた。すると焼き芋の皮がめくれるようにくるっと剥けた。二人は目を見合わせると「ハハ……」と大声で笑いながら次々に本の皮を剥いていた。すると突然「いけません！」という鋭い声が頭の上に響いた。びっくりして顔を上げるとマザーの怖い顔がすぐそこにあった。これはひどく怒られると感じた幾代はさっと逃げようとしたが、もうマザーの手に洋服の裾をしっかりつかまれていた。

「お由さん、お由さん」とマザーは大きな声で信平の母を呼んだ。二人の子ども達はその途端ワァワァ泣き出した。お由は何事が起きたのかという顔をして出てきた。幾代はその隙にさっとマザーの手をすり抜けてお由の側に行った。そしてその後信平はマザーから、幾代がお由からお尻をぴしゃぴしゃと叩かれたことを聞かされたのだった。幾代はその時はどうしてあのようにひどく叱られたのか理解できなかったが、後年になってそれが大切にされていた皮表紙の聖書であったことを知った。

幾代が八歳になった時のことである。彼女は童話が大好きでそこからいろいろなことを空想しながら夢見ては楽しんでいた。昼間自分の家の窓から見える殺風景な海兵団の兵舎も夜になって明かりが一斉に灯されると、窓という窓がパチパチと輝いてそれが美しい宮殿のように感じられた。いつも寝る前にそんな光景を眺めた後、自分で考えたお祈りの文句を呪文のように唱えるのが習慣になっていた。そのお祈りとは「神様、今おねんねいたします。どうぞ今夜お守り下さい。どうか泥棒にはいられませんように。地震に遭いませんように。アーメン」というのであった。

ある日曜日の夕食の時であった。マザーはいつも自宅で一人食事をするのであるが、この日は若い海軍士官達が大勢来ていたので、幾代も義会の食堂で一緒に食事をすることになった。食前のお祈りをする段になった時、突然マザーが「今日はイクヨにお祈りしてもらいましょう」と言った。幾代はあまりに突然のことでドギマギしてしまった。毎食事の時にもお祈りしてはいたが、人前で、しかもこんなに大勢の男の大人のお客様の前でなど思いもよらないことであった。幾代は「何とか止めてほしい」と思う気持でマザーに哀願の眼差しを向けたが駄目であった。仕方ないと観念して目をつぶり祈り始めたのだが、いつもの癖で、つい「神様、今おねんねします」と言ってしまった。慌てた幾代は何とか言い直したものの子ども心にも恥ずかしくて仕方がなかった。

またある日幾代が台所にいた時のことである。マザーが裏の家から出てきて勝手口から入ってきた。手にはコップを持っていて、お手伝いのハルに小さい声で何か言った。幾代にはマザーの言葉が聞こえなかったが、ハルも同じだったらしく「は？」と聞き返した。マザーは又小さな声で何か言った。今度も幾代には何と言われたのか聞こえなかった。ハルもまた同じだったらしい。しかしハルは相手が外国人であるということでちょっと恐れるような気持を持ったのだろう。もう一度聞き返すことをせず、代わりに不要領に「はい」と返事をした。するとマザーが手のコップを差し出したので、それで初めて水を所望していたのだということが分かったのである。

ハルはコップを受け取り水道の水を汲んでマザーに渡した。受け取るときマザーは「最初の時よりも二度目に聞いた時の方が小さい声で言ったのに聞こえた」と言って帰っていった。幾代はこの一連のやりとりを見ていて内心「聞こえなかったのが、そんなにいけないことなの？しかも二度目の返事をわざと声を小さくするなんて」、とマザーに対して不満な気持を抱いた。そしてこのときから幾代は秘かにマザーに「意地悪ばあさん」というあだ名をつけた。

幾代にとって、マザーが意地悪ばあさんぶりを発揮したと思える出来事はまだ他にもあった。これもある日曜日のことである。日曜日は安息日とも呼ばれ、キリスト教の中には掃除や買い物、仕事をしてはならないとされている習慣があった。この日の午後、幾代は母久良と一緒に買い物に行こうとしていた。久良は買い物かごを幾代に持たせて裏の家の近くまで来ると「ちょっとマザーのところに行って来るからここで待っていなさい」と言った。

幾代はしばらく待っていたが、久良がなかなか戻ってこないので、様子を見ようと裏の家に行ってみた。中庭でマザーが久良と何か話をしていたが、幾代の手に買い物かごを見つけると、久良に鋭く「日曜日に買い物をするのですか？」と言った。久良は案の定という顔をして、そのあと幾代に「だから待っていなさいと言っておいたのに、のこのこ出てくるから見つかってしまって…」と言ったのだった。久良自身は、同じキリスト教徒ではありながらも、マザーほど教義に厳格ではなかったようだ。

それは幾代が九歳になろうとする大正一二年九月一日のことだった。折りしも関東大震災が起こり、町中至る処が相当な被害を蒙った。この時幾代は同じ義会の土地の片隅に建てられていた離れに居て、地面の下に家ごと陥没したのであるが、幸い皆無事に助け出された。だが母屋は、裏手の崖から崩れてきた土砂のため、家の一部とトイレが使えなくなった。使えたのは裏の家のトイレだけだった。横須賀の二軒の母屋（伝道義会の本館とマザー居宅の建物）はさすがにしっかり建てられていて、地震にはびくともしなかった。裏手の山の石崖が崩れたため、勝手口の一部とトイレは使えず、裏の家のトイレを使わなければならなかった。

その頃ちょうどマザーは心臓病のため、ハワイで療養生活を送っていて、地震を免れることができた。しかしその後地震の知らせを受けてじっとしていられなくなり、完全復調とは言えないまでも、やや健康を取戻したこともあり、翌年には日本に帰国した。この時マザーは「はい、イクヨにハワイのお土産」といって首にレイをかけた黒い泥人形をくれた。幾代はそれを大事にして飾った。

地震の被害でまだ生活もままならないそんなある日曜日の夜のこと、マザーは幾代達と食事をするために母屋に来ていた。しばらくして幾代は、トイレを使うために裏の家に行った。ところが中は真っ暗な上にシーンとして誰もいない。そんなところに入るのが怖くなり、思わず幾代は裏庭の草むらで用を足して戻ってきた。戻ってきた幾代にマザーはこう尋ねた。

「トイレには電気はついていましたか?」

幾代は家に入らなかったので電気がついていたかどうかは分からなかったが、咄嗟の問いに「ええ」と曖昧に答えた。幾代はまたこの時も気まずい思いを味わった。

それは大正一三(一九二四)年五月末のことだった。その頃マザーの病状は以前より進行していた。それまで二階の自分の寝室で過していた彼女は、病状が重くなったのを感じて広いベッドから階下の和室に移り、籐の長椅子に身を横たえるようにして休むことが多くなっていた。

六月初めのそんなある日、幾代は階下の部屋にいたマザーの枕元に呼ばれた。マザーは幾代を見ると「イクヨか、わたしにレコードをかけてちょうだい」と頼んだ。ある意味、これは幾代を一人前のしっかりした女性に育てようとした、マザー(アメリカ女性)流の教育だったのかもしれない。当然のことながら、まだ一〇歳の少女だった幾代にはこのマザーの依頼が何を意味するのか理解できなかったし、ましてや目の前にいるマザーが瀕死の床にあることはおろか、人の死の重大ささえも分かっていなかった。

自分も音楽が大好きであった幾代は、マザーに言われるままにレコードを手にとって蓄音機にかけた。マザーは静かに目を閉じて、やがて流れくるヴァイオリンの美しい音色にじっと聴き入るのだった。その曲は幾代も聞いたことのある、ハイフェッツやエルマン、クライスラーの奏でる「モスコフスキーのセレナード」、「スーヴェニール」、「ユーモレスク」といったヴァイオリン曲だった。本当はマザーと一緒に幾代もそこでレコードを聴いていたかった。だがいつまでもマザーの部屋にいるわけにはいかず、外に出た。そして誰もいない庭に佇んで、部屋から漏れてくる音楽の音色の美しさに聴き惚れていた。

この時この音楽をマザーがどんな思いで聴いていたかなど知る由もなかった。これが幾代がマザーと一緒に束の間の時間を過ごした最後となった。

幾代はマザーが生きていたとき、一度だけマザーの二階の部屋に入ったことがあった。この部屋の窓からは海（東京湾）が一目で見渡せ、艦の出入りもよく見えた。マザーの「祈りの部屋」と言われる二畳部屋もその奥にあって、「艦隊のため」、「皇室のため」、また「個人のため」など名前をかいた紙が壁に貼ってあった。マザーは日々ここで祈っているのだと母から聞かされていた。

幾代は大きくなってそんなマザーの意志の強さや、マザーが二四歳という若い身空で未知の国（日本）に単身渡り来たことを知った。そして、それだけでも並大抵のことでないのに、自分の青春も国籍もその一切を捨てて、最後には日本に帰化してまで伝道に徹した人であったことも理解するに至り、子どものときには分からなかった本当のマザーの気高さに思いを馳せた。

（19）希望の翼にのって

大正一三（一九二四）年五月末のこと。マザーは病床の身を横たえていた。五月末より尿毒症による呼吸困難の症状で苦しみ、その症状は六月一〇日（火）に倒れるまで続いた。幸い医師による適切な処置により意識を取り戻し、呼吸も楽に行えるようになった。このことにより彼女は自身の事の重大さを悟り、翌十一日には医師と一対一で面談し、「わたしの病気は回復の見込みはありますか？」と率直に訊ねた。医師は少し間をおくと、フィンチ女史には嘘をつけないと思ったのか「あまり先が長くはないでしょう」と告げた。するとマザーは軽く頷き側にいた人々に「やり残した仕事を成遂げるために、次の日の祈りの集会で、私のために祈ってほしい」と頼んだ。

十二日午前、彼女は最優先事項について指示を与えるために、最も信頼していたボーイズ二名を呼び寄せた。が彼女の体調はかなり悪化していたため、指示は何度も中断され、部分的にしか伝えられなかった。アメリカ宛に書簡を書くことも午後に持ち越されてしまったのだが、検診などにより結局その午後がつぶれてしまったことを、彼女はとても悔やんだ。

十三日の晩より激しい吐き気がマザーを襲い、容態がさらに悪化する。そんな状態にあってもなお彼女はやり残した仕事のことをしきりに口にした。黒田は言った。

「明日に回復してから手紙を書けばよろしいのではないですか？」

「いいえ私は回復しません。天のお父様の許へ行くのですよ」

黒田は続けて言った。

「天のお父様は、あなたに与えた仕事が全うされていないとお感じになっているのなら、この場に及んでも、きっとあなたの健康を回復してくださいますよ」

「それでは神様にまかせましょう」

さらに黒田は重ねた。

「主はこのような深刻な状況で、あなたを酷使しようなどとはお考えになりません。もしやり残した仕事があるのであれば、それは主にお委ねしましょう」

「そうですね。主にお委ねしましょう」

マザーもそう言うと、それ以上何も言わなくなった。

十四日の午後五時半に中島医師が塩水を注射したが、効果は期待できなかった。夜になるとマザーは医師に「私の身体は月曜日までもちますか」と尋ねた。マザーには、彼女が戒律として重んじていた安息日の日曜日に他界し、周りの者に迷惑をかけたくないという強い思いがあったのだ。彼女はどこまでも自分の信仰に忠実であろうとしていた。

十五日（日曜日）の朝、マザーは集まった人々に「まだお迎えがくるような気がしない」と語り、皆に感謝の意を表し、「在席できなかった皆にも感謝を伝えてほしい、そして私の命が終わったときには私の目と口を閉じてちょうだい」と伝えた。その日の午後、四肢の痙攣がひどくなり、医師がその晩と翌朝に、麻酔剤のクロラールを注入した。だがマザーの「その時」は刻々と迫っていた。

十六日の午前八時四〇分、中島医師が最後のカンフルを注射をするために訪れ、「ではまた午後来ます」と言った。彼女は手を伸ばし握手を求め、微笑んで感謝した。彼女には、その午後先生に会えないということが分っていたのかもしれない。午前九時半頃、マザーの「神は愛なり」「神の声が聞こえる」と呟く声が聞かれた。青木医師が診察し、脈拍が一六八もあり不規則であったため、午後までもたないかもしれないと診断した。

黒田牧師はその時まで彼女が回復する望みを信じ祈っていた。しかしこの診断を聞いた彼は「マザーが主の御胸に抱かれるまで、安らかな最後をお与えください」と神に祈った。何故ならその日の朝注入されたクロラールの効用が薄れれば、またあのひどい痙攣が襲うかもしれないからだ。しかし、幸いなるかな！　それ以降、ひどい発作や痙攣は起らなかった。

一〇時になるとマザーは黒田牧師に、かねてからお葬式に読んでほしいと言っていた詩編一〇三を読むように言った。黒田が初めの句を読み終わると、マザーは深く納得したように「アーメン」と呟いた。この時彼女の周りには黒田と妻久良、幾人かのボーイズと、彼らの妻達合わせて一三名がいた。

マザーがこの世を去るときが迫っていた……。黒田は詩編を読み終えると大きな声で、この刻一刻と最後の時が迫るマザーに向かって、周りにいる親しい者たち全ての名前を告げた後、「先生、あなたが最初に天へ行きなさい。私とここにいる皆も後に続くであろう。そしていつの日か、神のみ国でお会いしましょう」と伝えた。マザーは静かに頷いた。神の子となった全ての者が抱く思い……この世に残されるものと、天に向かって旅立とうとする者の希望、いつの日か必ず御国《みくに》で再会できるという未来への約束が交わされたのである。

一〇時五五分、マザーの口から「私はいきます。……栄光……綺麗な……」とかすかな声が洩れた。そして彼女は黒田の方に身体を向けると、そのまま意識を失った。彼女の顔色はみるみる紫色になり、口がぎゅっと結ばれた。黒田牧師は思わず「主よ、助けたまえ！」と叫び、マザーの手を静かに取ると「この魂を主の御胸にお迎えください」と祈った。マザーが天国に旅立った瞬間だった。青木医師が診察して、マザーの臨終を午前十一時ちょうどと宣言した。

この時に備えてきたつもりの黒田を始め一同であったが、彼らは悲しみを新たにし、皆の頬から苦い涙がとめどなく流れ落ちた。ほどなく気を取り戻した黒田牧師は、頭を上げて涙を流しながら感謝の祈りを捧げた。こうして偉大な不屈なる信仰の英魂は、希望の翼に乗り主の備え給える王国へと運ばれていった。

筆者にはこのマザーの召天の時が、あたかもヴェネチアのサンタ・マリア・グロリオーザ・ディ・フラーリ聖堂の祭壇画「聖母被昇天（テイツィアーノ作）」のように思える。

神に召されたマザーは静かに寝台に横たわっていた。その顔は、誰も苦しみの跡を見出すことができないほど、威厳に満ち、平和で、美しい象牙の彫刻のようであった。その日の夕刻弔問に訪れたボーイズの一人が、彼女の顔を見て、「お化粧をほどこしたのか」と訊ねたほどだった。

一七日夕には彼女の遺言通り、形式張らないが、とても荘厳な葬式が行われた。親しい者達二二名が参列者として集まった。マザーの愛唱句である詩編一〇三編が読まれた。一八日には出棺式が行われた。マザーの遺骨は「星田光代之遺骨」と銘刻された銅板と共に壺の内部に納められ、その外側にはエナメルで彼女の略歴が記された。これをさらに大きな瓶に納め、木炭の粉末で蓋との隙間を詰めて密封し、更にその上はセメントで固められた。

墓標には「汝が言へるこの事をも我為さん」(わたしはあなたのこの願いもかなえよう)という出エジプト記三三：一七の前半が記された。マザーの人生において、何度か彼女が与えられた神との約束を思い出させる句が捧げられた。

その後マザーは、かねてより依頼していた曹源寺の中でも一番眺めのよく、彼女が娘のように愛した川副登志子(享年一六)の眠る場所の傍に納められた。

その後黒田牧師は、星田光代の最期の状況を綴った手紙を和文と英文で認め、それぞれボーイズとアメリカの友人達に宛てて送った。

黒田が涙のうちに星田光代との別離の情を込めて詠んだ詩が残されている。

吐血吟

雨かなみだか五月雨の
やみの思ひにもだえつつ
我も血を吐くばかりなり
こころして啼けほととぎす

黒田牧師が且って『三位一体論』の執筆中に実父を病で失ったとき、哀別離苦の情に堪えず自ら詠んだという詩がある。〃雨か涙かさみだれの、やみ路に迷ふ心地して　我も血を吐くばかりなり　心して鳴けほととぎす〃この句が『三位一体論』の末尾に記されているが、父を亡くした悲しみと無念さがこの「吐血吟」からも同じように伝わってくる。

黒田はこの二つの「吐血吟」をどのような心情で詠んだのであろうか。万葉時代、ほととぎすは黄泉の国から渡ってきて亡くなった人の声で鳴くと信じられていたという。それは亡き人の声が聞きたいと、失った人を偲ぶ意味にもとれる。またその鳴き声は血を吐くような音だともいわれる。この二つの「吐血吟」は己をほととぎすに重ね合わせた黒田の血を吐くような悲しみと喪失感を吐露したもののように思える。まして黒田が若き日に肺結核者であったことに思いを走らせると、その時の血を吐いて死ぬほどの辛い体験が彼をしてこの表現をさせたのではないだろうか、とも思えてくる。

しかしながら、その一方で筆者には、この二つの詩には繊細ながら重要な違いがあるように思える。父召天の時に詠んだ「闇路に迷ふ心地して」は、大きな人生の指標を失った黒田の途方に暮れる思いがひしひしと伝わってくる。翻って、マザーが召された時に詠んだ「闇の思いにもだえつつ」からは、信仰生活の中においてかけがえのない存在を失った黒田の純粋な悲嘆が聞こえてくる。けれど、黒田は決して途方に暮れていなかっただろうと思うのだ。黒田はマザー亡き後もその志をしっかり受け止め、悲しみの中にも伝道義会の未来へのビジョンを抱いていたはずである。

であればこそ、黒田は「まことにマザーの一生はその宣教の目的の為に、真に長い、そして困難なマラソンの道のりの如き人生だった。一言で言うならば、マザーの最後はまことに彼女自身の生涯と同じく崇高な、また栄光ある死であった」と語り、マザーの天への凱旋を「この如くにして、かの偉大剛邁なる信仰の英魂は、希望の翼に乗じて主の備え給える天に向かって翔《かけ》り行き候」と讃えたのだった。

そして「このようにして最大の尊敬と敬愛を集めた我らがマザーは、娘のように愛した登志子と共にあの松の木の下で静かに眠り、復活のときを待っています」と追慕した。こうしてマザーは日本人星田光代として、二五年間に亘る、軍人伝道の生涯を閉じた＊40。

黒田は、二年後の大正一五（一九二六）年、ニューヨークのクリスチャン新聞紙『ザ・メッセンジャー』＊41に、星田光代に対する追悼文「彼女は今なお語る（She Yet Speaketh）」を寄せた。その訳文を原文と共に掲載する。


【訳文】「信仰によって今なお語る星田女史」（太田光代訳）

この一年間というもの、私は星田光代先生のことをいつも心に覚えながら過ごしてきた。そして今日、女史の命日にあたり、彼女が主と共に歩むことを決意した、あの決して忘れられない日を再体験している。

我々の心は、女史との思い出で一杯になり、その想いはとても言葉では語り尽くせない。

時と共に記憶は薄れてゆくものであるが、星田先生の人生に対する確固たる主義と、その愛情溢れる献身は決して色褪せることがない。星田先生がこの世に残していった足跡を辿るとき、何たる注意深さで我々を感動させ、我々はそこに何たる畏れを、何たる深き情熱、何たる熱意を見出したことであろう！

我らが愛すべき星田先生は、今なお我らに向かって語りかけてくる。それ故我らは神のみ国がとても身近に感じられ、我らの心は女史の影響力によって信徒としてのみではなく、伝道者としても、磁石のようにそこに惹きつけられていく。女史が長い間我々の間で聖書のみ言葉によって福音を伝えるという、その明解な聖句の福音が多くの魂を、栄光溢れる贖いへと導いた。

今日、我らは家族と幾人かの「ボーイズ」と共に、マザーを覚えるささやかな礼拝の時を持った。我らは神のみ前に、我が国にこのような貴重な魂を遣わされたことを、ここに感謝し、マザーの思い出や、我らと共に過ごした日々を通じ、マザーの生涯と、我らへの献身の姿を偲びつつ、マザーから受けた精神的な啓示に対して感謝の祈りを捧げた。

星田先生の正式な追悼式は、後日多くの「ボーイズ」が横須賀に帰郷するのを待ってから執り行われることになっている。

横須賀にて　黒田惟信牧師

【原文】She Yet Speaketh

I have spent this one year keeping Miss Hoshida in my mind and today (the anniversary of her death) we lived over again that never-to-be-forgotten day when she went to be with the Lord. Our hearts are filled with memories of her, and I cannot fully express my feelings in words.

Some things pass and are gone in the process of time, but these things have never disappeared — Miss Hoshida's righteous principles concerning life and her loving devotion.

Indeed when I recollect the footmarks she made in this world, what carefulness it wrought in us; yea, what fear, yea, what vehement desire, yea, what zeal! Our dear Miss Hoshida yet speaks among us, so we feel Heaven is very near and our hearts are being drawn there by the magnetic power of her influence, not only in our faith life, but also in our evangelistic work. The simple Biblical gospel that she conveyed among us so long has led many souls into the glorious redemption.

Today we had a little private service here in memory of her with only our own family and a few "Boys." We prayed and gave thanks in the presence of the Lord that He gave such a precious soul to our country, and we all received spiritual inspiration as we remembered her life and service among us. The formal anniversary of Miss Hoshida's death will be observed later when many "Boys"will return here in Yokosuka.

PASTOR KORENOBU KURODA, Yokosuka, Japan

（20）「山の聖者」黒田惟信

昭和三年、軍人伝道義会の教え子達から「マザー」と呼ばれて慕われた星田光代（原姓アイダ・エステラ・フィンチ）が天に召されてから五年を経た年、黒田は横須賀市公郷町三ノ二四、曹源寺の墓地の一郭にマザーの墓を建立した。マザーの愛弟子の中でも長男と言われたボーイズの一人、太田十三男によって墨蹟「星田光代先生之墓」が書かれた。その裏面には、黒田惟信牧師による碑文が刻まれた。

マザー亡きあと、黒田牧師は経済的困難に打ち克って、精力的に働き、引き続き伝道義会を運営した。今や伝道義会は主だったメンバーたちで十分支えられ、会員数も増えており、勢いは以前にも増して活発になっていた。

マザーが逝って九年が経った。そんな昭和七年二月（黒田惟信死去の三年前）のある日ことである。ここを取材で訪れた東京朝日新聞社の記者が「軍人の教化へ半生の精進　山の聖者　黒田牧師」と題して写真入りで次のような記事を掲載した。

東京朝日新聞記事　昭和七年二月一三日付

「横須賀は日本のキールであり、ポーツマスでもある。横須賀のプロフィールは、軍艦と水兵だ。朝飛行機の爆音で目を覚まし、夕方工廠のサイレンで休息する横須賀―その近代的なあわただしい軍港都市に、これは又何と古風なロマンチックな風景であろうか。厳めしい軍港を一望に見下ろす若松町の切り立てた様な高台の長い石段を上りつめたところに、木立に囲まれて一軒の色あせたる、いかにもエキゾチックな建物が取残されたように立っている。ここには街の騒音も聞こえなければ、ちまたの欲望も伝わって来

星田光代の墓

ない。時々梢を揺する風の音に混って、古びた建物の奥から神への祈りの声がもれてくる静寂、平和。そしてここに一人の山の聖者が住んでいる。海上から吹いてくる風がはだ寒い冬の夕暮れ、記者はこの山の家を訪れた。森閑とした山の上には霧のような夕闇が漂っていて入口の石に刻まれた「日本陸海軍人傳道義会」の文字は黒くかすんでいた。

山の聖者―白髪童顔の黒田惟信牧師は、ガランとした礼拝堂の控室で遠くを見るように感慨深げに静かに語りだした。

『それは丁度明治三〇年の三月二三日の午後でした。高田の城跡の、大きな松の木の根に腰を落としながら私はミス・フィンチと二人で神の道について話をしていました。その時です。この陸海軍人伝道義会が誕生したのは三二年九月、いよいよ二人で努力して、このさゝやかな仕事を始めたのです。それから夢のように歳月は流れました。沢山の軍人が、神の道に心の安息を求められました。ミス・フィンチは明治四二年帰化して、その名も星田光代と改め一生を軍人の教化に盡されましたが、大正一三年遂になくなりました。それから後は、私が独りでささやかながら義会を続けています。私はただ、単に心に悩みを持った軍人の相談相手に過ぎないのです。悩みを持ってこの山の家をお尋ねくださる軍人の方に、ただお話申し上げるに過ぎません』

黒田牧師は、なおも過ぎ去った過去を思い出している様子で遠くに目をやりながらこう呟くのであった。

『私がこの義会を始めた動機は、明治二九年日本キリスト教会の牧師として、初めてこの軍港にきた時、「軍人には軍人の教会が必要だ」、と強く感じたのです』
何か知らん敬虔な強い衝動を受けて暗い山の家を辞する頃、街には赤や宵の燈が華やかに輝いていた」＊42

晩年の黒田惟信牧師

良きパートナーとして最後までマザーを支え、共に軍人伝道一筋に働いた黒田惟信も、一一年後の昭和一〇（一九三五）年四月二七日、病によりその生涯を閉じた。享年六九であった。

（21）星田・黒田が残した軌跡 ―コルネリオ会へ

伝道義会そのものは黒田牧師が逝去して後を継ぐ者がなかったため、その翌年（昭和一一年）解散した。

だが星田光代（原姓エステラ・フィンチ）、黒田惟信両師によって、軍人及びその家族達に蒔かれた信仰の種は、両師の死後も大きく成長し、生徒達は候補生となり、士官となり、教官となって後輩をキリスト教に導くようになっていった。水兵達は下士官となって、家族を持って家族、友人を導いた。やがて彼らは要職に就くが、そこには部下を導く誰の目にも異議を唱えることが出来ない立派な教官として、クリスチャン軍人が育っていたのである。

実践の人マザーの教え、それはイエスの教えをそのまま、人々にも実践しようとする精神である。この実践を通していつしかボーイズたちの胸に神の存在が刻みこまれていく。

もとよりマザーと黒田にとって軍における階級は問題でなく、全ての軍人は二人にとって一様に大切な教え子達なのである。マザーは、階級によって分け隔てなどしない、立派に世間に通用する器としての人物を世に送り出していった。彼等は職場においても尊敬される上官として部下を導き、太田のいう「世の光」「地の塩」となって日本の各所で光を放ち、「キリストの芳しき馨《かおり》」としての働きをした。

そして太田十三男もまた、軍役を終えて退役すると、その言葉のように、故郷和歌山の地で八八歳の生涯を終えるまで自ら伝道に従事した。彼も恩師の志を継いでクリスチャンとしての途を全うし、多くの人々に感化を与えた一人なのである。太田氏に次いで、マザーの次男と言われた後の山中朋二郎中将も、退役後キリスト教精神による「経堂子供の家」を開設、そこから一五〇〇名もの児童を送りだした。太田少将が「フィンチ先生によって蒔かれた人、数知れず、己の家族、友人を導いた」と語った如く、その後も伝道義会の精神は多くの子孫、友人に引き継がれ育ったと言えよう。軍人伝道の流れとして「コルネリオ会」が防衛関係者の軍人伝道として現在に至っている。

○コルネリオ会

軍人伝道の流れを汲むものとしてコルネリオには三つの流れがある。一つはイギリスのＯＣ

Ｕ（Officers Christian Union キリスト者将校会）の伝統をアメリカ留学の先輩たちが学んできたもの、もう一つは元の陸軍主計大尉、利岡中和を中心とする旧コルネリオ会の流れ、そして三つ目がこの伝道義会の流れを汲むものであり、これらが一つとなってコルネリオ会と称し現在に至っている。

一つ目のＯＣＵとは、軍隊におけるキリスト者の信交と交わりを深め各自の使命達成に寄与することを目的として各国の軍隊に設けられた任意団体であり、職域的な信徒運動の一形態であるとともに、家庭伝道の一形態でもある。

最初にＯＣＵが生まれたのは今から一七〇年前、一八五一年の英国でのことであった。インドに派遣されていたソロッター陸軍大尉が本国の同僚キリスト者将校に対し、彼とインドにいる同僚のため祈ることを求めたことから英国Ｏ・Ｃ・Ｕが誕生した。米国ＯＣＵは一九四三（昭和一八）年に、日本のそれは昭和三四（一九五九）年に誕生した。

陸海空自衛官キリスト者の団体として、使徒行伝十章に記されているローマ軍の軍人の名をとって「コルネリオ会」という名称をつけられたが、それはＯＣＵ第一回世界大会が米国で開かれたのと同じ年のことであった。その後、世界大会は西独、英国、米国で開かれ、日本も第三回大会より参加している。

終戦によって日本軍隊は解体・消滅していったのであるが、組織としての「コルネリオ会」も同じ運命を辿ったのだった。戦後平和憲法が発布され、その中で自衛隊が発足し、やがて日本ＯＣＵの発足を見るのであるが、自衛隊を取りまく状況は、終戦前の軍隊とは全く違ったものとなった。しかも、伝道義会、コルネリオ会関係者が高齢となり、また相次いで亡くなっていく中で、終戦より一四年経ってそれらの流れを汲むものとして日本ＯＣＵの発足をみたことは、日本軍人伝道史上一つの大きな転機であったといえる。

ここで戦後新しい歩みを始めた日本ＯＣＵ発足当時から、その会員として活躍してこられた故矢田部稔氏（元自衛官、元コルネリオ名誉会長）の話と自衛官伝道について、「軍人伝道に関する研究」を著わされた西南女学院短期大学教授、故峯崎康忠氏の文章に依拠しながら少し紙面を割きたい。

矢田部元自衛官は防衛大学校在学中に信仰に導かれた。キリスト者としても自衛官としても戦後派であるが、同時に、戦前の伝道義会コルネリオ関係者とも交わる中で、そのクリスチャン軍人の精神に共感し、それを継承している人である。高知県安芸市出身。昭和二八年、防衛大学校一期生として入学、二年生の秋、同室の友人に誘われて日本キリスト教団横須賀小川町教会で求道を始めた。老婦人宣教師、ミス・スチーブンのマタイによる福音書の講義と、宮内俊三牧師の説教に深い感銘を受け、昭和三〇年、大学三年生の春受洗した。

その頃佐々木親（海機二〇期）、及び千葉愛爾（海兵五一期、久里浜教会初代牧師）の両元海軍大佐と信交を得たことで、エステラ・フィンチ女史や「伝道義会」のことなどを聞き感銘を受けた。

同校卒業前ラグビーで衝突し、卒業後その後遺症のため郷里で一年間療養したが、その間教団安芸教会でみっちり聖書を学んだ。療養中、将来の進路についてもいろいろ考えたが、「召されたままの状態にとどまっているべきである」（コリント第一、七：二〇）や、「わたしは、すべての人に対して自由であるが、できるだけ多くの人を得るために、自から進んですべての人の奴隷になった。ユダヤ人にはユダヤ人のようになった。ユダヤ人を得るためである」（コリント第一、九：一九、二〇）という聖句に導かれて自衛官としてとどまることを決意した。

その後健康を回復し、転勤に次ぐ転勤という多忙な自衛官生活が始まったが、その間も勤務地ごとそれぞれの教会で忠実な教会生活を続けた。彼の通った久留米東町教会、御殿場教会、姫路教会（ここで一緒にＣＳ教師をした女性と結婚）、松江秋鹿教会、出雲伝道所、東京昭島教会、千葉八千代台教会、旭川六条教会（ここで二人の子供が幼児洗礼を受ける）、船橋教会、松戸教会、豊橋中部教会、伊丹教会、これらは何れも日本キリスト教団に属する教会である。

その間、昭和三四年五月下旬（武蔵野東久留米）、翌三五年五月（中禅寺湖畔）、同年一一月（熱海）に開かれた米国ＯＣＵ極東大会に招待され、同僚と共に出席した。更に昭和五一年七月にはＯＣＵ第七回世界大会（米国ヴァージニア州）に日本代表団に加わって出席するなど、海外のＯＣＵとの交流を深めた。またコルネリオ会ニュースレター。教団出版局『こころの友』、キリスト新聞に寄稿するなど、教会、家庭、職場で信徒として幅広く積極的な働きをした＊43。

因みに一九七六年に行われた、矢田部氏によるＯＣＵ第七回世界大会参加のレポートがある。

「昭和五一（一九七六）年。建国二〇〇年祭で賑わう米国で、七月上旬の一週間、ヴァージニア州ハリソンパークのマサネッタ・スプリングスでＯＣＵ第七回世界大会が開かれた。二二ヶ国より六〇〇余名の参加者があり、日本からは千葉愛爾夫妻、武田貴美元陸将（衣笠病院長）夫妻、今井健次教授（防衛大学校）夫妻と矢田部稔元自衛官の七名であった。大会は「神の像の成ること」を主題とし、次の四つを目的とした。

イ　全出席者が自国軍隊においてキリスト者としてより活動することができるよう励ますこと。

ロ　世界各国のOCUにおける神のみ業について情報を交換しあうこと。

ハ　軍人に関する各種問題につき信交的な学びをなすこと。

ニ　祈りにより霊的進歩の機会とすること。

毎日これらの目的に向かって、朝八時前より夜一〇時まで、聖書講義、各国OCUの報告、ゼミナール、交わり、祈祷会などの充実したプログラムがもたれた。ゼミナールは一〇のゼミがあったが、ここでのテーマは現在各国キリスト者軍人の直面する具体的な共通問題を示すものとして興味深い。地球伝道論、祈りと計画、小グループ聖書研究の指導、軍人の妻の役割、別居生活、祈祷パートナーの連携、下士官への伝道、外国将校との協力伝道、士官学校伝道、文書伝道といった問題について意見が交わされたのだった。

各国OCU連合の全体会長は、英国のユーバンク将軍であったが、この時次期会長として米国陸軍のバッキングハム将校が指名された。また新たに世界を四ブロックに分け、それぞれに副会長をおくことになり、アジア地区担当の副会長として日本の武田貴美コルネリオ会長が指名され、その就任式も行われた。一週間の大会は、和やかな中にも霊的に恵まれた素晴らしいものであった」

ユーバンク会長の挨拶から。

「ようこそマサネッタ・スプリングスへ。皆さんは遠路はるばるやってこられました。労力的にも、経済的にも大変なご負担であったと存じます。しかし、次の三点は確かでしょう。第一点は、米国ＯＣＵの皆さんの十分な款待と好意を受けられるということ。第二点は、多くの国のキリスト者の友達を得られるということ。第三点は、帰国後、ここで得られた全世界のためのご経験を話せずにはおれないということ云々」

そして矢田部氏は貴重な体験をふり返り、以下のような感想でレポートをしめくくっている。

「労力的にも、経済的にも大変であることも、開催担当の米国ＯＣＵの款待を受けることも、また多くの友達を得ることもその通りであった。七歳の少年から老将軍まで、各国の多くの友達を得た。しかし帰国後、体験したことを話すという点については、簡単にそうだとは言い切れない。なぜなら自衛隊では、あるいは日本の社会、特に役所の世界では、キリスト教については聞く耳を持たず、キリスト教を除いた海外知識については、大いに熱心ではあるが、キリスト教についてはいまだに鎖国のような状態であるからである。

また一方、日本のキリスト教会も鎖国政策を受けている。日本人の心の奥深くには、都合の悪い情報を遮断して生きていこうとする性格、つまり鎖国政策を持ち出してくる性格がよほど強く頑張っているのであろう。日本の教会が、何に対して鎖国しているかといえば、それは軍隊に関してである。軍隊や自衛隊に関することは、見ざる、聞かざる、言わざるをモットーとしているかに見える。もしも、この程度のことが教会で話され、あるいは教会の新聞にでも載るようなことがあれば、疑問に思ったり、けしからんと思う人は少なくないと思う。情報を遮断して、数年、数十年と経過すれば、判断の基準条件が変わってくるので、日本だけが正しく、外国はすべて誤りだと思うようになるのであろう。

この両者、すなわち、キリスト教に関して聞く耳を持たない自衛隊と、世界中の軍隊に関して知ろうとしない日本の教会に対して、キリスト教徒軍人が結合したOCUの成果について話すことは簡単なことではない。しかし、マサネッタ・スプリングスでは日本人七名が経験したことは、何らかの方法で日本の中に伝えられるであろう」*44。

軍人伝道は今も続いている。四年に一度「世界大会」が主催国において開かれ、約八ヶ国の軍人達（元、および現役）が一堂に会し、礼拝と讃美、聖書を学ぶ講演会、交わりを深める親睦の時を持つのである。日本のコルネリオ会は、陸海空自衛隊員（幹、曹、士、防大学生、事務官等）及びこれに関係あるキリスト者が、共に聖書を学び、主にある信仰と交わりを深め、各々その使命達成に寄与することを目的としている。

昭和三四（一九五九）年五月の発足以来、超教派を本旨とし、旧・新教及び無教会の別を問わず、包含するものとし、聖書研究会・修養会・祈祷会等の開催。機関紙の発行、その他の事業を行うものとし、既に六〇年が経過した。現在の会員は約二五〇名。そしてこの礎石となったのが明治三二（一八九九）年、約一二〇年もの前、エステラ・フィンチと黒田惟信により、横須賀に設置され、後に舞鶴・佐世保・呉にも拡張された「陸海軍人伝道義会」であり、数多くの者が福音にあずかったのだった。

旧陸軍では、大正一二（一九二三）年『コルネリオ通信』第一号が利岡中和、松本武夫の両陸軍将校によって発行され、通算一一二号まで刊行され、戦後は『コルネリオの後』と改題され再刊されていった。

日本伝道史上著名なバークレー・バックストン師の四男で松江生まれのゴッドフレー・バックストン師は、祖国に帰り、英国ＯＣＵ顧問として長年にわたって指導を続けた。同師が来日の際にはコルネリオ会のため特別の講演がなされた。

米国ＯＣＵは大戦中の一九四三年の発足であるが、第一回ＯＣＵ世界大会は、一九五九年六月米国で開かれた。我がコルネリオ会発足の翌月である。

その後、世界大会や地域別国際大会が開かれ、日本は一九八六年、一九九五年、二〇〇二年、二〇一〇年、二〇一九年の五回、東アジア大会主催国を担当した。

旧陸海軍のキリスト者グループの伝統と諸外国軍隊における運動に刺激され、また彼らの祈りに支えられ実ったのがこのコルネリオ会である。自衛官有志の願望による小さなものではあるがこのように遠く広い背景を持っている。

「使徒言行録」一〇章の百人隊長コルネリユウスの話は有名である。更に、「使徒言行録」二一、二二三章には、混乱と殺意が渦巻くエルサレムで伝道者パウロを救い、神の御計画を進めたのは、エルサレムに駐屯する千人隊長が率いる軍律厳しいローマ占領軍であったことが記されている*45。

峯崎教授が著書の中で書かれているように、誠に「我が国軍人伝道の先駆者粟津高明や黒田惟信牧師の『軍人には軍人の教会が必要である』との言は、世界に通ずるものとして明記すべきであろう」との行が、コルネリオ会の歴史をたどるとあらためて胸に深く響いてくる。と同時に、フィンチと黒田の築いた伝道義会が陸海軍人のキリスト教信仰の基礎となったというかけがえのない史実に、あらためて思いを寄せるのである。

注

＊1 軍人伝道義会設立届　上申書　(明治三二年)。
＊2『軍人伝道義会日誌』第一号(同年)。
＊3『軍人伝道義会日誌』第一号　第一頁(同年九月二三日〜至九月三〇日)。
＊4「軍人伝道義会来訪人名簿」第一号　(同年)。
＊5『信仰の楯』第一四号に記載された教理研究。
①求道者に対して　男子部「基督教世界観」、女子部「福音要領」。
②信徒に対して　「哲学的に観想せる基督の化身」。
＊6 太田十三男記「日本の軍人伝道に献身せしミス・エステラ・フィンチ女史（日本名　星田光代）」『聖書講義』二三二号より転載。
＊7「軍人伝道義会日誌」第一号　(明治三二年)。
＊8 山中朋二郎氏手記。
＊9『軍人伝道義会日誌』第一号　明治三三年一月一一日〜一一月三〇日。

＊10『軍人伝道義会重要記録』。日本陸海軍人伝道義会憲法第壱条～第九条（明治三三年発布）。この記録の写しは『新横須賀市史資料編　近現代Ⅰ』第七章　宗教５キリスト教（九六七頁）「605日本陸海軍人伝道義会憲法（明治三二年）として記載。

・同右（九一四頁）の記載記事。

「【キリスト教】横須賀地域におけるキリスト教の活動は不明な点が多いが、日本基督教会が明治一八年三月二日から祈祷会及聖書研究会として活動を開始し、明治二一年四月二二日に中里村に落成した新会堂にて「献堂式」が挙行された。式には横浜海岸教会長老執事や小川三浦郡長、永島逸見村長などが参列している（『横須賀日本基督教会五十年史』一九三五年）。日本基督教聖公会も活動している。また、明治三二年九月には日本陸海軍人伝道義会が米国人宣教師エステラ・フィンチ（日本名星田光代）らにより結成され、海軍機関学校をはじめ陸海軍人のキリスト教信仰の基盤となった」

＊11 太田十三男氏回顧録（昭和四〇年八月、和歌山市自宅にて太田氏と対談した際のメモ）。

＊12 田中浩司「内村鑑三と理想的宣教師 Estella Finch」『防衛大学校紀要（人文科学分冊）』第九〇輯（平成一七年三月）別刷、『内村鑑三全集』第三三～三五巻（岩波書店、一九八三年）、峯崎康忠「軍人伝道に関する研究（その四）―伝道義会を中心に―（明治・後編）」『西南女学院研究紀要』一三、一九六七年。

＊13『軍人伝道義会日誌』第一号（明治三三年一一月三十日）。

＊14 聖職者任命式、牧師就任式。

＊15 小檜山ルイ著『アメリカ婦人宣教師―来日の背景とその影響―』東京大学出版会、一九九二年、一四九頁。

＊16 同右、一四二頁。
＊17 宣伝用パンフレット。
＊18 旧海軍基督者に関するアンケート一覧表（昭和四〇年八月）。
＊19 小檜山ルイ著『アメリカ婦人宣教師』一三三〜一三四頁。
＊20 山中朋二郎手記。
＊21 峯崎康忠著『軍人伝道に関する研究（決定版）』一九九八年、二一九頁。
＊22 義会月報『信仰の楯』二号、一七頁。
＊23『軍人伝道義会日誌』第一号、第三号。
＊24 洪泰夫手記。
＊25 大野一郎手記。
＊26 木幡行手記。
＊27 峯崎康忠著『軍人伝道に関する研究（決定版）』四九頁。
＊28 **J.R.Lowell**(1819-1891)「ロウエルとロウエル夫人が主張していた奴隷解放＝「人権尊重の思想」即ち女性と同時に人間の人間に対する支配からの「人間の自由」の実現を、或いはすべての人間は平等であり、且つ「人格」と「人権」を持った者として扱わねばならないとの考え、ウィスコンシン州に生まれたエステラ・フィンチは奴隷解放をしていた北部バプティスト派からも影響を受けていた可能性がある。「人類皆兄弟、同胞なり」という黒田証言もその顕れであろうと思われる。千葉通夫（東京芸大名誉教授）手記『フィンチ小考』。
＊29 大野一郎手記。
＊30 山中朋二郎手記。

＊31　山中稔（経堂聖書会会員）「軍人伝道を支援した内村鑑三―日々の記録にみる一側面」『キリスト新聞』二〇一〇年一二月二五日付。
＊32　山中稔「武士道とキリスト教・軍人伝道」『星田・黒田伝道義会設立・宣教百周年記念誌』二〇〇〇年。
＊33『軍人伝道義会日誌』第一号～第三号。
＊34　筆者訳。
＊35　資料提供：上杉孝良氏（横須賀市文化財専門審議委員、三浦市文化財保護委員、横須賀市総務部嘱託（市史専任）。
＊36　福田稔「奨励（思い出に因んで）」『星田・黒田伝道義会設立・宣教百周年記念誌』二〇〇〇年。
＊37　前田多門手記「山荘静思」（昭和二二年）。
＊38　太田十三男「日本の軍人伝道に献身せしミス・エステラ・フィンチ女史」（日本名　星田光代）『聖書講義』一三一号より転載。
＊39　同右「三、祈祷（いのり）の人としての女史」より。
＊40　黒田惟信手紙「マザー最後の状況」ボーイズ及び米国友人宛。
＊41　N・Yクリスチャン英字新聞「THE MESSENGER」NEW YORK JANUARY 1926 発行。
＊42「軍人の教化へ半生の精進　山の聖者　黒田牧師」『東京朝日新聞』昭和七年二月一三日付。
＊43　峯崎康忠著『軍人伝道に関する研究（決定版）』（2）O・C・U関係者の証と自衛官伝道。
＊44　同右　―O・C・U第七回大会（一九七六年）レポート。
＊45　峯崎康忠著『軍人伝道に関する研究（決定版）』一六七頁。

第4章

日本人「星田光代」の献身的愛の秘密

仔山羊を抱くマザー

何よりもマザーが残したかったもの、残そうとしたものとは、己を差し出すという最大の愛の献身であった。それは主イエスによって示されたほとばしり出る愛で、生涯自分を捨てる生き方を貫いた。それはどこまでも主に従う生き方である。新約聖書の中でイエス・キリストが弟子達に語っている。「だれでもわたしについてきたいと思うなら、自分を捨て、自分の十字架を負うて、わたしに従ってきなさい」（マルコによる福音書八：三四）。エステラの心の中には生涯を通じてこの聖句が根をおろしていたのである。自分を捨てるという生き方は仏教にもある。が、「自分の十字架を負うて」とは、他人のために、世の人のために進んで自分の身を挺することである。イエスの「わたしに従ってきなさい」はわたし、即ちイエス・キリストを模範として、何にも惑わされず独りで歩みなさい、ということである。

和服姿のマザー

マザーの有言実行の生き方、その模範となっていたのは、他でもない彼女の恩師であり、かつての母校（現ナイアック大学）の学長、アルバート・ベンジャミン・シンプソン博士の墓石に彫られた「NOT I BUT CHRIST」「わたしでなくキリスト」の精神である。この言葉はガラテヤ人への手紙二：二〇「生きているのはもはやわたしではない。キリストが、わたしのうちに生きておられるのである」からとられた聖句である。このスピリット（精神）はまたフィンチ自らが選び取ったじんせいー　「主によって日本に送られ、自分の意思によって日本人となり、日本人の僕となって生きる」（フィリピの信徒への手紙二章六―七）の支柱となっていたのだ。

星田光代のスピリットを語った黒田の追慕の言葉には、四半世紀マザーと共に働き、最も身近で彼女の姿を見て来た者としての星田光代女史に対する敬愛と感嘆の念にあふれている。ニューヨークの THE MESSENGER 紙に送った黒田の追悼文「Yet She Speaketh（彼女は今なお語る）」（第三章二四〇～二四一頁参照）からそのことを見てみたい。

（１）人生に対する確固たる主義、信念（righteous principles concerning life）。その意志の強さ（determined mind）は人も驚くほどで、決して自分の信念を曲げない強さをもっていた。自分の意志でこうと決めたらやり抜く力。養女の身分を棄てた時。日本への帰化により米国からの援助が減るもめげない。自己との闘い。（勝利）

（２）愛の献身（loving devotion）。

軍人伝道に青春、国籍、生命を惜しまず捧げた。己を差し出す愛の心（迫害も覚悟の上、スパイ視される。犠牲を払うことを厭わない）。

（３）何たるその注意深さ（what carefulness it wrought in us）で我々を感動させることか。どんな状況におかれても、神のみ心に従う意思の強さをもち、神に忠実であろうとした。その様は死の床にあっても変わることはなかった。これ程の熱心さの姿がここにもある。

（４）何というその深き情熱（what fear, yea, what vehement desire）人に尽す心（奉仕）一人

の魂を深く愛する。家庭の母の愛（配慮、薬、食卓伝道）多くの困難・厳しさ酷さとの闘い‥経済的には余裕のない中で誰にも洩らさずやりくりする。自分を犠牲にしても他を優先させる｜塩をかけた御飯。

（5）何というその熱意（yea, what zeal!）。

一人一人に手紙を書き励ます。キリストの福音を一人でも多くの人に伝えたいという情熱を絶やさない。旅行、手紙、祈り、励まし、病床にある者、どこにあっても折あらばイエスの福音を伝えたいという気持からそのチャンスを見逃さない。そのためにはどんな労苦も厭わない熱心さ。（異教徒への布教の原点）個人伝道に於ける熱意と根気。簡単に諦めない。

（6）彼女から受けた精神的な啓示。（神が人知では理解できない事柄について愛を以て自ら教え示すこと）

日本人の心となって日本人の如くになる、日本に帰化してまでこの国の人々を愛し最後まで神の愛を示そうとした。

明治維新以降、アメリカより続々と来日した婦人宣教師は、一九世紀アメリカの女性の文化の強大なエネルギーが海外に向けて送り出した聖なる戦士であった。彼女たちは十字架のキリストが象徴する愛と自己犠牲を旗印として、日本のキリスト教化の一端を担った*1。

エステラ・フィンチもこの一群の中の一人だったのだ。アイダ・エステラ・フィンチは日本人星田光代として生涯を終えた。彼女の永眠後黒田は「マザーは神が我が国に遣わされし偉大な魂」と語った。内村鑑三も星田光代亡き後「多くの軍人にマザーの名を以て慕われた彼女は、敬うべき主の清き使女《つかいめ》」という言葉を残した。まさに彼らの言葉が語っているように、エステラ・フィンチは主によって日本に送られ—贈られ—彼女の意思により日本人となり、日本人の僕となって生きる事を選んだ。主に従い自分を無にして全てを日本伝道に捧げた。筆者は、マザーの献身に聖なる戦士としてのロールモデルを見る。そして聖なる戦士は無名でなくてはならない。マザーは自分自身が世の誰にも知られることを好まず、ボーイズ達には「右の手のことを左の手に知らせてはならない。私の名をメディアにも知らせてはならない」と言い含めていた。誰にも知られることなく無名の聖なる戦士として神のもとに帰ることこそ彼女の望んだ人生だったのだ。けれどもわれわれにとってマザー星田光代は、永遠に光輝く一番星となって、今ここにいてくれると感じている。

マザーは彼女の秘書をしていた川副馥《かおる》の妹、川副登志子《としこ》（当時一六歳）をこよなく愛し、「my daughter」（我が娘）と呼ぶほどだった。登志子が病で早世した時、お墓を作ってあげた。お墓には聖句入りで聖徒として登志子の名が刻まれた。

黒田がマザーの伝道を「ボーイズ達を聖句による贖いへと導いた」と評したように、彼女の口からはまるで生き字引のように、すらすらと聖句が飛び出すのだった。マザーは一人一人の心に何とかして信仰を根付かせたいという思いを持ちながら決してそれを強要することはなかった。溢れる泉のごとく聖句を引用することによって、ボーイズ達にアドバイスを授け導いた。

それはボーイズ達の人生の危機にある時、故国から離れ海上にあって、ホームシックを感じた時、まるで道しるべのように彼らの心を慰め勇気づけたのである。彼らはマザーから示された聖句を熱心に読み、彼女の聖句の解釈を教えられ、神との対話（祈り）を与えられ、心強さと、神に対する信仰を芽生えさせて人生の活路を見出し、成長していった。マザーは口癖のように「信仰は行いによって示しなさい」と言っていた。そして自ら実践した。その姿を目の当たりにした生徒達はマザーを通して神の御心をしっかりと受け取ったのだった。

黒田がニューヨークに宛てて出した追悼記「彼女は今なお語る」の中で語った〝神に最も近しい者〟として人々をいつも磁石のように惹きつけていた。そして人々は彼女を通じて神の存在をさらに近くに感じたのである。それはとりもなおさずマザー自身がもっとも神の傍近くにいたということである。

彼女の所持する聖書の裏表紙に自筆で書き込んだ『アイダ・エステラ・フィンチのアクロニムス』がある。アクロニムスとはマザーの小学校時代にも流行っていた遊びの一種で頭文字に意味をもたせるもの。マザーはフルネーム、即ちIDA ESTELLA FINCHのスペリングにも聖句で意味をもたせ、当時既に自分をイエス・キリストの花嫁として自覚していた点が窺える。それはボーイズにも例えば太田十三男の頭文字にT・O（Trust Only ただ信ぜよ）のように意味をもたせた。

彼女のアクロニムスの中に「信頼すべき愛すべき主の花嫁」を見出すことができることからも内村鑑三の言葉「神の清き使女《つかいめ》」は的を射ていると言えよう。「主の花嫁」この言葉からも、彼女が神に一番近しい者でありたいと思っていたことは疑いの余地がないであろう。アイダ・

エステラ・フィンチ（IDA ESTELLA FINCH）のアクロニムスの頭文字をとった聖句*2。

I―I must decrease　わたしは衰えねばならない　（ヨハネ三：三〇）
D―Die daily　わたしは日々死んでいる　（第一コリント一三：三一）
A―Abide in me　主よ共に宿りませ
E―Ever, only, His to be　いつも私は主のもの
Everlasting joy　永遠の喜び
S―Saved and sealed and sanctified　救われて封じ込められ清められた
Singleness of heart　一途に
T―This His tender change to thee　イエス・キリストの優しさに変えられる
This is the way　このようにやる
E―Ever in my love abide　いつまでも私の愛に並んで
Evermore give up this bread
L―Learn to know His softest call　キリストの優しい呼び声を知り
Little children　幼子たち
L―Lean upon His Arm for all　キリストの腕に依り掛かる
Learn of me　わたしを知りなさい
A―As a trusting loving Bride　信頼すべき愛すべき花嫁として
Attend to my words　わたしの言葉をよく聴け

F―Fair one　正しき者
I―In the beloved　最愛の
N―Now is our salvation nearer　私たちの救いが近い
C―Come hear to me　より近くに来なさい
H―Hear, O Lord when I cry　私の泣くのを聞き給え

人々にとって伝道義会の場が灯台のようなものといえるのであるならば、マザー星田は灯台の光のような存在であろう。温く明るい光の道標を示され、人々の傷つき疲れた心をいつしか癒されてゆく。癒しは信仰の種となり、やがて美しい花々や瑞々しい草木となる。まさに星田・黒田の抱いていた理想のクリスチャン・ホーム（家庭）がここに在った。

目覚めた人々は大空の光のように輝き、
　多くの者の救いとなった人々は、
　　とこしえに星と輝く。
　　　ダニエル書一二章三節

令和三年を迎えた二〇二一年は、星田・黒田両師の「日本陸海軍人伝道義会」宣教・創立百二十二周年、星田光代の生誕一五二周年、没後九七周年、黒田惟信の生誕一五四周年、没後八

六周年に当たる。

注

＊1　小檜山ルイ著『アメリカ婦人宣教師―来日の背景とその影響―』東京大学出版会、一九九二年、三六五頁。

＊2　エステラ・フィンチ所持の聖書（革製。サイズ18㎝×24㎝）には一八九一年一〇月一七日、Miss Finch の署名がある。

【参考資料】

1　ボーイズ証言・足跡など―海軍機関学校を中心に―

大正一三（一九二四）年に星田光代が永眠、昭和一〇（一九三五）年には黒田惟信も永眠した。「伝道義会」はその後運営を継ぐ適任者がなく、昭和一一（一九三六）年一〇月解散に至った。それでも、伝道義会に最も多く来会した海軍機関学校の生徒達が、この後義会の精神の種を蒔いていったのであった。

伝道義会から巣立っていった多くのボーイズ達は、伝道義会から受け継いだ精神を基に生き、多くの人々に影響を与えたのだった。彼等は軍人という要職にありながら、各地に散らばって、それぞれ己の家族、友人、後輩をクリスチャンに導くという働きをした。後に太田十三男が言える如く「かくて女史が播きし福音の種は年々に成長した。生徒は候補生となり士官となり、兵は下士官となり特務士官となり要職に進んだ。彼等は艦船に、陸上に、各方面に散った。到る所に少数ながら塩となり光となり、「キリストの香しき馨《かおり》」（第二コリント二―一五）となって働く中でクリスチャンファミリーを育てていったのだ*1。

彼らボーイズ達の証言とその後の足跡、在りし日の姿を、今日まで現存している数少ない資料の中からここに掲載させて頂く。星田、黒田両師の平生の姿を知る縁となれば幸いである。

ここに挙げた写真の多くは友人夏川英二氏のご厚意とご協力の賜物による*2。

海軍機関学校出身の堤健男氏（海機四〇期）はその著書『クリスチャン海軍生徒—海軍機関学校と日本陸海軍人伝道義会—』の中でこう述べている。

「クリスチャン海軍生徒とは、基督教信者の海軍生徒、聖書を読んだり、基督教の話を聞いたり、その他基督教と何等かの関係をもった海軍生徒の総称で、けだし筆者の造語であろう。海軍生徒とは海軍兵学校、海軍機関学校及び海軍経理学校の生徒をいうがクリスチャン海軍生徒（以下クリスチャン生徒と略記する）について筆者が調べた結果では機関学校生徒がその大部を占めている。その原因の一つは日本陸海軍人伝道義会（以下伝道義会と略記する）が学校所在地の横須賀に創設されたことにあるように思われる。したがって、これから書くことは機関学校のクリスチャン生徒と伝道義会のことが主になる。伝道義会にはマザー星田あり且つ史学、国学、哲学、漢学などに豊かな蘊蓄を有した黒田惟信牧師がいたので、反キリスト教生徒や宗教無関心者は別として、多数の機関学校生徒が伝道義会に関心を寄せたのであった」

「伝道義会が設立された当時の機関学校生徒は第七期から第一〇期までであった。同会は広告宣伝をしなかったので、設立からわずか半年後の三三年四月に卒業した七期とは縁がなかったようであった。八期の入校は三一年一〇月で豊田稔は伝道義会に通っており、牧野豊助生徒（後少将）は後にクリスチャンになったようであるが生徒時代のことは不明。

八期のコレス（同期に当たる）として波多野貞夫（海兵二八期）、野村仁作（同）がいる。同年五月には臨時招集合格者が九期として入校し、八、九期は三四年四月第八、九期として一緒に卒業した。一〇期生にも伝道義会に出入りした生徒はなかったようである。翌三三年一月第一一期が入校した。この期から機関学校生徒と義会の関係が深くなっていく」*3

機関学校が横須賀に開校されたのは明治二六年一二月であり、その六年後の明治三二年に伝道義会が発足し、それから昭和一一年までの三六年間、伝道義会と深い交わりをもった生徒は一〇〇人を超すと言われていることからみても、伝道義会を一度や二度訪れたことのある軍人や伝道義会と関係のある軍人も千差万別で、瓜生外吉大将、東郷平八郎元帥、山本五十六元帥など名のある軍人も少なくない。

1　豊田　稔（海機九期）　元海軍機関大佐

明治一二（一八七九）年生れ。伝道義会関係者の筆頭として機関学校教官時代に義会に通っていた。日露の役には第三回旅順港閉塞隊三河丸機関長として従軍した唯一人の現存者である。

フィンチ師が伝道義会のボーイズ達の結婚のとりなしをしたことは余りにも有名で、マザー（フィンチ師）の許での結婚第一号で、夫人は東洋英和出身の坂本英子であった。豊田の妹ハマ子も東洋英和出身で後の小池四郎海軍機関中将（海機三七期）の夫人となった人で、何れもマザーの愛弟子達であった。マザー愛用の文机に名前が刻まれている＊4。

2　太田十三男（海機十一期）　元海軍機関少将

明治一三（一八八〇）年生れ。義会開設の翌年明治三三（一九〇〇）年に最初に伝道義会を訪れた機関学校の生徒。二一歳で横須賀海軍機関学校入学。二十四歳の時、伝道義会に入り、フィンチ女史・黒田両師にキリスト教信仰に導かれる。伝道義会クリスチャン生徒第一号であり、フィンチの長男といわれる。後に内村鑑三に「伝道義会は太田を出しただけでその意義があった」と言われたほど。

中学時代、東京独立雑誌を通じて内村鑑三師の信仰に触れた。後に義会の常置委員となり、中軸となって星田・黒田両師に仕え助けて、クリスチャン武人の模範となるように生徒にも教え、自分も極力務めた。従って星田女史の信任も篤く、彼女は義会人に対して太田のようになるようにと常に語ったという。星田マザーの使用した文机には当時の義会ボーイズの名前が数多く周囲に刻まれてあるが、その中心に太田十三男の名があることも実証するものであろう。星田マザーの墓石には太田の筆跡で「星田光代先生之墓」と墨痕豊かに大きく刻まれている。昭和一〇年、星田・黒田両師の記念会の折に草した星田女史顕彰の一文『日本の軍人伝道に献身せしミス・エステラ・フィンチ女史（日本名　星田光代）太田十三男記』が太田慶男著『とこしえの生命』（太田十三男追憶遺稿集）誌上に掲載された＊5。

「私は陸海軍人伝道義会にて星田師や黒田牧師と交わり、贖いを受けた『ボーイズ』の一人である。ここに他の『ボーイズ』と同様に星田師が天に召されるまでの間、この国における彼女の活動への援助や賛同を示して下さった方々に対し、感謝の意を表したい。義会の霊的教化はマザーの信仰的、霊的人格であった。肉体の母に去られて孤児であった私には全く霊の母であった。全く神から与えられたマザーであった。潔き軍人を理想とした。凡ゆる誘惑より救おうとして絶えず祈りと愛を以て信仰に導いた。

こうして心の母を失った我ら『ボーイズ』は、イエス・キリストの弟子達が主を失ったときに感じたであろう絶望を深く理解するものである。しかし我らは『わたしがいなくなることがあなたがたにとって必要なことである』という言葉に元気づけられる。いつまでも母親に頼る子供ではいられないのだ。これは主が我らに自分の足で立ち、主やイエス・キリストが我らがマザーによってお始めになった軍人伝道義会における仕事を続ける道を独歩していくようにとおっしゃられているかのようでもある。我らはまさに『取るに足らない集団』であり、偉業を成せる力もないが、主の御恵みにより『五斤のパンが二千人の命の糧になり』『主がお始めになった仕事はイエス・キリストの日まで続く』という言葉を信じていくものである。私はボーイズを代表する器ではないが、最年長者として、我々に与えられてきた援助や現在に至る恩恵などに対し、感謝の意を表すと同時に、今後も我

々のために祈っていただきたく筆を執った次第である。機関大佐　太田十三男」＊6

3　新田義雄（海機十一期）　元第二艦隊機関長、元海軍機関少将

明治一三（一八八〇）年生れ。元大泉藩士、新田義比の二男。自身の妻文は海軍少将洪泰夫の妹、息子三人はいずれも陸軍士官となった。クリスチャン軍人として有名。中学時代は片道三里の通学をして快男児と呼ばれた。機校生徒時代から「伝道義会」に入りフィンチ女史の伝道を補佐した。初陣の日露戦争では「香港丸」乗組として従軍、その後明治四二年、四三年と「宗谷」（佐藤鉄太郎・鈴木貫太郎艦長）分隊長として兵三六期、三七期遠航に参加、共に伊地知彦次郎司令官であった。大正三年一月からは「津軽」乗組として機二二期の、更に七年三月からは「盤手」（中里重次艦長）機関長として兵四五期遠航に参加、鈴木貫太郎司令官であった。昭和一五年小松製作所顧問、一八年山形造船社長となる。

「Y・NとN・Y」（義雄・新田と新田・義雄の略）

「私は頭が簡単に出来ているので、一言で私の一生の示針になるような言葉がほしいとマザーにおせがみをした。マザーは YIELD NOW（Y. N.）及び NEVER YIELD（N. Y.）と言われた。前者は「神に対して今、直ちに己を棄てよ」との意、又後者はルッターの如

く「神の命令があれば生命をかけて戦え」そういう義雄であれとの命令である。アー、マザーよ、マザーよ」

「黒田先生にはキリスト教の教理を諄々と（繰り返して）教えられた。先生の歴史眼は大したものだった。どうもまことに惜しい。先生は詩文に長じ、書も書かれた。蓋し所を得れば世に名をなされた人であったろうが、遂に義会に一生を捧げられた。マザーを思い出すと常に先生を思い出す。義会のあの入口、独特の腰掛、端座している先生の顔、今も目にちらつく。日本の陸海軍は最早やない。そして義会も去った。しかし、神の御働きは進みに進み、信仰より信仰に。永遠の神に御栄えあれ。アーメン」*7

フィンチ女史を物心両面で最も支えた陰の協力者であったラウダー夫人は義会の軍人をわが孫の如く愛し、軍人からは「グラニー（お婆ちゃん）」と呼ばれて慕われていた。生前グラニーから最も愛されたボーイズの一人であった新田義雄は逗子の自宅で急逝したグラニー（享年七九）の最後の模様を日記に詳しく認《したた》め「グラニーを偲ぶ」のアルバムに収めている。また両親と妻フミ子夫人に宛てた「新田書簡」があるが、これは多くのボーイズにも配られたガリ版刷りの報告書でもあった。新田が如何にグラニーを慕い、グラニーを愛したか、その真情に心打たれるものがある。グラニーもって瞑すべしであった*8。

4　田中謙治（海機十二期）

元海軍機関大佐

明治一四（一八八一）年一二月二一日、岸川源治の次男として、今日の佐賀郡大和町に生まれた。当時の日本は、薩長土肥の時代であり、佐賀からも大隈重信、江藤新平を初め七賢人を輩出しているが、科学技術の面でも日本をリードしている。軍人の輩出もまた日本一である（例：海軍兵学校出身者名簿では、毎年人口比で一位か二位）。田中少年もまた時代の波に乗り、海軍機関学校へと進み、最後は海軍機関大佐にまでなった。明治四一（一九〇八）年八月、福岡県柳川の田中家の婿養子になり、岸川から田中へと姓が変わる。

軍人のため、家族と共に各地を転々とするが、予備役となって大正一四（一九二五）年福岡に住を定めてから、本格的伝道―集会活動に入る。当時軍人キリスト者として名を馳せた者は三人いた。皆海軍機関学校出身で、一一期生太田十三男、一二期生田中謙治、一三期生山田鉄道である。

彼らは、学生時代内村鑑三と信交のあったアメリカ人伝道者、ミス・フィンチ（後に帰化、星田光代と名乗る）によりキリスト教に導かれ、内村門下生となった異色的な人材である。内村の日記にも「鎮海湾在勤の田中機関大佐の訪問を受けて嬉しかった。今や稀なるキリストを信ずる日本武士である。その一人に接するは旧き故郷の山風に吹かれるような気持ちがする」

（一九二四年三月一三日付）とあるように、病床を見舞った田中への感謝と共に、内村は田中のなかに、葉隠武士の気骨をみていたのだろう。

佐賀の地における活動は皆無だが、内村鑑三なき後の無教会を、福岡の地において継承発展させたのが佐賀出身の田中謙治であった。福岡聖書研究会の生みの親。福岡における無教会のルーツを辿れば、昭和四（一九二九）年、田中家が福岡に定住されることによって始まる。翌年、家を新築される時、基礎に聖書を埋め、末永く神のご用に用いられる祈りの家（マタイ二一の一二参照）とされ、家庭集会をもってスタートしている。今日の福岡における無教会の基礎は、このようにして築かれている*9。

「私の卒業は第一二期で明治三七年ですが、その頃、図書室に聖書が一冊、牧師さんの使うようなものであった。今でも覚えていますよ。私はね、試験の時など答案を急いで書いて出し、その図書室に行きその頃エゼキエル書を読んでいましたが、その時の嬉しさはありませんでしたよ。つまり、キリスト教に対する黙許の姿勢ですからね。お前たちはとがめないぞという立派な証拠だったんですから、正々堂々と聖書が読めたんです。それまでは聖書を小さくちぎってポケットに入れ、余暇をみては読んだものですよ」*10

5　**鹿子木《かのこぎ》員信《かずのぶ》**（海機十二期）

元海軍機関中尉　後文学博士

鹿子木が日露戦争の時、海中で溺れようとするロシア兵を見て飛び込み助けようとしたことは有名である。日露戦争後中機関士で海軍を辞し米欧に留学、最後は哲学を専攻し文学博士となったがインド独立に参加して英官憲に追われた。大東亜戦争では思想戦に活動しA級戦犯にといわれたが昭和二四年没した*11。

鹿子木は徳富蘆花の小説「みみずのたはごと」の中の一節『梅一輪』に登場する人物のモデルで主人公の葛城勝郎であり、その恋人のお嬢さんこと石倉よし子、宣教師F女史、外川先生などのモデルが、実は伝道義会の実在する人物であったということは非常に興味深いことである。

この一節は実話に基づいて書かれたようである。その経緯についての引用文がある。

「義会関係者の一人として「徳富令嬢」とのみ来訪者名簿には記されているが、蘆花には子供がなく、蘆花からは子供のように愛され、内村からは聖書を学んだ女性に石倉馨子という人がいた。彼女も伝道義会に出入した女性の一人であろう。徳富蘆花は「みみずのたはごと」の中で、お馨《けい》さんとその恋人葛城勝郎とは実は後の文学博士、鹿子木員信（海機一二期）のことであるという。

葛城は海軍機関学校時代から伝道義会の感化を受け、その後、今日との大学に籍を置きニュー・イングランドのユニオン神学校に行くところであった。お馨さんこと石倉よし子は二年後（明治四三年）鹿子木の後を追って渡米し、ブルックリンの病院看護学校に勤務するが、間もなく敗血病におかされ、僅か二〇時間で二四歳の短い生涯を終えたのである。彼女の信仰と感謝と平和の麗しい臨終に感激せしめた。フィンチ女史が日本に帰化して（星田光代）となり、その一〇月末、米国各地を旅行し、ニューヨークで鹿子木に会い、フィンチ女史はお馨さんの臨終にも立ち会ったのである。蘆花は、お馨さんの郷里での葬儀の模様を記した中で、フィンチ女史と内村鑑三の感話を交えて小説の中で述べているが、F女史とはマザーのことであり、外川先生とは内村鑑三のことである」＊12

6
林　正男（海機一二期）　元海軍機関少将

明治一三（一八八〇）年生れ。竹田英一の四男。林清之助の養子となる。自身の妻稲子の叔父に失踪事件で有名な海軍主計少監竹内十次郎が、従兄弟に海軍少将太田十三男がいる。初陣の日露戦争では「吾妻」（藤井較一艦長）乗組で蔚山沖海戦を戦った。日本海海戦時は海防艦「比叡」乗組で旅順港警備の任に当っていた。大正八年一二月、機関中佐昇進と同時に五年、追浜に開隊した横空機関長となり黎明期の海軍航空技術の向上に寄与した。因みに当時の司令は吉田清

風少将、田尻唯二大佐であった。

予備役編入後は大同製銅顧問、大洋製作所会長などをしていたが昭和一七年衆議院議員となった。機校生徒の折からクリスチャン軍人として「伝道義会」の会員であった＊13。マザー愛用文机に名前が刻まれている。

7　竹内泰民（海機一二期）　元海軍機関少将

伊勢鳥羽の士族の出で父の勤務先の都合で東京に出て正則中学に学んだが文学志向の強い人であった。機関学校の成績は優秀であった。

初陣の日露戦争では「三笠」乗組として黄海海戦に参加、日本海海戦では仮装巡洋艦「満州丸」乗組としてバルチック艦隊の哨戒に当たった。大正一二年四月、燃料廠研究部長となったが研究作業を軌道に乗せるために帝大教授を特別顧問に迎えるなど新方法で研究レベルを高めた功績は評価されている。昭和二年六月～一二月まで、練習艦隊機関長として兵五五期（機三六期・経一六期）遠航に参加、寄港先は北米で司令官は永野修身中将であった。クリスチャン軍人として「伝道義会」の会員であった。また、広汎な読書家で文学通であったため常に官舎に若い士官達が集まっていた＊14。

8

山田鉄道《かねみち》（海機一三期）　元海軍機関中佐

明治一四（一八八一）年生れ。元伝道義会会員。無教会派個人伝道者。中学時代、既にキリストに接した人であった。叔父が牧師をしていた関係もあって、教会には行ったが祈祷に頭を下げないことと、讃美歌を歌わないことを条件にしたというエピソードの持主である。しかし「説教にはよく耳を傾けた所謂、道徳教徒であった」とはその頃の追憶談である。伝道義会とのつながりは、やはり級友に誘われるまま出入りしている中に、フィンチ師の愛に触れ、真の信仰に導かれた。黒田牧師からは聖書をよく学んだとも語っている。山田は第一回軍縮の際、志願して退役後（大正十二年頃）関東学院で教鞭をとったが、僅か半年で辞め、内村鑑三の聖書研究会に加わり、個人伝道に踏み切った人である。戦後機関誌として『無教会キリスト』（月刊）を発刊し続けたが、その一〇五号に「狂人の幸福」と題した氏の追憶記がある。その一端が次の如く紹介されている。

「私は幼少の時父母に死別、叔父の世話になった。叔父の家ではとてもよくしてくれた。だのに私はひねくれた。今思うと全く恩知らず。他人に子を我が子と同じようによくしてくれるのにひねくれるとは！それで中学を卒業して海軍機関学校に入った。官費だ。そこで大言壮語して言った。「もう誰の世話になるものか―俺は木の股から生まれてきたのだ」。今思えば全くの恩知らず！海軍生徒一人に一年一万円かかると言われた。

生徒数は少ないのに設備や教官らは大したもの。それが皆、国の費用であるのに！　そして木の股からだなんて。学校は規律と服従を習わすためとて恐ろしく厳しい。何だか監獄に行っている様。それで日曜には逗子、鎌倉に遊びに行った。トンネルが七つある。一つのトンネルを越す毎に監獄から遠く離れる嬉しさだった。だんだん仲間が増え、飲み食いに一日を明かした。一年たって飲み食いの生活が何だか悲しくなった。

ある時胃を患って三ヶ月病院に入った。帰ってくると三人の級友が三ヵ月前のノートを書いたのをくれた。私は驚いた。聞くとキリスト者であると。それで私はその人達の行っている陸海軍人伝道義会という所につれていってもらった。真実な方であったが、私には聖書がよく分からなかった。（中略）日露戦争が始まった。多分米国人と関係があってはいけないスパイの恐れがあるとでも思うのか。そして今思うと教官がけしかけたのではないかと思うが、級友が殴る、蹴る。だが只痛いのをこらえるだけ、別に腹も立たなかった。卒業の数日前、幹事長の大佐が、「山田ヤメロヤメロ」「ヤメマセン」三度同じこと。これでは退学処分かなと思ったが、候補生になって第二艦隊司令長官旗艦「出雲」に赴任した。上村中将に紹介され、赴任の挨拶に「イエス様の救い」のことを話した。だが受け入れられなかった。船乗りは港々で浮気する。そんな中でいつも一人ぼっち。主に在る海軍の先輩が内村鑑三主宰『聖書之研究』を読んでおられたので、私も購読した。

エステラ・フィンチ嬢の奨めで洗礼を受けたが、只受けたというだけであった。自分の不信仰の故でもあろう。聖餐をも受けたが只食えた位のものだった。やはり不信！（中略）愛の不足、だから信仰はあやふやであった。外敵が強いと信仰も強くなるが平和だと弱い。艱難が恩恵。だから神様は更に大きな艱難を下さるのだ。そして最後には死。（後略）と」＊15

山田氏もまたフィンチ師のとりもつ結婚にあやかった。夫人、徳子は同じ義会人、海軍大佐矢島矢一（旧姓生田、海軍兵学校三二期、明治三七年）の令妹に当たった。

9　**高木欽三**（海機一二期）　元海軍機関大佐

明治一二（一八七九）年生れ。明治三四年に同期生の太田十三男に誘われ、同じく同期の藤田孝男を誘って伝道義会に行き、大正一二年頃まで義会関係者であった。呉軍人ホーム開設時の立役者の一人。思い出として

「黒田先生は学者で博識であり漢詩、和歌も詠まれました。几帳面な方で先生の座席は移動することなく、和服も常に整然とし、寛いだ風を我々に見せられませんでした。フィンチ師はすらりとした良い姿勢の美しい方で、『私はあなた方のマザーだから私をマザーと呼びなさい』といわれ、吾々は親しんでマザーと呼びました。日本語が非常に上手で襖を隔てていると日本人同志の話を

聞くようでした。また墨痕あざやかに揮毫されました。（中略）黒田・フィンチ両先生の写真、手紙、義会の会誌などは横浜に在住中、昭和二〇年五月二九日の戦災で家財と共に焼失しましたが、両先生から受けた恩恵は終生忘れ難くあります」

マザー愛用の文机に名前が刻まれている＊16。

10 **小野徳三郎**（海機一三期）　元海軍機関中将

明治一六（一八八三）年三重県亀山に生まれた。クリスチャン軍人であった。一七歳の時に日本基督教会名古屋教会で洗礼を受け、その後機関学校に入り「伝道義会」の会員となった。機一三期恩賜、初陣で「朝日」乗組として日本海海戦に参加した。造機の専門家の道を歩み昭和三年一二月に海軍少将、八年一一月には海軍中将に昇進した。軍歴もさることながら佐世保教会設立に尽力したり呉教会、富士見町教会でのクリスチャン活動が広く知られている。一八年には青山学院八代目院長となったが、終戦まで礼拝を止めなかったり軍事教練の教官の前で戦争を厳しく批判したりしたが、海軍中将の肩書に救われたという。小野中将のことば。

「汝の敵を愛せよと。げに深遠なる教えなり」

戦後は聖書の印刷と普及に努めた。工機学校長。ギデオン協会長＊17。

11　**風間豊平**（海機一五期）　元海軍機関少将

明治一六（一八八三）年生れ。受洗日は不明だがクリスチャン生徒であった。二期先輩に当たる小野徳三郎（元海軍中将）に導かれて義会に関係するに至った＊18。

マザー愛用の文机に名前が刻まれている。

12　**洪　泰夫**（海兵三三期）　元海軍少将。東郷元帥副官

明治一八（一八八五）年生れ。

「マザーと私との最初の接触は明治三六年春、私が海軍兵学校の三号生徒（一年生）の時であります。江田島に来訪されたマザーと応接室で対談しながら尋ねられるままに私の身の上話をし、私の家族が信者であること（洪泰夫の父は牧師）を話したところが、『いくら牧師さんの子供でも本人が信仰を持たなければ駄目だ』と言われたのが第一印象であり、それから五一年後の今日でも尚その時の言葉をよく覚えていて忘れません。

候補生で軍艦『朝日』（戦艦一万四七六五トン）に乗組み中、横須賀で定期のチャージを自分でかって出て、波止場までマザーを迎えに行き、艦に連れて来て案内をしたことがありました。中少尉で砲校、水校学生時代には始終義会でお邪魔になりましたが、大尉の時、遠洋航海から帰国後、舞鶴で約一ヶ月程二階借りの新家庭を営んだ際に、横須賀から来て泊って貰ったことがあります。その後海軍省の副官（東郷元帥の副官）をしている間に憲兵隊からくる各種の報告書を見るに及んで、初めて前記のような私の行為は当時自分では平気でやっていたのではあるが、時にはやり玉に上がったこともあったのだろうと考えてみました。

マザーが召天されたのは、私が海軍省副官在任中で、ご臨終の二日前の日曜日に横須賀に来てお見舞いしたのが最後のお別れでした。あれほどまでに日本の為を思い、日本を愛し、日本人を愛し、遂に自ら帰化して日本人になられたマザーではありましたが、もしもそのご在世中にあの日米開戦という事実が起ったとしたならば、一般日本人も、そして特に憲兵などは、さぞや色眼鏡を通してマザーを見たことであろうし、マザー自身も又さぞや苦しい立場に置かれたことだろうと想像して、私は開戦やその愛せられた日本海軍の全滅を見ないで召天されたマザーを本当に幸福であったと思っています。

マザーの日本語は実に天下一品でした。唐紙一つ隔ててその話を聞いたら、恐らく誰でも外国人が話していると思った人はなかったでしょう。私はその後もたくさんの外国人の口から随分達者な日本語を聞いたことがありますが、やはり発音やアクセントにどことな

く外国人臭いところが残っているのが普通で、マザーほどにあか抜けのした日本語は聞いたことがありません」＊19

13　**加藤孝一**（海機一八期）　元海軍機関大佐

明治一九（一八八六）年生れ。機関学校入学後、最初の外出日から一期先輩の風間豊平（元海軍少将）に誘われて義会に出入りした。黒田牧師とその師奥野昌綱牧師を敬愛し、義会解散時まで関係した一人である。義会の談話室に掲げられてあった奥野師による「畏神尊王」の扁額の下でなされ黒田の徹底した聖書研究に感銘を受ける。マザーは、求められるままに、多くのボーイズに揮毫したらしく、氏も「盡忠孝」の額を家宝の一つにしている。特に奥野師の「心ある友と語らむ千歳にもまさるる神と語るひと時」の祈りの心境は視力減退、難聴の氏にとっては最大の慰めであったという＊20。

14　**木幡**《こばた》**行**《つよし》（海兵三七期）　元海軍少将

明治二二（一八八九）年生れ。

「兵学校入校後まもなく、会津の人（穴沢房吉、同期）に誘われて、英語教官堀英四郎先生のお宅に参上し、そこで横須賀伝道義会の佐々木（親）先生（海機二〇期）にお目にかかったのが縁で、日曜日ごとに参上することとなった。やがて伝道義会の会長星田光代女史（ミス・フィンチ）が来校され、以来女史の教訓を受けるようになってから毎日曜日が至極幸福なものに思われるようになった。集会は射的場の下にある池のほとりの離れ家を借りて行われたが、それからの三年間、江田島生活は極めて有意義なものとなった。女史の熱心な教訓により、私は全能の神の子、主イエス・キリストの全く直第一となったのである。私は女史に心酔して、マザーとボーイズの仲となった。レイクサイド・ヴィラ（山あいの池畔の小屋の呼び名）の毎日曜日の集まりは真に意義深いものであった。私は三度ばかり山中老松の下、渓流のほとりで道をきき、本当のキリスト信者になったことは終生の思い出、また感謝である。集会の初めの頃、マザーは「信仰がなければベストを尽くすことは出来ない」という課題を出し、一ヶ月位案山子のように考えさせられた後、四人に順々とその話をされた。小池四郎と私は真の兄弟のように呉支部に、横須賀本部にマザーを頼り、本当の母子のように愛され、教えられ、薫陶を受け、各地に旅行もした。

当時海軍においてヤソは特権部落のように冷眼白視された。兵学校卒業の時も、専任教官に『木幡、お前ヤソを止めろ、損するよ』と諭された。『これは私の生命だから益々やります』確答すると『そうか仕方がない』と憐憫の情をこめて申された。中尉の頃も兵学校入学当時の分隊監事、足立少佐（その頃民間人）が人づてとして『ヤソをやめて軍事に専念せよ』と勧告されたが、私は自分が神を信じ、キリストを頼りに、至誠一貫勤務している心が分って貰えないのを残念に思った。しかし心には先輩の親切を感謝せずにはおれなかった。

義会の兄貴達はよく弟分の面倒を見て指導してくれた。新田義雄さん、太田十三男さんなどはその代表的な方で、今もなお兄事している。唐津の豊田稔（海機九期）さんにも今なお敬意を表しています。我が海軍の中に、このような信仰団体があったことを、今の自衛隊に、また将来に残したいと思っています」＊21

15　**大野　董**《ただし》（海機二〇期）　元海軍機関少将

明治二三（一八九〇）年生れ。伝道義会に入りクリスチャン軍人となる。中学時代、既に宮城県古川市の日本基督教団教会の日曜学校長を務めた程で、機関学校入学以来、現役中は始終、義会で星田、黒田両師の薫陶に与った。後年、呉日基教会の長老として、更に呉軍人ホーム会員として尽力している。

氏は長い信仰生活での体験の中から「人生において寛容と慈愛と忍耐という聖意を失わぬ限り、希望は失せない」との確信のもとに、今日、財団法人、仙台育英会理事長の要職にあって、全寮制のもとに日夜、有為の青年指導に当たっている。その姿勢の一端に触れるとき、そこには伝道義会を通して育成された一基督者の「期待する人間像」論の片鱗がうかがい知られるであろう。

氏が、海軍大学で機関学生教程や特修機関学生教程を終了し、基督者海軍教官の一人として後輩の指導に尽粋したことなど思いあわすとき、その教育活動には生きた信仰が横溢している。氏の理想像は、その一族の中にも実践されている。即ち、氏はその手記の中で「老夫妻には男三人、女四人の子女が生まれた。けれど海軍の飛行将校だった次男は戦死したが、女は四人とも海軍将校に嫁し、今では孫達合計二一名、大学卒、大学に高校に中学、小学、幼稚園に至るまで、それぞれ在学、在園しているが、大半は洗礼を受け、概してキリスト者として有終の美をなさんと努力している」と述べている。

戦後は昭和三三年から山梨勝之進大将の後をうけて仙台育英会理事長。大阪艦本監督長*22。

16　大野一郎（海兵三八期）　元海軍中将

明治二四（一八九一）年生れ。

「マザーは隔月位に毎日曜日、呉から来島し、古鷹山麓にある静寂な『レイクサイド・ヴィラ』というと一寸豪華な別荘を思われるが、実は百坪位の灌漑用水の一隅に池上に乗り出して建てられた八畳位の一寸洒落た小屋に来られて、五、六名から多い時は十

名のボーイズと朝の聖書研究、午後は山登りや方々の美しい海岸を、今でいう『ハイキング』しながら、事物に触れるあらゆる機会を捉え、適切に神の摂理、自然の美を説き、或はまた社交のマナーなど、それも知らず知らずのうちに教えられました。この頃から最も畏敬した同情の友は一級上の木幡行氏でした。とても家族的で最も親しんでいました。星田先生にお伴して同信の先輩家庭をお訪ねし、和やかなご家庭に触れた楽しい思い出があります。この兵学校三年間に私の信仰の基礎が育まれたものと深く感謝しています」＊23

17 **佐々木親《ちかし》**（海機二〇期）　元海軍機関大佐

明治二五（一八九二）年生れ。マザーの三男と言われる。

「私は明治四一年九月、私が横須賀海軍機関学校に入学したる時、私より二年上級の生徒にてキリスト者である加藤孝一氏あり、私を陸海軍人伝道義会に案内してフィンチ先生及び黒田惟信先生に紹介してくださったのである。これが実に私の青年時代及び壮年時代の信仰の養育場であったのである。

その当時伝道義会にては日曜日の午前、機関学校の生徒のために黒田先生の聖書研究あり、午後三時よりは一般軍人及び家族のための礼拝ありて、ほとんど毎回黒田先生の司会説教があった。出席者には、その頃機関学校教官たりし豊田稔氏、新田義雄氏、太田十三

男氏等あり、またそのまゝの勤務の士官にては小野徳三郎氏、林正男氏、生田矢一氏、田中謙治氏、山田鉄道氏、洪泰夫氏、風間豊平氏等あり、機関学校生徒では手塚謙吉氏、加藤孝一氏、大野董氏、内田五郎氏、山中朋二郎氏等あり、また有幡砲兵少尉、その他陸海軍准士官、下士官兵若干あり、特別なる出席者としては、フィンチ先生を援助しておられた逗子のラウダー夫人がある。

私は明治四一年九月初めてフィンチ先生に会い、間もなく先生に従って散歩したことがあった。その後で先生は私に『あなたは外国人と共に歩んで少しも恐れ憚るところがない。これから続いてご来訪下さい』とのことであった。私は中学時代からペティ先生と歩いているので外国人と共に歩くことについて、別に心配すべき理由をもっていなかったのである。その先生と一緒に平然と散歩する海軍生徒たる私をボーイズの一人とするに足ると認めたのである。然し私は先生の境遇を知らなかったのであるから、この言葉はわたくしにとって過分のご待遇であったというほかはない。日本の軍人の霊の救いのため、一身を捧げて働いておられる先生に対して、スパイ扱いは全く相済まぬ次第であるが、先生は「女スパイは外国にもあるから、軍当局が警戒せられるのは当然である」といってよく理解しておられた。ある時は私服憲兵が命を受けて、伝道義会の礼拝に出席したが、これを親切に対応し、却ってこれに伝道される勢いであったのを見た私は欣然たらざるを得なかった。

日本人となられた星田光代先生は、わが皇室に対する尊敬の念厚く、両陛下のお写真を自室に桐の箱に泰安しておられた。これは日本人でも必ずしもなさない所であって、私共、全く敬服したことである。その後フィンチとさえ呼ばれることさえ好まれなかった。先生は救わんと目標を定められた個人に対する伝道に集中せられ、傍観者にはこれを溺愛せられていると誤解するほどのものであった。事実、愛せられ過ぎて、物質的恩恵、人間的愛のみ受けて、永遠の生命を得ずに離れてしまった者も相当にある。

先生は神武寺の和尚さんと懇意にしておられ、時々同寺の一室に宿泊して書き物をしておられた。

先生は日本の精神文明をよく理解し、日本の使命を自覚しておられたのである。先生は『日本の国体は聖書に適う一番良い国体である』と言われたことがある。先生が如何に日本人になりきっておられたかは、その趣味及び生活においてもよく分かる。即ち、御陵の研究あり、書道の修習あり、殆ど生来の日本人の如き流暢なる日本語を語られ、日本食事を好んでおられた。

黒田先生は伝道義会の礼拝説教、聖書講義を受持たれ、星田先生は軍人の母としての働きをせられた。これによって伝道義会が伝道機関であると同時に、出入りする軍人の楽しきホームである所以をなしていたのである」*24

著書に『恩寵の体験』（昭和三〇年、教文館）。別冊に『Three Mothers of Mine』『黒田惟信説教集』がある。

佐々木寛《ゆたか》（次男）は、『伝道義会設立、宣教百十周年記念誌—海軍とキリスト教が四代続く佐々木家—』の中で「三代目はマザーの忠実なボーイ」と題して次のように述べている。

「父は世界最大級の戦艦「扶桑」（三万トン）の電機分隊長から抜擢されて、大正一〇年から一三年まで江田島の海軍兵学校の教官になった。その間、高松宮、伏見宮、山階宮三殿下をお教えしたのを誇りにしていた。高松宮の答案用紙（電気工学）も残っている。この江田島の官舎で、父は教え子を集めて毎日曜日礼拝を守ったが、その時の教え子に千葉愛爾（後に海軍大佐）がいた。舞鶴の機関学校教官時代にも日曜学校校長をしていた」

18 **水野恭介**（海兵四二期）　元海軍少将（昭和一八年八月二八日戦死）

五、六歳の頃、横須賀軍人伝道義会の星田光代先生の肩車に乗ったこともあって、同先生からキリスト教の感化を受けた。自らも「私は人生の出発点から同先生の感化を受けた」と言い少年時代は日曜学校にも通った。中尉時代に海軍より英語選科学生として東京外語大学に二年派遣され、次いで米国の大学に三年学び、帰朝後は欧米に四回派遣される。旅行の途中においては諸所の教会を応援講演し、あるいはらい療養所を訪ねて福音を伝えることもあり、軍港地でも伝道義会を援けた。多くの人に審美的情操豊かなる信者として「優にやさしさ」を感ぜしめたという。

大正一二年九月一日の関東大震災の時には、星田先生は病気のため、ハワイに行っておられたが、その震災後、米国駐在を仰せつけられた水野恭介氏（当時大尉）は赴任の途中、ハワイにて星田先生に会われて、先生から「今まではアメリカから日本に宣教師がきたのであったが、これからは日本からアメリカへ宣教師を出さねばならぬ。あなたはそのつもりでやって下さい。」とのお言葉があったということである＊25。

19　**山中朋二郎**（海機二一期）　元海軍機関中将

明治二二（一八八九）年岡山に出生。同四二年七月横須賀海軍機関学校に入学、一九歳で富士見町教会において受洗。太田十三男より十歳後輩で、後にマザーから「朋二郎は十三男（太田）の子だ」と言われた。一期上の佐々木親生徒に誘われて、初めて伝道義会に導かれて訪れた時の経験をこう語っている。

「明治四二年七月私が十九歳で横須賀機関学校に入校しました時、同郷（岡山）先輩の佐々木親兄に誘われて義会に初めて参りましたところ、マザー星田先生の他、黒田先生、藤本先生のご夫妻方の暖かい歓迎を受けました。その時、学校の厳しく、又自由のない生活と打って替ってこんな嬉しい楽園があるのかと思い、且つ学校の太田教官やその同級の新田さんがその義会の大先輩であることを発見して全く思いがけない感激でありました。爾来本校の三年間、凡そすべての日曜日、外出時に午前十時よりの黒田先生の聖書講義を受け、

更に午后三時からの先輩方と一緒の礼拝に参列し、帰校時間一杯に色々と楽しく、珍しいお話を先輩方より承りましたのでした。マザー星田のボーイズ教訓、先輩太田教官監事の海軍軍人生活に関する教訓については、今は省きますが黒田先生の私の機関学校生徒時代に与えられた聖書講義や説教を通して私が忘れることの出来ないのは、先生のパウロ書翰の数々を学びながら、パウロの愛弟子テモテの訓育、恰も黒田先生のパウロ、我々はテモテであったことです」＊26

山中朋二郎生徒は大阪天王寺中学の出身であったが、生れは岡山であった。彼は「真っ白の夏服、七つの金ボタンのジャケット、腰の短剣、正に郷里に錦を飾る思いで（中略）まず、生母と祖父の待つ郷里岡山へ帰った」。それ以来義会に熱心に来るようになり、フィンチこと星田光代からも「朋二郎」と呼ばれて愛すべき教え子となった山中ボーイだった。だがある日学校での出来事を通して山中は上官からヤソ教を信じた者として「前へ出ろ」と言われ、思いきりぶん殴られ、顔がみるみる腫れあがったことがあった。この出来事の著述は山中朋二郎著『米寿記念　恩寵の回顧』（昭和五三年）の中で次のように記されている。

「思い起こせば一号生徒（三年生）の第一九期が卒業して二〇期が一号、私らが二号（二年生）になったばかりのある日曜の夕食後、一号生徒からの召集令で、我々六〇人が柔道場にあつまった。二〇人ばかりの一号生から一人が出て来て『貴様たちの中でヤソの教会に行っている者は一歩前に出ろ』と言うので、自分は内田五郎（同期）、阿部正秋（同期）と前に出た。すると他の一号生が『キリスト教は日本の国体に相容れない宗教である。こんな宗教に行くとはもってのほかである』と言って我ら三人の顔を二、三人で叩いた。

そして一人が更にキリスト教亡国論を始めた。（中略）私はじっと我慢して聞いていたのであるが、彼の反キリスト教論が、何も知らない同級生らに誤解を与えることを恐れた私は、遂に辛抱し切れなくなり、（中略）つい口を出した。『そのお話でしたら私たち三人だけに話して頂きたい』と言った。そこで一応その一号生の説教は止まったが、『何！』といきり立ってきたのは腕組みしてにらんでいた連中である。幾人だったかよく覚えていないが、次々とやってきて、私の両頬を殴った。不動の姿勢で倒れそうになったが頑張っていた。

そのうちに、生徒館で就寝用意のラッパが鳴り出したので事件は終わった。（中略）寝室前の廊下で鏡を見たら顔中赤くはれ上がり、まるで化物のようで、これが己の顔かと疑うほどであった。その頃の日記に『その夜顔面ほてって眠りならず』『翌日コメカミ痛みて麦飯かめず』とか『両眼の瞼腫れあがり教室の黒板を見ること能わず、悲しくもないのに涙出て止まず』などと書いている。それよりもその二日後から秋の行事で辻堂へ行くことになり、その化物のような顔で出かけるのは少々辛かった。しかし同分隊の一号生諸君はそれとなく同情した風であった」

その後山中生徒の顔は常態に戻るのに半月はかかったようで、その間の日曜日に伝道義会でマザーに顔を見られた。その時マザーは学校での出来事を承知していたようで、山中生徒をじっと見ただけで一言も発しなかった。山中生徒も何も言わず礼をしただけで、さびしい心で帰校したという。そして「日頃『軍人の上長に対する絶対服従の精神が人間として神への絶対服従に通じるのだ』と教訓したマザーにとって私の上級生への一言は不快だったのでしょう」と堤氏（海機四〇期）に語ったという。

三号生の時、ある日曜日の三時の礼拝の前に唯一人マザーに呼ばれて話を聞いている中に感情が高まって嗚咽となった。「忘るべからざるわが霊性の一紀元は開かれたり。我は救われぬ。霊性はよみがえりぬ。肉の生活を捨てよ。霊的生活に入れよ。霊魂は不滅なり。神よ、信仰うすきわれを捨て給うな。わが心は神のものなり」とその夜日記に書いた*27。

終生熱心なキリスト信仰者であった。戦後昭和二四年九月、キリスト教精神に基づく「経堂子供の家幼稚園」を設立。爾来、昭和五五年三月に閉鎖するまでの三一年間幼稚園の園長を務め一五〇〇名の卒園児を送り出した。著書に『見守る教育』『恩寵のもとに九十年』他多数。

『機関学校卒業式に招待されたミス・フィンチ』

山中　稔（遺族）

昨年（一九九五）秋、私は一つの驚くべきものをみた―というより証言の録音テープを聞いた。それは海軍機関学校の卒業式に、アメリカからのキリスト教伝道者ミス・フィンチが招待され、出席していたということで、私は軍籍にあったことはないが、それにしても〝そんなことが…〟と思ったのである。（中略）

私が聞いた証言の録音テープというのは、元水交会会長海軍中将榎本隆一郎氏（機二四期）、横須賀海兵団出身元機関大尉、長谷川慈舟氏と私の養父母、山中朋二郎（機二一期）、キク夫妻の四人が、元自衛官陸将補、矢田部稔氏の質問に答える形で一九八〇（昭和五五）年四月二五日に証言したテープを一七年近くも経った昨年秋、矢田部氏から贈られたのであった。この中で養父山中は、「機関学校卒業式（一九一一（明治四二）年）にマザーが出席しており、式後の茶話会ではマザーと教官の前でこちこちに堅くなった」ということを証言している。

此の卒業式招待が一回だけのものか、何回もあったものかは分からないが、仮に一回だけだったとしても、軍の学校の最大行事に外国からの、しかも宗教の女性伝道者が来賓として招待されたということは、私にとっては驚きであった。だが同時に、当時（明治の終り頃から大正初め頃）の海軍の自由主義的な一面をみる思いがしたのである。（中略）この榎本氏のクラス（二四期）は七名が義会の会員になり、父のクラス（二一期）では三名だったとのことだが、当時の機関学校からは五〇名クラスとして四、五名が義会の会員になった模様である。（中略）

礼拝、聖書講義は主として黒田師が受持ち、会長・星田は世話役として裏方に徹していたそうであるが、通常の教会と異なる伝道義会の特色の一つは、敷地内に剣道、柔道の道場をつくり竹刀、防具から柔道衣まで用意して武道を奨励されたことであろう。私はこのあたりにも、単なるキリスト教の伝道者という枠を突き破って機校卒業式に招待された一因があったと思っている。

内村鑑三がマザーこと星田光代と信交があり、しばしば『聖書の研究』誌上に、「ホシダの小母さん」として登場させているなど、伝道義会に関心を寄せ、側面から支援・協力を惜しまなかったことはよく知られている。そもそも内村鑑三とミス・フィンチの出会いは、海軍機関学校時代の太田十三男（機一一期）元海軍少将がとりもったものである。（中略）

榎本氏の言によれば、「太田氏は内村鑑三をして『伝道義会は太田十三男一人を出したことで既に設立の意義があった』とまでいわしめた人で、いわば伝道義会・マザーの長男的存在であった」ということである。父が「太田なくして私の現在はない」とは、書いてもいるし、私も再三きいた言葉である。

内村鑑三が非戦・平和主義であったことを疑う者はいないと思うが、また武士道を重んじたこともよく知られている。『聖書の研究』一九一六（大正五）年一月号の巻頭言に「武士道とキリスト教」と題して「武士道の台木にキリスト教を繋いだもの、そのものは、世界最大の産物であって、これに日本国のみならず、全世界を救う能力がある」と英文とその訳文で書かれている。こうしたことからみても、武道を奨励したマザーと、武士道を重んじた内村が意気投合し、親密になった一面をみる思いがする。

さて、この内村の一九二三（大正一二）年五月一六日の日記には、横須賀軍港へ行って戦闘艦「長門」を参観したことが出ている。ちなみにこの長門には、父は内村が参観する二年前に、機関科分隊長として大尉で乗り組み、同じく太田は参観から三年後、聯合艦隊機関長として大佐で乗組んでいる。

阿川弘之著『軍艦長門の生涯』（六興出版、昭和五六年）は、サンケイ新聞夕刊に連載されていたが、一九七二（昭和四七）年一一月一四日付夕刊に「山中大尉は篤信のクリスチャンで、機関学校生徒（二十一期）だった明治末年、横須賀平坂上の、陸海軍軍人伝道義会にかよっていた。当時の海軍機関学校と伝道義会とからは、クリスチャンの海軍将校がたくさん生れている。山中朋二郎は、現在、東京都世田谷の小さな幼稚園の園長さんである」とあり、八十五歳の元中将が、自宅を開放し、夫人とともに幼児の面倒を見て暮しているのは、若き日に伝道義会でさずかった信仰によるものであろう。

明治の末、妙齢二十四歳で伝道のため来日し、日本に帰化して日本名を星田光代といったアメリカ女性があった。この人が、海軍軍人にキリストの教えをひろめたというので創設したのが、横須賀平坂上の陸海軍人伝道義会である。このアメリカ生れの婦人は内村鑑三とも関係が深く、鑑三の著書に、「星田の小母さん」として名前が出てくる。

星田光代先生の教えを受け、内村鑑三の孫弟子のようなかたちで信仰に入った軍人は、土地柄からも海軍の方が多かった。山中たちは、ここで聖書の読みかた、古典を読むことの大切さを教えられた。機関学校の生徒の中には、「なんだ。貴様ヤソか」と目くじら立てる者がいて、顔がはれあがるほどなぐられたりもしたが、くじけなかった。

伝道義会とは無関係だが、山本五十六の無二の親友、武井大助主計中将なども、コロンビヤ大学在学中ニューヨークで洗礼を受けたクリスチャンの将官であると書かれている。

私はこれをみて、戦後の父が初めて社会的に紹介されたような思いがするとともに、その筆致は正鵠を射た表現であると感じ入った。

榎本氏は「マザーは江田島（兵学校）にも何回か出向いて集会を持ったが、その集会に若き日の山本五十六大将（兵三二期）が出席していたことも興味を覚える」といっている。榎本、長谷川両氏の証言によれば「マザーは生前から曹源寺の住職とは親交があり、あらかじめ『死後はこの浦山の高い所に…』と埋葬を依頼していた」という。また亡くなった後までまわりの人をわずらわしたくないという思いから「自分を葬る時は、遠方の人にまで通知することなく、付近に居合わせた少数で見送ってほしい」ともかねてから希望を述べていたということである。母キクもまた、かねてから〝葬儀は簡単に〟といっていた。

その母は一九九五年一二月三日、九十八歳の天寿を全うし、安らかに瞑目したが、その二日前、母の口からマザーのことが語られた。それは、その数日前に広島、九州地方に雪が降ったことを家内が話したことに対し、軍港の街・呉市に居住したことのある母は「広島はそんなに寒い所ではないのに…」からはじまり、気分もよかったのであろうか、マザーのことに話がおよび、「マザーには可愛がってもらった。三月には雛人形をもらったこともあるし、信州にも連れて行ってもらった。なつかしいわ…」と思い出話をしたというのである。海軍機関学校の卒業式に招待までされたマザーは、今天国に在って地上からの母を迎え、義会関係者に〝全員集合〟をかけ、天国で伝道義会同窓会を開いてくれているような気がするのである*28。

20 榎本隆一郎（海機二四期）

元海軍機関中将

クリスチャン軍人として「伝道義会」の会員であった。榎本熊太郎の長男として誕生。岳父は布哇「ジャパンタイムス」の社長であった芝染太郎。海大校選科学生で九州帝大に学び、その後、大正一四年欧米に出張し各国の石油事情を研究視察した。更に昭和一一年、再び外遊し各国の軍需燃料を研究した。燃料関係の配置が多く二燃料廠長（四日市）も務めた。戦後の二二年、油科学工業㈱を設立して社長、更に天然ガスに着目、日本瓦斯化学工業㈱を興して社長を二六年四月から四六年一一月まで務め、その間、国際基督教大学理事長、第三代の水交会会長（三九年四月～四五年五月）を務めた。五一年に原書房より『回想八十年』が出た。『回想八十年』の「はじめに」の中で、氏の精神、思想の遍歴について次のように語っている。

「私の精神は機関学校で育て上げられた海軍精神が基調であるが、これにくわえて同校時代に、横須賀の軍人伝道義会で、星田、黒田両先生に就いて基督教を学び、九州大学で河村幹雄先生から精神面、思想面の指導を受けた。この二つで培われた人道主義と、私の持って生まれた合理主義が海軍精神と融合して、私の人生観と性格が出来たと思う。私の戦争観も事業経営理念も、私生活もこの人生観から出ている。」（中略）私は級友江本傳三郎君（同期、後少将）の紹介で、横須賀平坂上にあった軍人伝道義会で級友数名と共に、星田光代、黒田惟信両先生から基督教の道を聞くことになった。基督教求信と伝道義会のことについては次項で記すこととする。

・私の宗教心を育んだ伝道義会

このように、私は級友江本傳三郎君の紹介で義会を訪れ、星田光代、黒田惟信の両先生にお目にかかり、その後日曜毎に黒田先生から新約聖書の講義を聞くことになった。この講義は長期に亘って続けられた。私は同級の者六名（江本、河村、佐波、齊藤、美奈川、森永）と共に先生の聖書の講義を聞いた。黒田先生は、聖書の知識が極めて豊富な方で、同時に歴史の造詣が深く、当時滋賀県東浅井郡からの委嘱で、当時先生は東浅井郡志を書いておられた。基督教の牧師というよりも、国学者であり、史家といった風格の人であった。私は、聖書を知るようになったのは黒田先生からであった。星田先生は二四歳位で来日、高田におられたこともあったが、軍人伝道に目をつけたことは卓見であった。（義会記念会談話より）

・星田光代先生のこと

星田先生は、米国名をエステラ・フィンチと呼ばれ、一八六九年ウィスコンシン州に生まれ、明治二六（一八九三）年妙齢二四歳で渡日、明治三二（一八九九）年軍人伝道義会を創立、理想を同じくした黒田先生の協力を得て、キリスト教の伝道を始められ、大正一三（一九二四）年五六歳で逝去された。

恐らく過労のためであったかと思う。初めてお目にかかった時、先生は四四歳であった。

先生は一般の宣教師とは異なり、何れのミッションにも属されず、一切の費用は総て在米友人の浄財の寄附によったもので、三〇年間一度の渡米もせずに、自筆の手紙通信だけで友情による支援を受け続けられたが、この事だけでも驚くべきことで、当時はマザーも決して洩らさなかったし、我々も気にもとめていなかったが、今にして思えば経済的にも随分苦労されたことであろう。

平坂上には礼拝堂と、剣道、柔道の道場があり、そこで聖書を講じ、武道を奨励された。基督教の米国婦人が武道を奨励されたという一事からでも、その人となりがうかがわれる。従ってここに集ったのは、真理を追い、武道に励む真面目な青年であった。義会で教えを受けたのは、一般軍人もいたが、主として機関学校の生徒で、その数は定かではないが、二五年間には生徒だけで百名近くにも上っていると思う。この中には太田十三男少将や、山中朋二郎中将のように、篤信の人もあり、鹿子木員信博士や竹内泰民少将のような型の人もあったが、何れにもせよ聖書の倫理を体得した人士を世に送り出したことは大きな働きであった。江田島での集会に若き日の山本五十六大将が出席していることも興味を覚える。太田さんは義会のボーイズを代表する存在で、内村鑑三先生が義会は太田一人を出しただけで、その使命を充分達成している」と激賞されたのを見ても、その信仰と人となりが窺われる。

星田先生は、生徒をボーイズと呼ばれ、ボーイズは先生をマザーと呼んでいた。四〇歳で日本に帰化されて星田光代と名乗られた。平常は全く英語を用いられず、また教えられず、英語と伝道を混淆することを嫌われた。書道を嗜み、生活様式は全くの日本人であった。特に皇室を尊び、日本国を愛する一念に燃え、毎日の祈りの中にも、皇室と日本国への祈りを欠かされることが無かった。世間でよくいう基督教と日本の国体との間の矛盾は、先生には聊かも見られず、むしろ日本国に対する愛国心は、日本人の何人にも譲らなかった。かくして、先生は生涯の全部を日本のため、特に機関学校生徒の求道者のために捧げられた。私もその教えと慈愛に浴した一人である。

幕末の儒者佐藤一斎の言葉と思うが、「春風人に接し、秋霜自ら慎む」というのがある。このことが、巧《たく》まず衒《てら》わずして、心奥《しんおう》より自然に流露する人はなかなか存在しない。特に秋霜の如く自らを持することは、常人の出来ることではない。私は生涯親炙《しんしゃ》した中で、河村幹雄先生と、星田光代先生の二人にこれを見ることを得た。星田先生の春風の如き愛の流露と、身を持すること秋霜の如く厳しい日常の生活は、総て信仰より発露するものと感ぜられた。内村先生は、一九一九（大正八）年星田先生を訪問した際の日記に「ホシダの小母さんの病気を見舞うた。彼女の日本に対する熱烈なる愛国心に驚いた。彼女を慰むるよりは、反って大いに慰められて帰った米国宣教師中には彼女の如き潔士烈婦がある」と記されている。（中略）私はこのような傑出した先生から教えを受け、神を信じ、聖書の教える倫理の実践に務めるようになった。私のその後の生涯の理想と実践は源をここに発している。

マザーはクリスチャンは日々の行いの中にそれを顕わせといわれた。マザーの秘書をやっていた川副さんが「人間だからたまには間違いやることもある」とマザーに抗議したところ、マザーは「人間だからこそよくやらねばならぬ」といわれた。私は機関科出身であるが、機関科は古来要職にはつかなかった。機関科の要職は機関学校であった。所がボーイズの多くは機校教官になった。しかして教官の中にクリスチャンが多かった。一体にクリスチャンであるということは軍人には減点である。が要するに星田先生は何時も実行に著せといわれた。黒田先生は宗教人というよりも国学者であり、史家であった。星田先生の春風の如き愛の流露と身を持すること秋霜の如く厳しい日常の生活は、総て信仰より発露するものと感ぜられた。

英語といえば先生の英語は周知のように大学教授としても群を抜いておられて当時桜ヶ峯のお住まいの中に英国の陸軍中尉が福岡連隊への派遣将校として来ていたが、先生はその中尉に、自分の英語力は口では君に劣るが眼と手で諸君に劣らないと言っておられた。併しその口の英語も私の宗教上の指導者であった米人ミス・フィンチが福岡に来られて、一日先生と行動を共ににせられ語り合われたが、その一日談話中やヽ適切を欠く言葉を僅か二つ使われた他は全く完璧な英語であったとフィンチ先生が話しておられた」＊29

21 西澤兄信《しげのぶ》（海機二五期）　元海軍機関少将

妻栄子は太田少将の令妹。愛孫娘はエステラ・フィンチの帰化名星田光代に肖って光代と命名。

海軍生活のほとんどを潜水艦エンジンの研究、実用に費やしその道の一人者であった。昭和三年一二月からは一年間海大校選科学生として二次電池の研究をした。日米開戦時は潜水艦部隊である六艦隊（清水光美長官）機関長として緒戦の作戦に貢献した。一七年一〇月から一八年一〇月まで戦艦部隊の一艦隊機関長を務めたが、長官は引き続き清水長官であった。信頼の厚さが分る配置である。その後、佐鎮（小松輝久長官）機関長、横工廠潜水艦部長を務め終戦を迎えた。機校生徒時代から「伝道義会」会員で敬虔なクリスチャン軍人であった。戦後は郷里川田村々長を務めた。

―「内村（鑑三）先生は今の中軽井沢、当時の沓掛の星野温泉へよくお出掛けになったようで、星田先生もそのため同温泉に先生をお尋ねになったことが多かったろうと思います。従って軽井沢の空気が心臓の弱かった星田先生には大いに気に入ったのではないかと思います。たまたま御代田駅上の唐松林を畑を手に入れることができたので、そこにコッテージを建て、静養と研究とによく出掛けられたものでした。その当時、丁度私は義会に出入りして先生のご指導を頂いていたので、私の郷里への途中でもあったので、私はよくこのコッテージに先生をお訪ねし、留守番には私の同族の者（従兄弟にあたる西澤基宣《もとよし》）をお世話するなどしたので、いきおい先生も私の郷里へ足を向けられるようになり、私の家で伝道もされるようになった。私の両親や近隣の人達とも先生によくなついて教えを乞うたの

で、先生も遠慮なしに私の家へ来られました。私も御代田から先生のお伴で星野温泉、内村先生をお訪ねしたことがありました」

二「在学中、信仰問題で上級生から激しい迫害を受けた苦い体験を回想して――

海軍機関学校入校時、精神教育の重要性を痛感したので、キリスト教を通じて一人前の将校になろうと志し、軍人伝道義会に出入りした（同級生―後の鈴木師《つかさ》少将を伴って）。然るに上級生から激しく非難された。キリスト教と軍人精神とは相反するとの言にどうしても納得できず、敢然とこれに抗し、一晩に二百余りの鉄拳を受け、鮮血にまみれた。当時マザーが迫害に屈しないようにと日夜祈って下さったことは大書したい。そして私を通して私の郷里の人達をも直接導いて下さったことも忘れ得ない思い出である」

三「先生は、私が初めてお目にかかった大正四年頃には既に心臓病と闘っておられたようでした。私の教育のためによく山奥の閑静な温泉地を選んで聖書の講義をなさったものですが、そこへの往復は先生にとって大変な苦難なものだったようです。急な坂道などよく立ち止まっては心臓の調整に時間をかけられたものです。心臓病があんなに悪化していたとはボンヤリ者の私には気もつきませんでした。丁度、海大在学中で、数日後に試験を控えていたのですが、悪化の通知で取るものも取り敢えずに東京から横須賀へ飛んでいきましたが、余りの衰弱にビックリしました。それでもボーイズの一人の私を見て大変喜んで下さいました。私は試験を放棄しても看病しなければならぬと決心して枕頭につききりでした。黒田先生ご夫妻、川副氏未亡人、東京在住の新田（義雄）氏夫人（文）、山中（朋二郎）夫人（喜久）等が駆けつけて看護にあたって下さいましたが、酸素吸入の回数も日増しに多くなるばかりで、とうとう私が行ってから三日間に特に前記の夫人方に看取られて召天されたのでした。一日間位、意識もハッキリせず呼吸困難と闘っておられたる有様は、側にいてもいたたまれないほどでした。その我慢強さと神にすっかり任せきっておられる信仰には心を打たれるものが大きかったことを記憶しています。心臓のお弱い先生が、私のためにだけでも年に数回、山へ行かれたので、一層心臓病を昇進させたのではないかと気づいて、私が先生を早く召天させたのではないかと悔やんだものですが、既にあとのまつりになってしまいました。ボーイズに対する先生の献身には只々頭が下がるのみでした。わけへだてなく皆に捧げられた愛こそ真のクリスチャンだったことを改めて想起します」＊30

22　**坂上富平**（海機二六期）　元海軍機関少将

海軍機関学校卒業後、練習艦「八雲」の機関長、海軍兵学校教官、海軍工作学校教頭を経て横須賀工廠総務部長として戦艦「大和」「武蔵」の姉妹艦として横須賀で建造された世界最大空母「信濃」（六万八〇〇〇トン）の建造に関わった。後年仏像の木彫に親しみ、戦友たちへの鎮魂を込めた木彫を日課

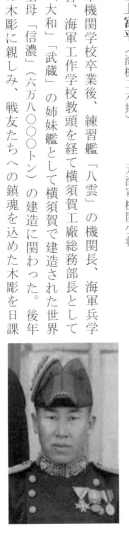

としていた。富平の長男坂上信彦は五、六歳の頃父富平に連れられて伝道義会の玄関前で黒田牧師に会った記憶を持つ。後日本キリスト教団柿の木坂教会員となる。

一「横須賀市平坂にあった陸海軍人伝道義会に出入りするようになったのは確か大正四年頃であったと思う。私が機校第一学年の頃、同級の田中義吉君（故人）が、或夕刻練兵場の片隅で義会の話が出て、それから日曜毎に連れられて星田、黒田両師の教えを受けることになった。同級の同信者は田中君の外に島田久君（故人）と安藤錦之助君と小生の四人であったが受洗したのは田中、島田の両君だけだったと思う。任官と同時に海上勤務に服したので出入りする機会が少なかったが、大正十二年頃横須賀の所属となり時々参会したことがある。

星田、黒田両師については真に慈母、慈父の気持で導かれた。星田師は我々を呼ぶのに姓でなく名を呼ばれた。我々は星田師をマザーと呼んだ。これが何となく親子のような親しみを感じたものである。機校生徒時代は就寝前の一時を必ず練兵場に出て、号令演習をすることになっていたが、白浜海岸に生徒の号令演習が始まると、星田師は平坂高台の家の電灯を点滅して我々の号令演習に応えてくれた。これが毎夜続けられたので、校内にいても心は家庭にある如く温かく感じたものである」

平坂の高台は眺めもよく、フィンチ居宅の二階の廊下からは軍港やその近くにある海軍機関学校も目に入った。マザーの部屋から機関学校の練兵場は丸見えで、マザーは夜になると就寝前に始まる演習の時号令が始まると二階の電燈を点滅して信号を送り、演習に応えボーイズを励ましていた。このボーイこそ誰あろう。当時の坂上富平青年である。

二「卒業時の夏休みに、我々同志の四人（島田久、田中善吉、安藤錦之助、坂上富平）は星田師に連れられて日光から湯本温泉に約十日ばかり旅行し、起居を共にしたことがある。第一夜は日光の星田師の常宿に一泊し、翌日早くから戦場ヶ原を歩いて湯本温泉に着いた。戦場ヶ原では河原の中に一尺四方程の木の椎が埋められ、この中に冷たい清らかな水が流れていた。称して「一口水」という。一度に一口しか飲めない程の冷たさであり、汗ばんだ身体には何物にもまして甘い清涼飲料であった。湯本に着いてからは、朝の散歩や深山幽谷に入って聖書の話や讃美歌も歌ったが、朝早く草場や木の枝に露が降り、朝日に照ってそれがダイヤモンドのように美しい光を発するのを星田師はたまらなく愛されたものでした。この時に愛唱した讃美歌は（三二一）（三五五）（三二〇）（五一二）など今日なお記憶に残っている。

三「星田師の墓地は横須賀の宝塔のお寺にあり、参拝したことがある。後に黒田師の書かれた碑文が届けられたが、今日これを捜しても見当たらないのが残念である。当時星田師のかたみとして同師愛用のナプキンのようなものを贈られたことを記憶している。黒田師は接して極めて温かい穏やかな学者であり、人格者であった。毎日曜日に訪ねては師の教えを受けたが感銘深いものがあった。とりわけ私は良心的生活の大切なことを教えられ、三〇年の公的生活に於いても、又終戦後今日に至るまでの私生活においても深い信念となって終生忘れることができない恩義を受けてきた。

大正一二年九月の大震災には、私が当時「高崎」（輸送艦、五九八七トン、日露戦争時の戦利艦）分隊長として船はちょうど横須賀に在泊していた。私の借家住まいも遂に類焼して焼け出されたが、伝道義会もまた多少の被害を受けたものである。「高崎」は救援物資を輸送するために、急遽呉軍港に回航することになったが、私はまず、味噌や醤油の樽詰めとローソクなど、生活必需品を積み込んで、横須賀帰着と同時にこれを義会に運んだところ、星田師は大変喜んで下さって、それから毎年九月一日が来ると、必ず当時の感激を新たにして礼状を頂いたことを今も尚記憶している」*31

海軍軍人の伝道（坂上富平の信仰）　坂上信彦（遺族）

父、坂上富平は淡路島の産で須本中学を卒へ、大正四年横須賀にあった海軍機関学校に第二六期生徒として入校した。四名の同級生の名が「義会」関係者として挙げられている。

大正七、八年頃から学校当局は生徒の一部が「義会」に出入りし基督教信仰に接触することを禁ずるようになり、「義会出入り禁止事件」が起きている。当然、父もこの弾圧の余波を、青年士官の時代には受けたであろうが、直接聞いたことはない。教官であった広江源三郎氏の話が述べられているが、学校教育は、軍人勅諭の範囲内で行うべきで、信仰は卒業後、個人の自由で行うべしとの理由であったという。当然、部内から盛んな反対運動が起き、部外にも依頼して抵抗したという。

修養（信仰）と国体、天皇との関係をただされたという。今度の戦争中にふりかざされた国体論と、当時の世間一般から教会に示された偏見に通じるものであったという。

軍、権力の威嚇で、一時「義会」への出入りは途絶えたかに見えたが、「義会」の先輩教官の庇護で生徒を守り続け、満五年目に仏教信仰者の校長により解禁されたという。生徒は次の日曜日から憚ることなく、黒田先生の礼拝に出席した。

また、大正八年、日基呉教会員、波多野大佐による舌禍事件が起きた。「伊勢神宮は皇室のご先祖、天地創造唯一神にあらず。偶像崇拝である」。不敬発言として待命処分にまで発展した。

これらは大正期の基督教軍人たちの『信仰の自由』を守ろうとした数少ない「抵抗」の例として「基督者の受難と抵抗」が特記事項として述べられている。

ともかく、父、富平もその時代の人として名を連ねている。当時若く、多感な生徒として、信仰に導かれた様子を、父が手記で紹介しているが、四人が「義会」に通い、二人が受洗した。受洗組の島田様はクラスヘッドの秀才で、若くして召天されたが、近くのお宅のクリスマスでお目にかかったし、奥様は母が長い間のご交際で敬虔なクリスチャンであられた。千葉で戦後に畑姿の田中様にもお会いしている。父のよき信仰の友であった。一学年の時、夕刻の練兵場の片隅で、田中生徒を通して、主は父を御手にとらえ、「義会」への交わりに加え給うたと信ずる。

星田（フィンチ）・黒田両師とは真に慈母、慈父の気持で導かれたと書いているが、遠い田舎から離れ、若くして母をなくし、肉親の情けに飢えて育った孤独な父が、軍隊という冷徹な特殊環境の中で、両師にどんなに深い恩愛を感じたかを推察できる。主の豊かなご恩寵をかんじるのである。夜の白浜海岸での号令演習で、平坂高台に点滅する星田師の電灯、日光湯元温泉での師との聖書、讃美歌の旅の記事は、母の懐であったろう。洗礼は受けなかったにしても、三十年の海軍生活、戦後の私生活においても深い信念となったと両師への恩義を述べている。

不思議にも、父に連れられて、会堂のような建物の前で黒いマントの和服姿の、口髭を蓄えた黒田先生を見上げて、何か声をかけて頂いた物心もつかぬ頃の、幼い日の記憶だけは、今でも強い印象として思い出すのである。確かに私は黒田師にお会いしたと信じている。師の風貌がイエス様のようにも見えてくるのである。

父富平は、大正六年機関学校を卒業し、任官後海上勤務、機関学校教官、兵学校教官、工作学校教頭等の後、南西方面艦隊機関長として従軍し、海軍少将として海軍生活を終え、戦後は仏像彫刻などをして、静かな生活を送ったが、昭和五五年一一月一三日、母と仲良く同年に八十五歳で召天し、信仰者の生涯を閉じた。明治学院大学生の長女と讃美歌三一二番を歌って慰めた。（中略）『軍人伝道に関する研究』によって「軍人伝道義会」の活動を知ると、星田・黒田両師は父を通して私の師でもある。また関係のあった方々へも心から感謝を申し上げる次第である。貴重な資料を残していただいた西南学院大学の峯崎康忠教授に深甚なる敬意と御礼を申し上げる。主の聖名を賛美しつつ＊32。

23　笠原金吉（旧姓門奈）

元海軍三等機関兵曹

明治三四年生まれ。「一粒の麦、地に落ちて死なずば唯一つにて終わるべし、もし死なば多くの果を結ぶべし」（ヨハネによる福音書一二：二四〜二六節）からとった「一粒」の雅号を持つ。

一「旧陸海軍人伝道義会においては星田光代先生（旧名エステラ・フィンチ女史）並びに黒田惟信両先生のご指導によりまして聖霊の恩化に照らされ、更生のめぐみに沐浴された同信の人は特に海軍々人に多くありました。黒田先生は「ここはあがないの聖地に選ばれていなさる」と。毎週木曜日の祈祷会、平日の聖書の研究会などの折、時々言われておりました。大正一〇年秋（二〇歳）、私は義会に入門、満八ヶ年ここで指導を受けて、キリストを信ずることができ、聖書を神のことばであることがはっきりとわかったのです。キリストの救贖の光に接して新しい生命を付与され、旧きは去りて一切のものみなことごとく新しくなったのである（コリント二一：五〜一七）。この新しい生命以外のものは全世界におしなべてさほどの値うちのないことを私は知らしめられた」（「求道者への道しるべ」笠原金吉遺稿より）

二「私は二三歳の時、マザー（星田先生）のお伴をして土浦に伝道に行った。マザーはボーイズは結婚するとマザーから離れてしまうと嘆いて言われた。マザーが病気になられた時、私はその脾腹《ひばら》を抑えて上げたことがあるが、今のように指圧の心得があればどんなによかったろうと今更感ずる。長谷川（慈舟）さんもよくマザーの看病をせられた。私は朝早く部隊へ帰って行くのであったが、毎朝マザーはちゃんとパンを焼いて下さって「来る朝ごとに」の讃美歌を（私は音痴なのであるが）二人で歌って出かけるのであった。出入りの植木屋さんに、「神様のことを何でも聞きなさい」と言われたこともある。その熱心さには打たれました」（昭和四九年九月一六日星田光代先生、黒田惟信先生感謝記念会の記録より）

三「私は市内平坂軍人伝道義会、黒田惟信先生の門に学ぶことを決心した。有神論に続いて神の自啓論の講義を受けて神の存在を明瞭に認識した。講義は飛躍を重ねて新旧約聖書とその歴史的考察と史的事実等の専門分野にわたり、キリスト教の真髄、三位一体論は先生の特に留意されて講義に力を注がれた。この時代から毎週の礼拝及び説教並びに祈祷会等に出席、本格の求道生活に入った。

　時は大正一一年晩春、機関学校高等科練習生の頃、時々義会大机の前には長谷川慈舟君、大森弘君、少しおくれて浜島恒之君、鈴木八郎君等追浜航空隊（頻繁に練習飛行機の墜落事故発生した時代）所属の熱心党の人々、時々山中朋二郎少佐（後に中将）御夫人も同席、研究にその目を輝かせて共に黒田先生の御指導に接した。

　この当時内村鑑三先生は、ホシダのおばさん（エステラ・フィンチ女史、陸海軍人伝道義会創立の一人）を尋ねて湘南地方に足を運ばせたと「聖書の研究」誌にある如く、この伝道義会にも立ち寄られ、黒田先生たちと会話されていたこともあった。内村先生の著書と、毎月発行の「聖書の研究」等は全力を傾注して内容の勉学を怠らなかった。人生の目的、神を識ることに在りという真理を悟った」

「私たち、この陸海軍人伝道義会は明治三二年九月に設立された。霊性の革新と天来の活力を併せしむる所のものは基督《きりすと》の福音によりて平和をあたえらるゝ以外、人生に本道はなく、福音の生命を軍人諸氏の胸底に扶植せられんことを目的とし、基督教会若しくは教派とは関係なく、「自ら強くしてはたらけ、我汝と偕にありと万軍のエホバ之を言い給う」（ハガイ書二：四）、又「信仰のよき戦いを戦い、かぎりなき生命をかち取ることを大目的としている。その礼拝に、集会に、また祈祷会等は将官より兵員までの差別はなく、霊性の上進に奪学していた。将官の中には、去る日露海戦当時、従軍すべきか、海軍を退くべきかと内村鑑三先生を手こずらしたクリスチャン将軍とまで言われた太田十三男少将も常に列席、その都度感話に力を注がれた」＊33

24　長谷川慈舟（本名村二）　元海軍機関大尉

明治三四（一九〇一）年生れ。大正九年横須賀海兵団入団。海軍機関大尉。機関少尉候補生（機二八）の海外練習航海に参加。大正十二年横須賀海軍航空隊に勤務中（当時二三歳）、笠原金吉氏の誘いで伝道義会に行く。晩年の弱ったマザーに休暇をとって長野

の別荘に付き添って行きマザーの手助けをしていたことがマザーの手紙により知ることが出来る。マザー最後のボーイズとなる。マザーの葬儀にも出席。マザーからの導きは一年程度と思われるが、マザー召天前の半年まえからマザーと手紙で交信をしており、マザーからの書信八通が確認されている。

「私は笠原金吉氏に導かれた。とにかく来てみよと言われ、大正一二年に初めて参りました。聖書を学ぶようになってからは、機関学校の授業もそこのけで熱中したこともある。マザーは大正十一年保養のためハワイに行かれ、同十二年帰朝、マギール女医がついてきてカイロプラクティック法でマザーを診ていた。その間、約半年私はマザーの薫陶を受ける機会を与えられた。マザーは若い頃あるパーティに招かれた時、一人で後始末の皿を洗っているところをK夫人に見られて、K家の養女になられた由である。そして二四歳の時召命を受けて日本に伝道に来られた。サン・フランシスコの出発の時は殆ど金銭は何も持っておられなかった。ニューヨークから大陸横断の列車の荷物を運んでくれたボーイに上げるチップ代も持っていなかった。マザーの熱烈な信仰を知っているお友達が全てよくして下さったと聞いております。その後日本伝道の失敗を悟り、帰米を決心した時に、高田において黒田惟信先生に会い、日本人にもキリストの贖罪を理解する者ありとの確信を得て、再び日本伝道を決心されました。

私は、マザーのお伴をして長野に行ったこともあり、マザーの病状が悪くなった時に看病の機会も与えられた。義会の経費についてマザーは人知れぬ苦労をせられたが、よく

「祈りの部屋」で祈られた。その部屋は畳が二畳位の広さで、天皇ご一家の新聞の切り抜き写真が同室の壁に貼ってあった。今の日本人には想像も及ばぬことである。

マザーの最後は介添えが出来た。その時『マアなんときれいな月でしょう』と言われたのが印象的である。生前から『自分の葬儀は内輪に行うように。ボーイズにはわざわざ会葬することをしないために、葬式が済んでから通知を出すように』と言われその通知状も生前愛した日光中禅寺湖の絵葉書でするようにとのことで、黒田先生がそのようにされた次第です。ご遺体は私と笠原さんとで火葬場までお送りしたが患部の心臓付近のお骨は黒色であった。　私の子供達も、或いはサン・ディエゴに、また内地にそれぞれクリスチャンとしてよき働きを与えられているのは感謝であります。長女の「光代」という名はマザーにあやかって黒田先生がつけて下さったものであり、千葉さんのお孫さんの海野光代さんもそうだと伺いました」＊34

注

＊1　太田十三男記「日本の軍人伝道に献身せしミス・エステラ・フィンチ女史」。

＊2　夏川英二編纂「帝国海軍の提督達肖像写真集」。

＊3　堤健男（海機四〇期）『クリスチャン海軍生徒―海軍機関学校と日本陸海軍人伝道義会』ヨハネ印刷株式会社、昭和六二年。

＊4　佐々木親「九州旅行記」。

＊5　太田十三男追憶遺稿集『とこしえの生命』（昭和三五年）。
＊6　星田女史の三回忌にあたって、太田氏が黒田牧師とともにニューヨークの「ザ・メッセンジャー紙」（一九二六年一月掲載）に寄せた女史顕彰の文。
＊7　峯崎康忠『軍人伝道に関する研究（決定版）』東京タイプ出版印刷、一九九八年。
＊8　同右、四。ラウダー老女史の永眠と新田義雄。
＊9『祈りの花輪Ⅱ』福岡聖書研究会、九九九年。『福岡聖書研究会通信』第一五五号。
＊10　田中謙治氏手記（昭和三八年九月）。
＊11　堤健男『クリスチャン海軍生徒』二一四頁。
＊12『現代日本文学全集』改造社版、昭和二年、第一二編　徳富蘆花著『みみずのたはごと』「梅一輪」。
＊13　夏川英二氏記。
＊14　夏川英二氏記。
＊15　山田鉄道「私の悪者の姿」。
＊16　高木欽三氏手記（昭和三八年九月）。
＊17　峯崎康忠『軍人伝道に関する研究（決定版）』。
＊18　堤健男『クリスチャン海軍生徒』二一八頁。
＊19　峯崎康忠『軍人伝道に関する研究（決定版）』。
＊20　加藤孝一手記、昭和四〇年八月。
＊21　木幡行手記、昭和四〇年八月。
＊22　大野董氏手記、昭和四〇年八月。
＊23　大野一郎氏手記、昭和四〇年八月。

＊24　佐々木親『恩寵の体験』。
＊25　佐々木親『恩寵の体験』二七頁。
＊26　山名朋二郎手記。
＊27　山中朋二郎『米寿記念　恩寵の回顧』昭和五三年。
＊28　隔月刊誌「水交」（財団法人水交会）五〇八号、一九九五年。
＊29　榎本隆一郎『回想八十年』、冨田岩芳『私の見た榎本社長とその事業経営』（ダイヤモンド社、昭和二三年）、河村幹雄博士遺稿抄『新道会』一七七〜一七八頁。
＊30　西澤兄信手記。
＊31　峯崎康忠『「軍人伝道に関する研究」（決定版）』九三頁。
＊32　坂上信彦氏寄稿文。
＊33　笠原金吉遺稿「求道者への道しるべ」昭和五一年一〇月一二日。
＊34　『星田光代先生、黒田惟信先生感謝記念会の記録』昭和四九年。

【参考資料】

２　星田光代（旧姓アイダ・エステラ・フィンチ）年譜

		事　項
明治　二（一八六九）	０歳	一月二四日、米国ウィスコンシン州サン・プレイリー（Sun Prairie）に石職人であったジョン・フィンチ（John Finch）を父とし、母アンヌ（Anne）の三女として生まれる。
一八六九～一八八九の詳細は不明。但し幼少にして孤児となっていたことが後の帰化ニュースにより判明。		
明治二二（一八八九）	20歳	ニューヨークにあるバプティスト派の教会で働いている時、大富豪の養女となり、当時北米初の神学校、ミッショナリー・トレーニング・スクールに入学。
明治二五（一八九二）	23歳	神学校卒業後、インディアナ州、グリンウッドにて伝道に従事。
明治二六（一八九三）	24歳	A・B・シンプソン博士（神学校学長）が立ち上げたクリスチャン・ミッショナリー・アライアンス（基督者伝道同盟）より派遣され宣教師として初来日。神戸日の本女学校に活動拠点を置き伝道を開始。神戸の在住が軍

		部の関係で困難となり、同年角筈に移住。松原、上高井戸、下高井戸にて日曜学校を開き、新たな伝道を開始。
明治二八（一八九五）	26歳	マリア・T・ツルーの要請により櫻井女学校分校である新潟高田女学校での伝道に赴く。
明治三〇（一八九七）	28歳	日本伝道の広がりに限界を感じる。米国への帰国の直前、佐藤曠二牧師（後の黒田）と邂逅。一旦帰国。
明治三一（一八九八）	29歳	再来日。横須賀での軍人伝道を決意。同年十月横須賀に居を定める。
明治三二（一八九九）	30歳	横須賀市若松町四三番地に佐藤曠二と共に日本陸海軍人伝道義会を設立。
明治三五（一九〇二）	33歳	三ヶ所（舞鶴・佐世保・呉）に各支部を開設するも明治四五年閉鎖に至る。以後伝道の拠点を横須賀に置く。
明治四二（一九〇九）	40歳	日本に帰化。星田光代と改名。
大正一三（一九二四）	55歳	心臓病により横須賀市若松町四三番地の自宅にて逝去。五五歳。横須賀市の曹源寺丘上に埋葬され、五周忌にあたって記念の顕彰墓碑が建立される（横須賀市公郷町二ノ三四）。

【参考資料】

3　伝道義会及び関係者等年譜

一八六九（明治２）	1・24：エステラ・フィンチ先生（日本名・星田光代）米国ウィスコンシン州にて誕生
一八九三（明治26）	2・10：宣教師としてニューヨークのクリスチャン・ミッショナリー・アライアンス（基督者伝道同盟）から派遣され、自給伝道のため来日。 12：海軍機関学校、横須賀白浜に開設
一八九九（明治32）	9・23：日本陸海軍人伝道義会設立（横須賀市若松町四三番地）横須賀中央平坂。 創立者＝エステラ・フィンチ／黒田惟信
一九〇二（明治35）	12：支部開設（舞鶴及佐世保）
一九〇三（明治36）	4：呉支部開設
（明治39～45）：各支部閉鎖。但し呉は「呉海軍軍人ホーム」に引き継ぐ。	

一九〇九(明治42)	1・11：フィンチ先生日本に帰化。日本名「星田光代」
一九二三(大正12)	9：海軍機関学校呉に移転。更に大正十四年三月舞鶴に移転。
一九二四(大正13)	6・16：星田光代先生永眠。二十五年間の軍人伝道の生涯を終える。享年五十五。
一九二八(昭和3)	マザー記念墓碑「星田光代先生之墓」を横須賀市公郷町の曹源寺に建立。
一九三五(昭和10)	4・27：黒田惟信先生永眠。享年六十八。6・16：星田・黒田両先生記念追悼会(第一回)。
一九三六(昭和11)	10：軍人伝道義会解散。
一九四八(昭和23)	9・23：伝道義会設立・宣教五十周年記念会(第二回)。
一九五二(昭和27)	米海軍クリスチャン・サービスメンズ・センター開設(伝道義会跡地)。11・9：日基久里浜教会発足(千葉愛爾牧師)。
一九五四(昭和29)	10・23：伝道義会五十五周年記念会(第三回)。(星田光代没後三十年、黒田惟信十九年記念)。

一九六四（昭和39）	9・16：伝道義会六十五周年記念会（第四回）（星田光代没後四十年、黒田惟信二十九年記念）。
一九七四（昭和49）	9・16：伝道義会七十五周年記念会（第五回）。
一九九二（平成4）	米海軍クリスチャン・サービスメンズ・センター移転。
一九九九（平成11）	9・25：星田・黒田両先生「伝道義会設立・宣教百周年記念会」（第六回）。
二〇〇一（平成13）	6・15：フィンチの母校ナイアック・カレッジ訪問。千葉理一家四名。
二〇〇二（平成14）	6・16：「マザーオブヨコスカ顕彰会」発足。世話人代表＝海野涼子。
二〇〇三（平成15）	6・14：伝道義会一〇四周年記念会（墓前会と偲ぶ会）。於曹源寺。チャプレン・セイントマーティン（ゲスト）（第七回）「マザーオブヨコスカ」ＶＨＳ作成。米海軍紙「ＳＥＡＨＡＷＫ」取材受く。
二〇〇四（平成16）	6・15：伝道義会一〇五周年日米合同記念会（礼拝と偲ぶ会）。（第八回）於ライトハウス。Ｒ・ベイリー従軍牧師、Ｃゼブリー牧師、Ｐキャシディ牧師。皆川真理奈（ヴァイオリン）。

二〇〇五（平成17）	6・16：伝道義会一〇六周年、星田没後八十周年記念（墓参会）（第九回）出席＝七名。8・31フィンチ（ウィスコンシン州）の故郷訪問。9・12フィンチの母校（N・Y）訪問。
二〇〇六（平成18）	6・16：伝道義会一〇七周年記念（墓参会）（第十回）出席二十六名。
二〇〇七（平成19）	6・15：伝道義会一〇八周年記念（墓参会）（第十一回）出席十九名。
二〇〇八（平成20）	6・16：伝道義会一〇九周年記念（墓参会）（第十二回）出席九名。
二〇〇九（平成21）	6・16：伝道義会一一〇周年，星田没後八十五周年記念（日米合同墓参会）出席：6・27：講演会「伝道のスピリット」於：馬堀聖書教会（マザーオブヨコスカ顕彰会）。9・20：伝道義会一一〇周年日米合同記念会（礼拝と懇親会）（第十三回）於久里浜教会、出席六十九名。ドナルド・モス、ウィリアム・スチュアート（従軍牧師）、横須賀学院聖歌隊。米海軍婦人聖書研究会。
二〇一〇（平成22）	6・15：伝道義会一一一周年日米合同墓参会。（第十四回）出席十三名チャプレンスチュアート。
二〇一一（平成23）	6・10：伝道義会一一二周年（墓参会）（第十五回）出席五名島田貫司祈祷。

二〇一二（平成24）	6・15：伝道義会一一三周年（墓参会）（第十六回）出席五名千葉理祈祷。
二〇一三（平成25）	10・20：伝道義会展示コーナーが横須賀海上自衛隊第二術科学校資料室に開設。星田・黒田両師、機関学校のボーイズ達、内村鑑三等の写真、義会名簿、星田愛用の聖書、書等の資料が寄贈、展示される。
二〇一五（平成27）	6・16：伝道義会一一六周年、星田光代師没後九一周年日米合同記念墓参会（第十七回）出席十六名ルウ・レズミアレック牧師（ライトハウス所長）。
二〇一六（平成28）	6・16：伝道義会一一七周年、星田光代師没後九二周年日米合同記念会（墓参会と記念会）（第十八回）於ライトハウス出席四十一名ウェスト従軍牧師、レズミアレック所長他。
二〇一七（平成29）	6・16：伝道義会一一八周年記念（墓参会）（第十九回）出席二十六名讃美、献花。
二〇一八（平成30）	3・27：講演会「伝道義会とマザーの働き」於チャペルオブホープ（米海軍基地）出席五十名（米国軍人家族）6・16：伝道義会一一九周年日米合同記念会（墓参会と懇親会）（第二十回）出席二十五名。茶話会・マザー遺品展示（於ザ・タワー・レセプションルーム）。11・17：講演会「伝道の心」於横浜指路教会（マザーオブヨコスカ顕彰会）。

二〇一九(平成31)	2・2:伝道義会一二〇周年、星田光代師没後九五周年日米合同記念会(墓参会と記念会)(第二十一回)出席二十(墓参)、二十八(記念会)於ライトハウス。プライス牧師のショートメッセージ、祈祷、ホワイト氏のゴスペルソング、クワトロバウム所長及エノラ・ロジャーズ主催。
二〇二〇(令和2)	6・15:伝道義会一二二周年記念(墓参と献花)出席六名(コルネリオ関係)(第二十二回)。MEAJ代表、金学根宣教師のTV取材とインタビュー。

【参考資料】

4　軍人伝道に関する一三〇年略史

峯崎康忠作成

一八六八（明治　元）	明治の初年、宣教師バラより受洗した粟津高明が海軍兵学寮教官（英語）となり、横浜公会に属して、兵学寮の有志を招き、自宅で塾を開設する外に兵学寮食堂で聖日午前中聖書の講義をした。粟津は明治十三年、四十二歳で病死するが、粟律の会堂で小崎弘道（ジェーンズから受洗、東京基督教青年会を創設し、六合雑誌を発刊、後に同志社社長、霊南坂教会牧師となる）より受洗した佐伯理一郎は海軍軍医補となり綴須賀伝道を開始するなど、その影響力は大なるものがあった。	▼日本訳（口語）新約聖書完成
一八九三（明治二六）	明治二十六年、ミス・エステラ・フィンチ女史来日、軍人伝道の発端となる。佐藤曠二牧師（明治学院出身、旧姓稲葉曠二）と邂逅、軍人には軍人のための伝道が必要と考え、意気投合す。ここに陸海軍軍人伝道義会設立となる。	▼教育と宗教との衝突事件
一八九七（明治三〇）	この頃の義会々員として機関学校関係者十一名、兵学校開係者六名、その他の協力者十名を数えた。	

一九〇二（明治三五）	この年、舞鶴、佐世保に各支部開設。『軍人伝道義会月報』（活版）第一号を発刊。やがて呉支部は「呉軍人ホーム」として発展的解消した。十時キク女史、呉ホームの舎母となり、内村鑑三との親交を深めた。 ▼日露戦争
一九一一（明治四四）	この年、『信仰の楯』（軍人伝道義会月報改題）第一号が発行される。「呉軍人ホーム」は醐設以来の来訪軍人八四二名、宿泊軍人一九三名、受洗者一七名を数えるに至った。
一九一四（大正　三）	この年、海機校教官、海兵校教官それぞれ一名が義会出身教官第一号となった。 ▼第一次大戦起こる
一九二三（大正一二）	「呉軍人ホーム」は創立十五周年を迎う。松村里子女史日本基督教矯風会佐世保支部経営「海軍軍人ホーム」舎母となる。 ▼関東大震災
一九二四（大正一三）	星田女史永眠。利岡中和氏によってコルネリオ会発足、伝道義会関係者との交流始まる。
一九二五（大正一四）	「佐世保海軍軍人ホーム」は松村女史の個人経営となる。
一九二九（昭和　四）	伝道義会三十周年の来会者一万人、延一九万人、内信者約千人を数えるに至る。

一九三一（昭和　六）	この年、『コルネリオ通信』発行。利岡中和氏によって『基督教秘話・志士横山省三の信仰』発刊。　▼満州事変
一九三二（昭和　七）	内村鑑三の弟子で伝道義会創立当初よりの会員太田十三男（海軍少尉）によって『愛国心と基督教』発刊。田中謙治氏（太田十三男と海機校同期生）、福岡聖書研究会創設（無教会）。
一九三三（昭和　八）	黒田惟信師（改姓）『旧新聖書綱目』『三位一体論』発刊。緒方清（海機校元教官）『呉軍人ホーム二十五年誌』発刊。利岡氏によって『真人・横山省三伝』『新約聖書』『新約聖書に表れた軍人』発刊。　▼五・一五事件
一九三五（昭和一〇）	「佐世保軍人ホーム」解散。黒田師、松村女史相次いで永眠。黒田師遺稿『化身論』、水野氏（元海機校ＯＢ、伝道義会々員）『概説新約地誌』発刊。
一九三六（昭和一一）	黒田師遺稿『奥野昌綱先生略伝並歌集』発刊さる。伝道義会解散。
一九三七（昭和一二）	佐々木親氏（元海機校ＯＢ、伝道義会々員、元海軍大佐）『黒田先生説教集』発刊。
一九三八	太田著『日々の聖書』、利岡著『日支事変下の軍人基督者』、津村秀穂・的野友規（いずれ

（昭和一三）	も佐世保軍人ホーム支援者）、『佐世保海軍々人ホーム母松村里子先生を偲びて』発刊。	
一九三九（昭和一四）	『コルネリオ通信』を『凝練雄通信』と改題。	
一九四一（昭和一六）	太田著『愛国心と基督教』四版を重ねる中で発禁となる。	▼太平洋戦争起る
一九四五（昭和二〇）	「呉軍人ホーム」戦災焼失。	▼第二次世界大戦終わる
一九四六（昭和二一）	十時キク女史（呉軍人ホーム経営者）急逝。	
一九四八（昭和二三）	太田著『予言者としての内村鑑三』発刊。「呉軍人ホーム」解散。	
一九四九（昭和二四）	太田編『日々の聖書』再版。太田氏「旧本の軍人伝道に献身せしミス・エステラ・フィンチ（日本名星田光代）」を発表。山田鉄道主幹『無教会キリスト』創刊。山中朋二郎氏（元海軍中将・海機校ＯＢ）「経堂子供の家」開設。	

一九五〇（昭和二五）	利岡著『戦争と平和屠』発刊。
一九五二（昭和二七）	橋本亘氏（元海機生）主筆『旅人』創刊。千葉愛爾氏（軍人伝道義会創設よりの支援者、元海軍大佐）日基教団久里浜教会開拓伝道開始。
一九五四（昭和二九）	伝道義会創立五十五年記念盛謝会開催（横須賀）
一九五五（昭和三〇）	佐々木親氏（元伝道義会ＯＢ、元海軍大佐）『恩寵の体験』発刊。
一九五七（昭和三二）	利岡著『コルネリオの後』創刊。
一九五九（昭和三四）	日本０ＣＵ発足。東京渋谷の美竹敬会で発会式挙行。会長に吉江誠一陸将補選ばる。千葉、利岡、佐々木等０ＣＵの顧闘となる。
一九六〇（昭和三五）	生地竹之助氏（陸軍側のコルネリオ会協力者）遺稿集『軍人生活三十年』発刊。千葉・利岡両氏、防大バイブルクラス顧問として出講。

一九六一（昭和三六）	利岡主筆『コルネリオの後』（第三八号）自然廃刊となる。藤沢武美氏（元海機生）主筆『求道』後刊。武田貴美陸将日本ＯＣＵ会長となる。防衛庁外六ケ所でバイブルクラス開催。清水善治二海佐日本ＯＣＵ会長就任。
一九六三（昭和三八）	軍人伝道に関する座談会（第一回）福岡で開催。全座談会（第二回）呉山手教会で開催。全座談会（第三回）東京・水交荘で開催。『コルネリオの後』誌、第六号で休刊となる。 ▼「軍人伝道に関する研究」西南女学院研究紀要に十回にわたって報告すると同時に日本キリスト教史学会にその都度発表。
一九六七（昭和四二）	千葉・武田両氏ＯＣＵ世界大会に日本代表として出席（韓国）。
一九六八（昭湘四三）	太田十三男永眠。佐々木・武田両氏ＯＣＵ世界大会出席（英国）。会名を「コルネリオ会」と改め、Ｊ０ＣＵと略称す。
一九六九（昭和四四）	佐々木親氏永眠。
一九七〇（昭和四五）	「コルネリオ会・ニュースレター」第一号発行。

一九七一（昭和四六）	武田・千葉両氏ＯＣＵ世界大会に日本代表として出席（西独）。田中謙治・利岡中和両氏相次いで永眠。
一九七二（昭和匹七）	『利岡中和遺稿集』発刊。軍人伝道に関する座談会（第四回）東京・横須賀で開催。同人、紺田修一氏『随筆新篇集』発刊。同人、阿部清氏、黒田師の遺著『三位一体論』『化身論』を祖述。
一九七三（昭和四八）	的野友規『死のかげの谷を歩むとも』（ソロモン従軍記）を刊行。元義会員・大野一郎、大野（薫）、本田寿造、津村秀穂氏ら相次で永眠。黒田先生説教集『十字架の福音』（須賀崎千一、中堀忠三編）刊行。千葉愛爾氏『星田・黒田両氏感謝紀念記録』発行。
一九七五（昭和五〇）	榎本隆一郎氏（元海機出身・海軍中将）『回想八十年』発刊。防大聖書集会を防大学生会館で開催（参加十一名）。同人・笠原金吉氏永眠。
一九七六（昭和五一）	同人・阿部清氏永眠。山中朋二郎氏『見守る教育』発刊。橋本亘主筆『旅人』廃刊。ＯＣＵ世界大会に日本代表参加十一名（米国）。この大会で武田貴美陸将、国際ＯＣＵアジア副会長となる。
一九七七（昭和五二）	伝道義会ＯＢ木幡行氏、山田鉄男氏相次いで永眠。

一九七八（昭和五三）	日米合同集会を市ヶ谷会館で開催（二十四名参加、内日本側十三名）。
一九七九（昭和五四）	日本ＯＣＵ発足二十賜年記念誌発行。橋本亘氏永眠。山中朋二郎氏『ある機関参謀遠航私記』発刊。日米ＯＣＵ集会開催（山王ホテル、市谷ルーテルセンター、参加三十二名、内日本側二十二名）。日本ＯＣＵ集会を米空軍多摩レトリートセンターで開催（参加四十一名、内日本側三十四名）。
一九八〇（昭和五五）	第八回ＯＣＵ国際大会（英国に日本代表十名参加）。この大会でＡＭＣＦ国際大会と名称を変更。日米合同集会を奥多摩リベンゼラ福音の家で開催（参加二十三名、内日本側十一名）。日米合同集会を市谷ルーテルセンターで開催催（参加三十六名、内日本側二十三名）。会長に今井健次防大教授を選出。 ▼『軍人伝道に関する研究―日本ＯＣＵとその展開』（峯崎康忠著、ヨルダン社より三月発刊）
一九八一（昭和五六）	矢田部稔氏が「私と朝禱会」という証の最後に「軍人伝道に関する研究」について「峯崎氏が二十年間の資料収集に基づき、旧軍のキリスト者から自衛隊のコルネリオ会に通ずる一つの流れを浮かび上らせてくれたことは感謝である」と紹介した。ＡＭＣＦアジア大会（第一回）がシンガポールで行われた（十月、日本側代表十名参加）。日米合同修養会が奥多摩リベンゼラ福音の家で開催（参加二十三名、内日本側十一名）。

一九八二（昭和五七）	防大の今井健次教授は「国家防衛論」（1）（ニュースレター第三四号）の最後で次のように結んでいる。 「核兵器装備に必要なエネルギーの半分を荒地開発、食料増産に振り向けるならば世界の懸案事項の大部分は片づき、荒野に水がわき、さふらんの花が咲くことになるのではなかろうか（イザヤ三五・一）」と。 同じく「国家防衛論」（2）（ニュースレター第三五号）の中で次のようにしめくくっている。 「第一次大戦の終わりに毒ガスの使用が国際会議で禁止された。核兵器の拡散防止と凍結が今の世界に課せられた大きな課題であり、これは真剣に取り組まなければならない。これが国際条例化した時、始めて各国の防衛は平和の裏付けを持つものになる」と。
一九八三（昭和五八）	防大の今井健次教授はニュースレター第三六号「聖書は無誤か」（1）の中で次のようにしめくくっている。 「我々が聖書を信ずるのはその内容を人間の認識で解明出来たからではない。それが神のことばであるならば、たとえ完全に理解出来ない所があってもそのすべてを無誤として信ずる事が一番わずらわしさのない明快な方法であり主なる神もそれを良しとされているのかも知れない」と。「聖書はすべて霊感を受けて書かれたものであって人を教え、戒め、正しく義に導くのに有益である（IIテモテ三・一六）。同誌の中で矢田部稔氏は『利岡中和遺稿集』（昭和四七年一二月刊）のおすすめとして次の如き紀事を寄せている。 「遺稿集」を読んで昔の土佐出身、経理将校として軍職にあるときも、三四歳頃退役して汁粉屋を営みつゝ軍人伝道を志し『コルネリオ通信』を発行したときも、いちずに生き続

けた信仰者の姿、自衛隊の「コルネリオ会」が発足した時の思い出を知り改めて励ましを受けました。御一読をおすすめします」と。

・防大の今井健次教授は「我々はバベルの塔を望んではならないし、満天の星を前にして宇宙の雄大性に神のわざを見ると同じように、聖書の偉大性の前に主なる神の全能性を知り、主に属する者としての恵みに目ざめることが出来る。科学に関するかぎり聖書の無誤性を否定することは出来ないように思われる」と。

なおこの年、コルネリオ会の住所で従来の防大物理教室気付から東村山市富士見町二―一二―二四（今井健次方）に変更のことと、一九八六年ＡＭＣＦ第三回アジア大会が日本開催と決定された。この間ＡＭＣＦ国際大会が一九八四年九月（韓国ソウル開催）、ＡＭＣＦアジア（第二回）は台北で閉催され、日本代表四名が参加している。

▼ＡＭＣＦのことを日本では「軍人キリスト者」と称す。

一九八五（昭和六〇）

ニュースレター第四二号巻頭言で矢田部稔氏は第三回大会を東京で開催するに当たっての本会の状況はどうか。本会の背景となる自衛隊における地位づけはどうか。又わが国キリスト教会の状況はどうか等について具体的事項として大略八項目を挙げた。結局、現段階で日本の担当は無理だとの結論となり、役員会等では苦悩を続けたとある。こうした中で今井会長はヨシア三章の信仰が示され、祈りをもって邁進、逐一解決されていった。

ニュースレター第四三号の巻頭言で今井会長は「日本の福音」について次のように述べた。「アジアのある国は祈りのキリスト教であり、又ある国は賛美の信仰であると言われる。これに対し我が国のキリスト教は思考する信仰と言われる。又ちがう見方をすればアジアの国々の教会は驚異的に伸びているのに対し、我が国だけは遅々としている」と。

	コルネリオ会設立二十五周年記念集会が開催され、同記念発行。これよりさきニュースレター四一号に今井会長は「日本の宗教」と題した巻頭言を寄せ次のようにしめくくっている。 「韓国は福音化し、中国にも千万人を数えるほどのキリスト信仰者がいると聞く。我が国では昔から先祖崇拝であり、その事は聖書にも矛盾しない美徳であるが、しかしもともと人達の霊を偶像視して死後にまで働かせるという事ではなく、死後は安らかな平安の中に鎮まって頂く事こそ真実では無かろうか。今日の国際社会の中で一民族だけの信仰を押出すことの誤りをさとり、主たる神の全能支配を信ずべきではなかろうか」と。
一九八九（昭和六四）	▼日米経済摩擦激化
一九九〇（平成　二）	ＡＭＣＦアジア大会がシンガポールで開催（十一月）され、今井会長夫妻と矢田部副会長夫妻が出席。 ニュースレター六三号巻頭言に今井会長は「世界平和」を発表。ニュースレター六六号には今井会長「新しい平和」と題し、「今こそ我が国は平和憲法を土台として各国の利害と公平の為に真心をもって協力援助すべきであろう云々」と述べた。
一九九一（平成　三）	ニュースレター六二号巻頭言の中で今井健次氏は「湾岸戦争」と題し、次のように述べている。「（前略）第二次大戦後に出来た日米合作とも思われる日本の平和憲法は、始めはこの世離れした規定のように見えたかも知れないが、半世紀の施行期間を過ぎて実験の時

代を終わり、その結果は世界の注目を浴びるような好成績と言えるであろう。この事について当事者である日本人はあまり気が付いていないようだが、しかしこの平和憲法を守って来た日本の出方について注目している国々は多いのではなかろうか。社会生活するのに警察が必要だとすれば、国際関係においては西部劇の保安官よろしくすぐ武器を抜くのではなく、もっと適切な取り締まりの方法を見出すべきではなかろうか。日本の警察の慎重さは参考になるのではないか。戦争を規定した国際法にしてもこの機会に更に検討してはどうであろうか。我が国には古来『正宗の銘刀はぬいてはならない』という諺があり、磨いた技による無手勝流は武士道の奥義である（ここに自衛隊の意義がある）。科学の進歩したこの時代に先端の技術を制限なく戦争に使用すれば地球は破滅する。これらを使用しないで国際間の紛争を収める方法を案出しなければならない」と。

この年、一九九〇年ＡＭＣＦ大会が十一月二十八日（水）から十二月一日（土）までシンガポールで開催された。参加国はオーストラリヤ、ブルネイ、インドネシア、日本、韓国、マレーシア、ミャンマー、フィリッピン、スリーランカ、台湾、カナダ、英国、米国、シンガポールで、外国人一〇七名、シンガポール人八〇数名が一同に会して四日間にわたって、礼拝、聖書研究、セミナー、祈祷会、報告会、市内観光歓迎会等多彩な行事が行なわれ、最終日にはホームステーがあり大きな祝福のうちに終了した。コルネリオ会から今井会長夫妻、矢田部副会長夫妻が出席した。

ニュースレター六三号で今井健次氏は「平和を作り出す者」という巻頭言の中で次のように述べている。

「（前略）今後の日本の進むべき道を考えるとき、平和を保つ手段は経済問題だけではないし、歴史的に見ても世界の経済を支配したユダヤ系の財閥が世界に平和をもたらすことは出来なかったことを思うべきである。現在我が国は多くの資金を海外援助の為に支出しているが、その方法は今のような思い付きや売名のようなやり方でよいのだろうか。今国内の幾つかの経済研究所はコンピューターを十分に稼働させて世界経済に大きな影響を与えている。これと同様に海外援助方策を設定し、それを有能な政治家が上手に運用することによって有効な平和政策が編み出されるのではなかろうか」（後略）

本号で矢田部稔（元陸将補）は「日本の教界における憲法の地位」と題し次のように述べている。

「教界の有力紙『キリスト教新聞』は、長年にわたって「平和憲法を守れ」の標語を掲げ続けている。日基教団は、六二年総会で憲法擁護を決議している。その声は大きく、教界の多くのマスコミ・ミニコミ、講演で絶えることがない。

この憲法は、日本の歴史始まって以来の大苦難の中にあって、これこそ新生日本の守るべき基本的な戒めとして生まれ、その後、国政の中で国民教育の中で大切なものとして強調されてきたのである。キリストを信ずる者は、国家の公権力を神から与えられるものとして感謝をもって受け、この世の秩序を守ることを大切にしなければならない。従って、新聞の標語がなくても教団の決議がなくても、個の基本法として窓法の考えを知り法律や条約を守りカイザルのものをカイザルに返す如く国家の命ずるところに従うのぱ、当然のことと言うべきである」と。（後略）

ニュースレター六四号で、今井健次氏は「世界平和」と題し、「今日、国際問題を処理する機関として国際連合が組織されている。（中略）国連には平和維持軍があるが、未だ世界の警察軍的な能力は持っていない。そこで最近の湾岸戦争においても指導的な大国である米国の軍隊を主幹とした多国籍軍がその役目を担当した。裁が国は世界に貢献することが出来る経済力は持っているが軍事力は持っていない。そこで世界平和維持のために軍事力が必要とすれば、この分野は他国に頼らなければならない。（中略）日本国内では現在武器の所持を許さない。そして警察官も殆ど銃器を使用する事がない。このようなやり方が平和日本の治安の理想を暗示しているのではなかろうか。（中略）コンピューターによる模擬計算が容易に出来る現在、この解決の為に大量の物質の消費を伴うような戦争の手段によるのではなく、例えば棋上の戦術による勝負によって物質的なやり取りを決めるような方怯は取れないであろうか。（中略）我が国には古来『政宗の銘刀は決して抜かない』という格言がある。今後世界にはこの様な方法についての開発努力がなされなければならない。

　なお、本号には「コルネリオ列伝」として榎本隆一海軍機関中将のことが記されている。小生もかつて彼の自叙伝（『回想八十年』、昭和五十年）に基づいて軍人伝道義会に関する研究（要約篇）の中で記述した。

▼韓国・北朝鮮国連に加盟。カンボジア和平協定成る

一九九二（平成　四）

　ニュースレター六五号で今井会長は「義と愛」について語り、更に六九号では「ＰＫＯのために自衛隊員の中から二名が派遣され、一人は施設那隊の幕僚としてカンボジアに、一名はモザンビークに派遣された。平和憲法の精神が何らかの形で世界を指導するようになる日が一日も早く来るように祈りたい」と。

▼ソ連共産党解散・解体。米軍多国籍軍イラク攻撃。ＰＫＯ協力法によって自衛隊カンボジア派遣。

一九九三（平成　五）

ニュースレター七〇号の中で、今井健次氏は「核バランスによる世界平和」と題して次のように結論づけている。

「世界の核開発五十年の間に核保有国が費やした費用は大国の経済を破綻させる程膨大であったが、これからの日本のなすべき事は直接の開発の費用の分担ではなく、それを平和に運用するための物心両面の貢献でなければならない。（中略）日本人は見えるものだけに頼るのではなく、心を尽くし、精神を尽くして全能なる真理を愛し、自分を愛するように隣人を愛さなくてはならない」と。

ニュースレター七四号巻頭言で今井会長は「日本の福音化」について次のように記している。

「日本の宣教の事を考えると、プロテスタントは主として欧米の宣教者の手を通して入ってきたので、その行動はどうしても欧米の生活習慣に根差していると思われる。そこで信徒一パーセントの線を崩すには、日本の国土習慣になじんだ方式を取り入れる事が一つの条件ではなかろうか。この習慣は使徒行伝にある聖徒の行動や、福音書のみ言葉、更には旧約聖書の精神から見ても、福音宣教の土台として西欧の個人主義と比べて遜色ないのではなかろうか」と。

ニュースレター七四号付録としてＡＭＣＦ世界特集号が報告され、日本側の出席者は今井会長夫妻、矢田部稔夫妻の外四名であった。

ニュースレター七五号の中で今井健次氏は「偶像論（1）」として次のように述べている。

「（前略）日本の国は偶像論と称して色々な所に色々な神々を持っているように見えるが、それはどういう事であろうか。神は熱心に求めれば、その存在を明らかにして下さるが（使徒一七・二七－二〇）、我々は元々神の形に作られた者であるから、無知の時代誠の神を求め切れず、自分の都合によって神々を作って来たが、世界を見ても又新しく興ったアジアの各地域を見ても誠の神仁立ち返りつつある事を知らなければならない」と。

▼米大統領にクリントン。

一九九六（平成　八）

矢田部会長はニュースレター七九号の巻頭言「スタートを振り返る」と題し、コルネリオ発足当時を回顧して次のように述べている。

「（前略）旧軍隊にあっては、つとに明治時代からキリスト者将校の集いがあった由ですが、私の如き戦後改宗者にとりてはアメリカのOCUについて知ることにより、日本の自衛官相互にもこの種の会を持ちたいものと考えるようになった。……諸先輩知人を訪ねて相談したが、その結論は何時も同じで「日本のような国柄の軍隊組織内の宗教活動は身を滅ぼすだけで、却って仇となるでしょう」というものでした。……一時は諦めていましたが……世界中のOCUの皆さんがその実現に期待を寄せられていることを知り、私たちの努力の足りなさが恥ずかしくなってきました。……米田三陸佐の努力で懸案の「朝雲」（自衛隊内の週刊新聞）に関連記事を掲載することが出来て、待望の信者自衛官の名簿が集まってきました。これが突破口となり本会の結成が軌道に乗るようになったのです」（後略）

ＡＭＣＦアジア太平洋会議（韓国ＯＣＵ主催）、ソウル、オリンピックパークホテル・インマヌエル教会）参加一〇〇〇人（海外約六十ヶ国三〇〇人、韓国七〇〇人）。

一九八六年十二月十三日、千葉愛爾師、同二十七日武田貴美前副会長が相次いで逝去。

ニュースレター五一号の巻頭言「教養と信仰」の中で今井会長は次のように記している。

「此の四月からテレビＮＨＫ市民大学で「歴史の中のイエス像」という講座が東神大の教授を講師として開かれている。これは買い求められる数は多いが殆ど読まれていない聖書を学んで、その中でイエスに出会うための手引きをするのが目的とされている。日本の知識人を対象に、これだけの聖書の知識が一般教養として広く放送されるという事はキリスト教の宣伝の上からも注目されなければならない。これはＮＨＫの教養番組であるから宗教としての宣教効果はあまり期待されないかも知れないが、古くから皇国史観にもとづく先祖観を持っている一般日本人に対してこれだけの講演がなされるとは画期的な事と言わなければならない」と。

ニュースレター五四号で、矢田部稔氏は第三回米国研修の報告が詳細になされている。一九八八年一月二十日から二月七日まで十九日間の研修旅行で、その目的は「国際的な軍隊指導者のためキリスト教指導訓練を提供する」というもので、既に八十六年、八十七年と二回実施されていた。第三回目の参加者は八箇国からの十一名であった。

ニュースレター五五号では中野正治氏（航救難団）によって「自衛官合祀訴訟判決」の件が「教会月報」より転載され「信仰が高まることはこの世と離れて世捨て人として生きることを意味するものでなく、この世の常識人として確固たる地位を占めることと矛盾しない。今、クリスチャンに欠けているものは信仰の実によって備えられた社会常識である」と結んでいる。

ニュースレター五六号では「コルネリオ列伝」として故山中朋二郎氏と故千棄愛爾氏の主として戦後の歩みについて峯崎康忠（元西南女学院短期大学教授）によって記述された。

ニュースレター五九号では、一九八九年ＡＭＣＦ東アジア大会（韓国ソウル）参加の記事が松山暁賢兄によって報告されている。「韓国は人口四千万のうち一千万人、実は四人に一人がクリスチャンと聞かされ、教会の隆盛にニュースとして知っていたが、その原動力を知ることができた。韓国のクリスチャンの一人一人が神様との対話即ち「祈り」を通して聖霊の力を与えられ「キリストの証人」としての信仰生活を送っている」と述べている。

ニュースレター六〇号では前号に続いて松山兄が「南北休戦ラインと南侵トンネル」の有様が記され、矢田部稔氏によって「韓国の軍人キリスト者について」の感想として、韓国キリスト教会の勢いが更に前進している実状が述べられた。

ニュースレター六一号ではＡＭＣＦ世界祈祷日の設置について報じ、アジア大会がシンガポールで開催され、参加国はオーストラリア、ミャンマー、フィリッピン、スリーランカ、台湾、カナダ、英国、米国等外国人一〇七名、シンガポール人八〇名であった。

ニュースレター六二号（一九九一年二月）で今井会長は「湾岸戦争」と題した巻頭言の中でこう結んでいる。

「(前略) 社会生活をするのに警察が必要だとすれば、国際関係においても警察が必要かも知れない。しかし警察軍は西部劇の保安官よろしくすぐ武器を執るのではなく、もっと適切な取り締まりの方法を見出すべきではなかろうか。日本の警察の慎重さは参考になるのではないか。戦争を規定した国際法にしてもこの機会に更に検討してはどうであろうか。我国には古来「正宗の銘刀は抜いてはならない」という諺があり、磨いた技により無手勝流は武士道の奥義である（ここに自衛隊の意義がある）。科学の進歩したこの時代に先端の技術を制限なく戦争に使用すれば地球は破滅する。これらを使用しないで国際間の紛争を収める方法を案出しなければならない」と。

本年表を終えるに当たって、筆者（峯崎康忠）のつくづく思うことは、日本人には日本流の述べ方があるということである。欧米流に沿ったやり方ではなく、我が国軍人伝道の先駆者粟津高明や黒田惟信牧師の「軍人には軍人の教会が必要である」との言は、世界に通ずるものとして銘記すべきであろう。

（一九九七年十一月）＊1

＊1　峯崎康忠著『軍人伝道に関する研究（決定版）―日本O・C・Uの源流とその展開』一九九八年、三三九～三四七頁。

おわりに

二〇〇二年、フィンチを顕彰するための「マザーオブヨコスカ顕彰会」が発足した。その一環としてフィンチの足跡を辿る米国訪問が計画され、ニューヨークのフィンチの母校、生まれ故郷のウィスコンシン州にも足を延ばす好機を得た。この時のアメリカ訪問を含むフィンチの書簡を一冊の本として出版した。二〇〇七年発刊の拙編著『輝ける星の如くに—エステラ・フィンチの遺徳を偲んで—』である。その「輝ける星—』を読んでくださった芙蓉書房出版の社長から「エステラ・フィンチの伝記のようなもので、不特定多数の読者〈ノンクリスチャン〉を対象に読める本が書けないだろうか」とのお言葉をいただいた。

伝記となれば、その誕生から没するまでの生涯を書くということである。いつの日かそのような本を書きたいという思いはあった。だが余りにも資料に乏しいフィンチの生涯を一冊の本にすることは到底現実的ではないことも分かっていた。わかりながら、私の心の中には、これほどまでの影響力を日本の人々に与えたフィンチという女性宣教師が、帰化してまで私たちの国（日本）のために働こうとした気概は一体彼女のどこに潜んでいたのだろうか—、その原動力になっていたものとは何だったのか—、その情熱はどこからくるものだったのか—、彼女を突き動かしていたものはなんだったのだろうか—、という問いがいつもあった。ありながら答えに行き着かないまま時間が流れた。それから何年かが過ぎて、遂に私は、長年抱き続けた私の疑問に応えてくれる書物『アメリカ婦人宣教師―来日の背景とその影響』（小檜山ルイ著）に出会ったのである。

この本の始まり（二頁三～八行目）にはこう書いてあった。「明治初期、およそ一八七〇年代、八〇年代に来日したプロテスタントの婦人宣教師はかなりの数に上るが、その大半がアメリカ系であった。従って彼女たちがなぜ、何のために、故国を離れ、何を日本にもたらそうとしたのかという問題を解こうとすれば、必然的に当時のアメリカ社会に注目することになる。当時のアメリカ社会で海外伝道がいかなる意味を持ち、なにゆえ女性がこれに参加するに至ったかという問題を考察しなければならない。つまり、本研究は、その問題意識自体は日本からの視点に発しているが、基本的にアメリカ研究、アメリカ社会史、女性史の分野に属する研究である」と。

この書物はまさしく私にとっての女性宣教師を紐解く開眼本となったのである。私はこの本の中にフィンチのような力強い伝道の志を持った女性宣教師を生み出した一八〇〇年代におけるアメリカ社会の女性像が生まれた背景を見出し、大いに興味をそそられた。そしてこれほどのインパクトをもたらしたアメリカのフェミニズムから発生した女性宣教師についても、その影響力の如何に大きかったかを改めて学び、思い知った。そしてこの後、私は導かれるようにして、エステラ・フィンチの生涯と運命の出会いを果たすのである。

（1）How I came to the college（カレッジ入学への経緯）
（2）The Perfect Will（完全なる御心）

この言葉はエステラ・フィンチの日記帳から引いてきた一節である。この日記帳との出会いこそが、私を本書の執筆へと誘ってくれた。それはまるでエステラ・フィンチという愛と信念の女性が、自身の日記にこめた揺るぎない信仰の光を、世紀を超えて私に当ててくれたような、そんな瞬間だった。

偶然我が家で見つけた、母の書棚に長い年月眠っていた一冊の古びたノートの発見。それはまさに私とエステラ・フィンチとの運命的な出会いの瞬間であった、この日記帳との出会いこそがフィンチの知られざる人生の扉を開く糸口になったのだ。

表紙には「—私の生涯で聞かれた祈りの記録—イエスの名によって父なる栄光の神に。エステラ・フィンチ」と彼女の直筆で書かれていた。憑かれたようにページをめくる。内容はよく分からないが、何とか文字は判読できた。やがてあるページにくると、私の眼はそこに綴られた一行の文字に釘づけになった。そのページは版面の隅から隅まで一分の隙もないほどびっしりと文字で埋められていた。だがはっきりとタイトルだけは読むことが出来たのだ、"How I came to the College（カレッジ入学への経緯）"と。私は咄嗟に「これだ！」と声をだした。何故なら私は、フィンチがアメリカのミッショナリー・トレイニング・スクール（Missionary Training School）という学校を卒業していることを以前母から聞かされ知っていたからだ。母から聞いた話と、この"How I came to the College"という一行がぴったりと符合した瞬間だった。私はその文字を何度も繰り返して読んだ。読むごとに言葉では表現しきれない嬉しさで胸がいっぱいになった。

「これがEstella Finchの日記なのであれば、これでこれまで謎に包まれていた彼女の人生を少しは知ることが出来るかもしれない！」そう思ったのだ。そしてこの時から、Estella Finchという女性の生涯（＝ミッション）をたどる私の道（＝ミッション）が始まった。

日記の字は細かく隙間なく書かれていて判読には困難がついてまわった。そうしたページが何ページにもわたって続いていた。さらに文字はすぐにははっきりと判読することができず、「これを読み解くだけでも至難の業」に思われた。だが「兎にも角にも一日も早く、活字化しなくては話にならない」そう思った私は、早速パソコンに向かい、—手書きの文字をデータ化する作業に取りかかったのだった。外国旅行をした折に手にいれていたドイツ製の高倍率ルーペが役に立った。これを用いながら英語の辞書と首っ引きで単語を調べ、一字一句を書き出していった。どのような困難も乗り越えエステラの生涯に光を当てたい、という強い思いが私をとらえて離さなかった。それはまるでエステラの揺るぎない信仰が、日記を通じて私に信仰の光を投げかけてくれているようだった。

この気の遠くなるような作業に数ヶ月を要したと記憶している。しかも当時（一八〇〇年代の頃）のフィンチの用いる英語は私にはとても難しかっただけでなく、彼女の筆跡には癖があり大変読みにくかった。少しずつ慣れてはいったものの、とにかく苦戦しながらの作業の毎日であった。ようやくこれを一つのまとまった冊子にするまでにこぎつけた時は心底ホッとしたものである。

しかしながら安堵もつかの間、打ち込んだ英文の翻訳をどうするか、という難問が待ち受けていた。幸いその役割を私の長女が引き受けてくれた。こうしてエステラの日記を通して彼女の生涯をたどりながら、本書を書き切ることができた。執筆は日記の活字化以上に大変なエネルギーを要するものであったが、最後までエステラに導かれて書き切ることができたと感じている。

二〇〇五年、フィンチの故郷と母校の訪問を終えた時、私の心は喜びと高揚感で圧倒されていた。校内を案内された私は、当時を偲ぶ建物（ゴスペル・タバナクル）やベラカホーム、オールドオーチャードなど、エステラの日記に実際に出て来た名前を耳にして、あたかも彼女の日記の中に入り込んだかのような錯覚と興奮を覚えていた。母校への旅のハイライトは、最後に訪れたシンプソンの墓碑。シンプソンという人物が、彼女の日記に度々登場し、手紙のやり取りをし、彼女が影響を受けた掛けがえのない存在であったことが脳裏にあったから、まさにシンプソン博士の墓碑の前で、実際に本人に出会えたような喜びを感じた。墓碑にはこう刻まれていた。"Not I but Christ（私でなくキリスト）"この碑文が私の心を深く捉えた。―なぜなら、フィンチが日本で示した伝道の姿こそ、この言葉を体現するものであったから。彼女は聖書を通してイエス・キリストを悉く知り尽くし、聖書の御言葉を通してイエス・キリストの愛を人々にも広めようとした。―Not I but Christ―これこそが、彼女の揺るぎない信仰の原点となっていたのではないか……。シンプソン博士の墓碑の前に立ち、こうした感慨でわたしの胸はいっぱいになった。エステラの信仰生活にとって欠くことができない存在であったシンプソン博士が眠る場所……。私はこうしてエステラの信仰の水源にたどり着いたのだった。

帰国してすぐにカレッジに御礼の手紙を書いた。と同時にシンプソン博士にも私の気持を伝えずにはいられない気持ちになり、天国のシンプソン博士に宛てて以下のような礼状を認めた。


「今日、私は一〇〇年前にナイアック・カレッジ（当時のミッショナリー・トレーニング・カレッジ）を卒業したミス・フィンチをここに連れてきました。私は、彼女と共に献身的な伝道の働きをした彼女の良きパートナーであった私の祖父、黒田惟信の孫娘として、貴方への御礼と、彼女の隠れた功績をここに報告するために参りました。そして神が彼女に託した偉大な福音の仕事を伝えるためにも。今、貴方の生徒ミス・フィンチは私をして、それを報告しに母校に帰ってきました。彼女は彼女の日記『聞き届けられた祈りの記録』の中で、当時（一八八九年）あなたの創設した神学校に入学したくてあなたに手紙を出したこと、それが聞き届けられて大学生活の歩みを始めたこと、その後の彼女に起った様々な経験を通して、日本への伝道を志したこと、―を書き記しています。私は、その蒔かれた種が芽を出し、彼女の子弟の三代に至るまで何万という人々に影響を与え、こうして一〇〇年を超えた今でも芽吹いた信仰が育っていることを告げ知らせたかったのです。

私はこの良き機会に、彼女が神学生だった唯一の証しであり、また神学校時代に欲しいと思って神に願い、与えられたマージンの広い聖書、そして彼女が肌身離さず日本にまで携えて持ってきた日記『祈りの記録』をここに持ってきました。彼女は大富豪の養女となり、養父の経済力によって神学生になる夢を叶えられたにも拘わらず、その申し分のない生活が神のみ心なのかどうかを知ろうと悩みました。最終的に彼女は全てを捨てて、神のみに信頼する道を選び取り、日本に伝道にきました。彼女が日本伝道を志したときに与えられた聖句は今も墓碑の中に納められています。

彼女はいつも聖句によって人々に伝道していました。祖父も そのことを述べています し、祖父がもつ彼女のイメージは『神が日本に遣わした偉大な魂』ということでした。日本の『一〇〇年前のエステラ・フィンチの伝道の姿を知った人々』はクリスチャンを初め彼女の『隠れた功績』を再評価し、今後も彼女の与えた影響と信仰を顕彰していきたいと願っています」

フィンチを育てたニューヨークの母校での二人の教授との面会が叶う一方で、その訪問記事が母校の雑誌とローカル新聞に報道された。生まれ故郷のウィスコンシン州では、調査の結果フィンチの渡航パスポートのコピーが見つかり、民俗博物館の方から送られてきた。この米国訪問はフィンチが足跡を残した場所で私が巡り会った人々に、大いなる反響と新たな情報をもたらした。

最後にこの拙著を出版するに当たり、お世話になった方々への感謝の気持はこの紙面を尽しても言葉に尽せないほどである。この著書の動機づけとなるお言葉を下さった芙蓉書房出版社長平澤公裕氏をはじめ、横須賀市史に関連する部分については元横須賀市文化財専門審議会委員長の上杉孝良氏、およびフィンチ講演会を開催して下さり、マザーオブヨコスカ顕彰会に貢献してくださった横浜プロテスタント史研究会主宰者の岡部一興先生。横須賀米海軍基地教会でフィンチ講演会を企画して開催してくださったエノラ・ロジャーズ夫人及び横須賀米海軍軍人伝道所（ザ・ライトハウス）の代々の所長や米海軍従軍牧師の方々にも星田・黒田両師の追悼墓前会と記念会での開催とご協力をいただいた。このことは日米クリスチャンの親善を深める上でも大きな助けとなり、大変お世話になった。残念ながら三年前に逝去された故大濵徹也筑波大学名誉教授にも励ましのお言葉を賜ったことは有難く身に沁みている。また必要な資料の提供をして下さった中岡一秀氏、参考資料の作成に当たっては当時のボーイズを偲ばせる貴重な写真を快く提供してくださった夏川英二氏には心からの御礼を申し上げたい。一方で素晴らしい文献の数々に出会えたことも幸いというべきであろう。何よりもフィンチという女性宣教師を検証する上で貴重な資料となった『アメリカ婦人宣教師―来日の背景とその影響』の著者小檜山ルイ先生には感謝の念で一杯である。同書からは多くのことを学ばせて頂いた。同書と巡り合わなかったら本書の完成もなかったであろう。同書からは多く引用させて頂いていることを予めお断りしておきたい。

本書を編集する上で一読者の眼で原稿を読み助言をくださった伊藤利花氏、またマザーの原文の翻訳、手紙の訳文、本書の刊行にあたり協力してくれた家族にも感謝したい。本書の執筆がこうして完成し、上梓に至るまでには数多くの方々のご協力と陰の応援があった。支えてくださった方々への謝意は尽きない。

北米の彼方からやってきて、この日本という未知の国でその人生を全うすることになったエステラ・フィンチという一米国婦人がいたという歴史的事実を証《あかし》したい、しなければ、という一念で、「評伝」の執筆を始めた。その道のりは決して易くなく十年という長い歳月を要してしまった。だがここに至る過程で様々な人々との出会いがあり、エステラが慈しみ導いたボーイズたちの三代目の子孫の方々との新たな出会いもあった。これも不思議な導きという他はない。

最後にこの本を読んで下さった読者の皆さまが、エステラ・フィンチという、自らの青春、そして国籍をも棄て、日本人星田光代となってまで私たち日本人を愛した一人の米国人女性がいたこと、この横須賀の地に星田光代として眠っているというその事実に少しでも近づき、また近づくことで、皆様の心にエステラの信仰と献身の光が届いたのであれば、それこそが筆者の本望とするところであり、無上の喜びである。

著者

海野涼子（うみの　りょうこ）

マザーオブヨコスカ顕彰会代表。久里浜教会々員。横浜プロテスタント史研究会々員。

1938年、千葉愛爾・幾代の次女として神奈川県横須賀市若松町43番地の旧伝道義会の家に生まれる。清泉女学院卒。ワシントンD. C.の在米大使館防衛駐在官となった夫に同伴して４年間（1977～1981）同地に在住。

祖父はエステラ・フィンチと共に伝道義会を設立した黒田惟信。父千葉愛爾は元海軍大佐で旧伝道義会々員、戦後牧師となりペリー上陸の地、久里浜に日本基督教団久里浜教会を設立、1952～1986年まで34年間85歳で没するまで初代牧師として務めた。

著書：『輝ける星の如くに―エステラ・フィンチの遺徳を偲んで』（編著、マザーオブヨコスカ顕彰会、2007年）、『横浜の女性宣教師たち―開港から戦後復興の足跡』（共著、有隣堂、2018年）。

エステラ・フィンチ評伝
――日本陸海軍人伝道に捧げた生涯――

2022年4月27日　第１刷発行

著　者
海野《うみの》　涼子《りようこ》

発行所
㈱芙蓉書房出版
（代表　平澤公裕）
〒113-0033東京都文京区本郷3-3-13
TEL 03-3813-4466　FAX 03-3813-4615
http://www.fuyoshobo.co.jp

印刷・製本／モリモト印刷

ISBN978-4-8295-0834-3

明日のための現代史〈上巻〉1914〜1948

「歴史総合」の視点で学ぶ世界大戦

伊勢弘志著　本体 2,700円

高校の歴史教育がいよいよ2022年から変わる！「日本史」と「世界史」を融合した新科目「**歴史総合**」に対応した参考書としても注目の書。

これまでの歴史教育のあり方に一石を投じた『明日のための近代史』に続く新しい記述スタイルの通史。

“大人の教養書”としても最適の書。

明日のための近代史

世界史と日本史が織りなす史実

伊勢弘志著　本体 2,200円

1840年代〜1920年代の近代の歴史をグローバルな視点で書き下ろした全く新しい記述スタイルの通史。

世界史と日本史の枠を越えたユニークな構成で歴史のダイナミクスを感じられる“大人の教養書”

アウトサイダーたちの太平洋戦争

知られざる戦時下軽井沢の外国人

高川邦子著　本体 2,400円

外国人が厳しく監視された状況下で、軽井沢に集められた外国人1800人はどのように暮らし、どのように終戦を迎えたのか。聞き取り調査と、回想・手記・資料分析など綿密な取材でまとめあげたもう一つの太平洋戦争史。ピアニストのレオ・シロタ、指揮者のローゼンストック、プロ野球選手のスタルヒンなど著名人のほか、ドイツ人、ユダヤ系ロシア人、アルメニア人、ハンガリー人などさまざまな人々の姿が浮き彫りになる！